エリアーデ=クリアーヌ往復書簡 1972-1986

テレザ・クリアーヌ=ペトレスク+ダン・ペトレスク=編
佐々木啓+奥山史亮=訳

Mircea Eliade Ioan Petru Culianu

慶應義塾大学出版会

エリアーデ＝クリアーヌ往復書簡　一九七二―一九八六　目次

凡例

一、本書は、Mircea Eliade, Ioan Petru Culianu, *Dialoguri întrerupte. Corespondenţă Mircea Eliade-Ioan Petru Culianu*, ediţia a II-a revăzută şi adăugită, prefaţă de Matei Călinescu, ediţie îngrijită şi note de Tereza Culianu-Petrescu şi Dan Petrescu, Polirom, Iaşi, 2013の全訳である。

一、編者による補いは、必要に応じて、原書に記されているように、［ ］によって示した。

一、編者による脚注は、各書簡末尾に（1）（2）のかたちで記した。

一、原書のイタリックによる強調は、傍点によって示した。

一、原文大文字表記は〈 〉によって示した。

一、書簡本文中のルーマニア語以外の外国語（英語、フランス語、イタリア語、ラテン語、サンスクリット語など）は、訳出したうえで原語を（ ）で表記した。また、必要に応じて、原文ルーマニア語も表記した。

一、書簡本文中の書籍や論文等の省略されたタイトル、並びに、人名の省略された表記は、〔 〕によって補った。

一、本書に出てくるエリアーデとクリアーヌの書籍や論文のタイトルは、巻末に「文献一覧」としてまとめて掲載し、タイトル原文を記し、さらに邦訳のあるものは示した。

一、訳者による補いは、〔 〕によって示した。

一、書簡本文中の編者によって（*Sic!*）と付された誤記等は、編者にしたがい［ママ！］を付し訳出し、必要に応じて説明を補った。

一、編者注を含む原著に明らかな誤り等がある場合は、特に断りなしに訂正した。

一、訳注は、〔訳注1〕のように示し、書簡と編者注の後に記した。

一、人名や地名などは、原音に近づけるように心がけたが、慣例的に定着したものはそれを用いた。

序文　エリアーデ＝クリアーヌ往復書簡

ミルチャ・エリアーデとヨアン・ペトル・クリアーヌの往復書簡は、いくつかの点で特別なものである。まずはじめに、この往復書簡は、今まで公刊されたエリアーデの個人的な書簡のやりとりのなかでは、ラッファエーレ・ペッタッツォーニとのものについで、もっとも数が多いと思われる。この書簡集は、一四年間（一九七二―一九八六年）にわたる一〇八*通の書簡からなり、そのうち七〇通にはエリアーデ、三八**通にはクリアーヌの署名がある（この不均衡は、私の推測によると一〇〇通以上にのぼるクリアーヌの書簡の大部分が、シカゴ大学レーゲンスタイン図書館にある〈エリアーデ資料〉の草稿や稀覯本のなかから見つからなかったのだと説明がつく。クリアーヌの方が、師の書簡をとても大切に保管していたのである）。第二に、この往復書簡は、師弟間の魅力的な物語ともなっている。それは、ミルチャ・エリアーデと、彼よりもずっと若いルーマニア人との物語としては唯一のものである。エリアーデは、クリアーヌを「とても多くのことについて話したり質問したりしたい唯一の友人」[1]とみなし、彼と宗教学や文学の問題について対等に論じるまでになっていた。第三に、（弟子であるクリアーヌからの度重なる質問に答えた）エリアーデの書簡では、〈鉄衛団運動《レジオナール》（Mișcarea Legionară）〔訳注1〕〉に関する彼の回顧的な見解がある程度明らかにされている。とはいえ、『〔エリアーデ〕回想』、『〔エリアーデ〕日記』、あるいは今日までに出版されたエリアーデの個人的な記述や書簡（例えば、一九七二年七月付のゲルショム・ショーレム宛エリアーデ書簡）[2]と同じように、一九三〇年代終わりから四〇年代はじめにかけて彼がどのように〔ルーマニアの〕政治に関わっていたかについて、より明確な説明がなされているわけではない。

最後に、エリアーデとクリアーヌの往復書簡は、著名な弟子〔クリアーヌ〕の知的進化の軌跡を示すものである。弟子は、師に対して自分の独創性を主張し、師からの独立を企て、師を凌ごうとすら試みなければならなかった。その際彼は、自己を無にし、ひたすら師を受け入れることから始めたが、その後は、謙《へりくだ》ってはいるものの、実際には革新的、独創的に自己を肯定する「分派」となるにいたったのである。仮に、アメリカの批評家ハロルド・ブルームの「影響の不安〔anxiety of influence〕」という理論を受け入れるなら、クリアーヌの場合について以下のように言うことができよう。すなわち、第一の局面として、謙婢(kenosis)の例とでもいえるような、師の方法論を忠実すぎるほどに模倣する弟子による圧倒的な崇拝がある。しかし、第二の局面では、そのような自己否定が、師からの解放、創造的再生、偶像破壊による自己肯定にまで行き着くのである。とはいうものの、この二つの局面の間の境界線はあいまいで不確実なままである。なぜなら、エリアーデの死(一九八六年四月の急死)以降ずっとのちになるまで、クリアーヌは師エリアーデに対して間接的な仕方でしか異議を唱えなかったからである。ようするに、クリアーヌ自身の新たな創造が問題なのであり、それは〔エリアーデという〕根本的なモデルなしには、さらに、自己自身の無化によって生み出された断絶なしには不可能だっただろう。ブルームが提示した「反定立的」、「闘争的」批評は、純粋にテクスト間の諸関係、つまり伝記とは無関係なテクストの諸関係を考察するのであるが、この批評をエリアーデとクリアーヌの関係に当てはめるなら、書簡テクストの関係は興味深い形で伝記と対応し、伝記を暗示しているように見える。そのことについて以下で検証しよう。

　はじめに、伝記的・歴史的跡づけを行なってみよう。自らの師より四〇歳以上も若い弟子(エリアーデは一九〇七年生、クリアーヌは一九五〇年生)は、一九七二年七月、イタリアから本国へはもはや戻らないと決断するとすぐ、シカゴにいる宗教学の高名な教授〔エリアーデ〕に(今のところ見つかっていない)最初の書簡を送った(同月四日にクリアーヌはルーマニアをあとにしていた)。エリアーデの戦前の小説、さらに、フランス語など他の言語への翻訳によって出版されていた彼の戦後の小説は、共産主義ルーマニアの地下文化では完全にそろっているわけではなく、いずれにせよ入手困難であったが、一九六九年まで、五〇年代―六〇年代を通して非合法に流布していた。一九六九年には、『ジプシー女の宿・その他』や戦前の小説『マイトレイ』と『天上の婚礼』が出版されたが、これら一九六九年に出版された作品は、「小解放(mini-liberalizare)」[訳注2]の期間に検閲を通ったのである。一九六四年に始まったこの「小解放」は、一九七一年に共産党の日刊紙『火花(Scînteia)』でチャウシェスクが公表した新スターリン主義的「七月テーゼ」[訳注3]によって突然終わりをむかえた。

　まだ高校生だったクリアーヌは、エリアーデを真の模範とし、当面近づくことができない遠くの師と仰いでいた。そのエリアーデの作品を、クリアーヌは、学者のような情熱をもって学んでいた。その際、クリアーヌが、広大で大木のように生い茂っていながら同時に厳密なエリアーデ宗教学の著作にみられる博覧強記にも刺激されていたことは間違いない。読書に貪欲な若いクリアーヌは、すぐさま、貧弱なルーマニアの図書館で情報をえる妨げになっている堪えがたい制約を意識するようになった（ルーマニアの図書館は、イデオロギー的検閲によってますます貧弱になり、検閲のあとには、すべての重要な図書館に、「秘密の蓄積」と呼ばれるような本〔のリスト〕が出来上がっていた）。彼は、地下文化における不安定な、つまり違法で絶えず弾圧の危険にさらされている書籍の流通状況を意識するようになった（ルーマニアでは、その時代の「囚われた思想」には、テクストを量産したり複写したりする手段さえなかったことを忘れるわけにはいかない）。このような政治的あるいは文化的動機に突き動かされつつ、最初の機会（一九七二年、〔イタリア〕ペルージャのサマー・スクールの奨学金）をとらえて、クリアーヌは亡命しようと決心したのである。おそらく失われてしまったクリアーヌの書簡に対するエリアーデの返信（一九七二―一九七七年の五年間にわたり、クリアーヌから送られた少なくとも二倍、あるいは三倍もの書簡に対するエリアーデの二七通の返信）から明らかなように、この決心は、クリアーヌ自らの危機をまねき、深刻な物質的窮乏と将来への大きな不安に陥る結果をもたらした。

　一九七二年からすでにクリアーヌは、エリアーデの支援をえて、（もし可能ならば、ほかならぬシカゴにおいて）博士課程の研究をするために合衆国に行くことを望んでいた。この往復書簡がはじまる一九七二年八月の書簡1において、エリアーデは、根拠のない希望に満ちていた弟子を失望させざるをえなかった。クリアーヌは、政治亡命などまだ考えていなかったからである。エリアーデはクリアーヌに次のように書いている。

〔合衆国における〕ルーマニア人の学生（中略）に関しては、〔当時二国間で締結された〕文化協定によって、（中略）ルーマニア政府の承諾が必要です（中略）。当地〔合衆国〕にはまったく可能性が見出せません――（アメリカ合衆国への入国のみが保証され、奨学金も生活手段も保証されない）「政治亡命」以外には。しかしながら、ブカレストの政府は、ビザが切れてから五年経っていても、形式に沿って正当な理由を示せば、外国に残留することを認めてくれると聞きました。望みがあるとすれば、イタリアやフランスで「その土地」の奨学金の助成を受けて生き残ることです。しかし、どのようにして？　わかりません。

レーゲンスタイン図書館のエリアーデの文書に欠けてい

て、失われてしまったと考えられる〔クリアーヌからの〕最初の頃のエリアーデ宛書簡のうちの何通かは、まだ祖国ルーマニアから（過酷な検閲体制下の郵便によるのでないとすれば、外国に旅行する人の好意によって）送られていたように思われる。クリアーヌが、自分でなんとか履歴書を作り、ルーマニア語で書かれた論文をエリアーデに送っていたことは確かである。そういったクリアーヌの論文は、私が思うに、師エリアーデの思想と、忠実ではあるがまだ非常に若い（一九七二年当時弱冠二二歳の）弟子クリアーヌの思想とのあいだの連続性を明らかに示している。クリアーヌはエリアーデに、それらの論文のうちのどれかをできれば出版したいと願い出た。すると、すぐにというわけにはいかないが長い目で見れば非常に勇気づけられる返事を受けとった。なぜなら、エリアーデが彼の書いたものを、弟子なら当然予測できるような配慮と厳しさをもって読んでくれたからである。エリアーデは、一九七二年一〇月一八日付の書簡2で次のように書いている。

> これからの学問的信用を危険にさらさないためにも、待った方があなたのためになると思います。梗概と未完成の脚注を読んだかぎりでは、さらに研究を続け、深める必要があると感じました。たくさんの二次文献や古くなった文献を省かなければなりません。まだまだ、かなりの量の参考文献が存在しています。

——そしてエリアーデは引き続き、論文で言及すべき多くの文献の題目や著者名をあげている。最後にエリアーデは、「これくらいにしておきましょう。あなたには、豊富な蔵書があって（バウサーニなどのような）「専門家」のいる研究拠点が必要です」と書いている。次の、一九七二年一一月七日付の第三の書簡で、エリアーデは、「小切手を同封すること」を怒らないようにと切り出している。「あなたの好きなように使って、本なりオレンジなりを買ってください」（クリアーヌは、イタリアの、はじめはペルージャで、亡命したばかりのルーマニア人知識人たちほとんど全てと同じように、物質的にはきわめて危うい状況で暮らしていた）。そして、「あなたの年齢と国での研究条件を考えると、（昨年読んだ原稿と同じように）この論文も十分称賛に値するものです。どこかで安定した暁には、驚くほどの速度で研究が進展するであろうことを、私はまったく疑いません」、と続けている。

「十分称賛に値する」というのは、とりわけ地下文化のなかで、過酷な共産主義の深い反知性的条件下で育った若者に対しては、一見厳しい評言である。しかし実際には、この言葉が飽くことない知性の野望と好奇心にとってむしろ刺激となった。したがって、ヨアン・P・クリアーヌが、師の予言――「驚くほどの速度で研究が進展するであろう」――をまさに成就することになっても、驚くにはあたらない（例えば、一九七九年一二月六日付の書簡で、エリアーデはクリアーヌに、文献表の補完を依頼している。「後日、時間があるときに、私が参照していないドイツ語の重要文献について教えてくれませんか。次の版で使いたいと思います」――書簡73）。しかしながら、どこかで安定するために（最初は、一九七三―一九七六年のあいだ、イタリアのミラノのカトリック大学だが、そこでクリアーヌは最優等（summa cum laude）で博士号を取得することになる）、クリアーヌは、一九七三年二月五日と、さらに一九七三年の六月一三日〔正しくは二月五日〕付のエリアーデ書簡〔5〕によれば、「地獄」で一年を過ごすはめになったのである。

あなたが、とうとう、カナダ行きのビザなど取得するために、そんな地獄のような生活を強いられることになるとは、想像できませんでした（カナダでなにをして、だれと仕事をするのですか……）。あなたの求めに応じて、きわめて率直に助言します。「飢えることなく」、そして健康を損なうことなくイタリアで研究できるほんのわずかな機会でもあるなら、その機会を利用しなさい。

はっきり言えば、カナダは適切な場ではなかったのである。何ヶ月もあとに、エリアーデは証言している。「私は、あなたについて、すなわち、ここ一五年から二〇年の間に西欧を選んだ人たちすべてのなかでも最大級の苦難〔強調はエリアーデ自身による〕にあなたが直面したという事実について、しばしば考えていました……」〔書簡6〕。そうこうするうちに、クリアーヌは、安定しない質素な、「ローマの路上で空腹のために失神しない程度のものであっても、「ポスト」を（一九七三年四月に）見つけた。一九七三年六月一三日付のこの書簡〔書簡6〕は、冒頭で健康と幸運を祝福したあと、初めて友情という言葉を使っている。「友情をこめて、あなたの、ミルチャ・エリアーデ」。（クリアーヌがミラノの博士課程の学生であった）一九七四年二月二六日付の書簡でエリアーデは、「あなたに、たくさんの友情を込めて――そして、たくさんの幸運も！」〔書簡11〕と締めくくっている。一九七五年九月一九日〔付書簡15〕では、エリアーデは初めて、「変わらぬ友情をこめて」と書簡をしめくくっている。

前年の一九七四年に、師と弟子はパリで直接会って、長時間話し込んでいる。エリアーデは、自分の日記の一九七四年九月六日のくだりに次のように記している。「面会。（中略）非常に才能のある（内気であると同時に大胆な）若い宗教学者ヨアン・クリアーヌ」。また、一九七四年九月一六日には次のように記している。「ヨアン・クリアーヌと中華料理店で夕食をとり、そのあと私のオフィスで真夜中まで話す。ずっと前から、デュメジルが次のように言うのは正しいとわかっていた。宗教学では、他のいかなる学問分野においても同じなのだが、唯一の重要なことがある。それはつまり、聖なる火（le feu sacré）を持っているかいないかということである」。その夜、エリアーデが、二四歳になる博学の若者の「内気であると同時に大胆な」視線の中に「聖なる火」の輝きをはじめて認めた、ということは疑いようがない。その「聖なる火」を認めたことによって、エリアーデは、一九七五年の冬・春学期にクリアーヌがシカゴ大学で研究するのに必要な奨学金を獲得しようと積極的に動いた。当時シカゴ大学のフランス語講座の助手に就任したばかりでクリアーヌの親しい友人だったミルチャ・マルゲスクに、エリアーデは、奨学金をクリアーヌに与えるための細かな事務手続きを任せた。一九七五年〔正しくは一九七四年〕一二月八日付書簡〔13〕で、エリアーデはクリアーヌに次のように知らせている。

手短に。すべて〔原文イタリックによる強調〕が軌道に乗りつつあるので、安心してください。マルゲスクはやり手です！　当然のことですが、必要な場合にはあなたの保証人になります。さらに、旅費も支給されます。

（中略）

私とクリスティネルは、一月のはじめに、結婚二五周年のお祝いのためにパリ（4 Place Charles Dullin）に行きます。一月一五日から一七日にシカゴに帰る予定です。あなたと当地〔シカゴ〕でお会いできることを心待ちにしています！……。

エリアーデからの書簡は、この後しばらく途絶えているが、それはクリアーヌがシカゴ大学のキャンパスにやってきたからである。私もそこで、クリアーヌがルーマニアをあとにして以来はじめて再会した（私も、なんの後悔も郷愁もなく、一九七三年一月にルーマニアから亡命した。一九七五年にはインディアナ大学の比較文学の教授となり、二月にシカゴのエリアーデ夫妻を短期間だが訪問した）[3]。一九七五年六月二五日、この頃クリアーヌから非常に多くの書簡を受け取っていたエリアーデは、毎年夏の休暇を過ごしていたパリからクリアーヌに書簡〔14〕を送った。

あなたが一緒にいるかのように感じさせてくれる数々のお手紙に、大いに感謝します。そして、あまりに突然に中断してしまった対話を続けるために、幾度もお手紙を読み返しました。

（中略）私は、あなたができる限りはやく学位論文や試験から解放されることを望んでいます〔クリアーヌはこのあとまさにすぐ博士課程を終えることになる〕。なぜなら、とりわけあなたに共同作業の提案をしたいからです。すなわち、かなり以前から構想している『宗教学事典』〔『エリアーデ世界宗教事典』〕のことです。（中略）あなたが同意してくれるなら、より詳しく打ち合わせましょう。おそらく、秋にパリで。分量はそれほど多くならず、（だいたいケーニヒ版〔『宗教学辞典』〕くらいの）もので、それにはエリアーデ＝クリアーヌと署名され――そして、必読書となり、数多くの外国語に翻訳され、重要な著作権を取得できれば何よりです！

エリアーデとクリアーヌによる最初の三年間のこのような書簡のやりとりで、私が注目すべきだと思うのは、並はずれた弟子の知性に対する師エリアーデの評価と友愛の情が次第に増していくようすである。亡命中に接触を持ったすべてのルーマニア人が、エリアーデの寛大さについて証言しているが、クリアーヌに対してはその寛大さがすでに最初から際だっている〔「本かオレンジ」のための小切手、勇気づける言葉〕。しかし、一九七四年九月のパリでの会見までは、一定の距離が保たれていた。けれどもまもなく、この距離は跡形もなく消え去り、大きな年齢差にもかかわらず、双方に友情と尊敬あふれる心遣いが生じた。そういった心遣いはずっと顕著なのだが、クリアーヌが〔「あなた」にあたる〕「ドゥムニャヴォァストラ」という伝統的なルーマニア語の敬称を用いて挨拶していることから、暗黙の師弟関係もまた残っていたのである。亡命のはじめから、クリアーヌはエリアーデについて本を執筆しようと欲しており、エリアーデもその構想を知っていた。けっきょく、それは、エリアーデについてルーマニア人によって書かれた最初の著作になる。一九七五年一一月一〇日付（書簡16）で、エリアーデは、クリアーヌが博士号を取得したことを祝福し、クリアーヌがなすことすべてに熱狂しているようにみえる。そして、エリアーデがクリアーヌに提示していた「さまざまな仕事現場」において、この青年が好敵手になることを望んでいる。

今朝、一〇月三一日付けの手紙を受け取りました。いつものように詳しく書かれており、私を元気づけ、心強い思いにさせてくれます。遠く離れていても、あなたらしい多様で熱い仕事現場に居合わせているようです（そして、どのような責任ある亡命者にも、とりわけルーマニア人には、同じような現場があるべきなのです）。あなたがなすこと、そしてこれからなそうと考えていることすべてが喜ばしい。同じように、私に関する本が完成することも喜ばしく思います。一九七七年か七八年以降には出版できるなどとだれが知るでしょう！[4]［一九七七か一九七八年よりあとにこの本の出版を遅らせることができるなどというのは、いったいエリアーデは何を考えていたのか？　あるいは、ごく若い頃からとり憑かれているようにみえる時間的に急ぐという感覚について問題にしていたのだろうか？］シカゴで最初の版を読ませてもらった宗教学の専門研究書《モノグラフ》に関する計画についても、引き続き知らせてください。ほぼ完成したら、私が序文を書いて――パリの編集者にみせましょう。小説にも出版の機会があると思います。レオニド・ママリガが、「興味深い原稿」を彼の「一角獣シリーズ（Caietele Inorogului)」で刊行したいと言っていました。

往復書簡の最後の一〇年間には、一九七七年五月二五日付のクリアーヌの書簡（29）からも明らかなように、師弟関係は強まり深まっている。エリアーデは、書簡を「拝啓クリアーヌさま」と書き起こしていたが、まもなく「親愛なるクリアーヌさま」となり、それから「親愛なるヨアン・クリアーヌ」、さらに「親愛なるクリアーヌ」（一九七五年九月一九日［書簡15］は、「変わらぬ友情をこめて」という定型句で締めくくっている）、最後に一九七七年六月一三日［書簡30］には、「親愛なるヨアン」となっている。クリアーヌの書簡は、絶えず丁重で、感謝にあふれている。しかし、（師を喜ばせることはできない情報や質問によって）時にはかなり大胆でもあり、「敬愛する奥さまと先生」という呼びかけか、または、エリアーデだけに書くときは、ごくわずかな変化があるだけで、「謹啓エリアーデ先生」という定型の頭語を用いている。

クリアーヌは、アメリカに行くことを夢見ながらも（はじめはニューヨークにあるカトリックのフォーダム大学だったが、応募していたポストは誰か別人のものになった）、物質的な条件に強いられて、オランダのフローニンゲン大学ルーマニア語・ルーマニア文化学科で「ルーマニア学者」のポストにあまんじていたということが彼の書簡からわかる。

オランダはとても快適な国ですが、関心があるとは言い難い仕事しかできないので、なんとなく私は亡命者だと感じます。興味を惹かれる仕事の提案を受けたのですが、学科長が出て行かせてくれるとは思いません（新しい職場とはいえ、やはりこの大学のイタリア語学科なので、彼に対して義理立てしなければなりません）。私は宗教学を語ることができません——十分によい言語学者というわけでもありません。さしあたり、自分が「賭け」に負けたとは思っておりません。すべては、健康にのみ、すなわち今後費やすことのできるエネルギーの量にかかっています。さらに、メスラン[5]のもとでの博士論文を本にして出版できるかどうかにかかっているのです。それは不可能ではないでしょう。（一九七七年五月二五日付の書簡29）

ここでクリアーヌがいっている「賭け」——権威ある名の知れた研究機関で宗教学者になること——に、彼は一〇年ほどで勝つことになる。エリアーデは、一九七七年六月一三日付の返信〔書簡30〕の追伸で、彼らしいやり方で、弟子がたどっている状況にイニシエーション的な価値づけと神秘的な意味を与え、慰めている。

追伸　すべてのことは意味をもっています（もちろん秘密の）。おそらく、あなたはさらにヨーロッパにとどまり、そこで著書や論文を出版することになっているのです。そうすれば、あなたは、よりすみやかにアメリカの「学界」に入ることができるでしょう。

そうすることになっているのである。もし「聖なる火」があれば、天命もあり、そして人生における一見すると偶然なエピソードにも意味があるのだ。エリアーデは、自分自身にもあてはまる尺度を——間接的な賛辞として——クリアーヌにあてはめている。

クリアーヌがエリアーデに関する研究を終えた時期、まさしく——一九七五年時点で師エリアーデが不自然にも遅めに予想していた——一九七八年に、アッシジでそれが出版されることになる。（一九七七年一月一〇日付）書簡25で、エリアーデは、クリアーヌが提案した年譜について返答している。エリアーデの注記のなかに、彼の伝記におけるいくつかの微妙な時期に関わる興味深い説明が見られる。たとえば、一九四二年のエピソード——それは、エリアーデが後年『回想』のなかで書いているリスボンからブカレストへ行った八月の旅行のことであり、とりわけ、当時自分が監視されていたので、「巻き添えにする」のを避けるために、ミハイル・セバスティアンに会えなかったことを悔いているエピソード――について、次のように書いている。

一九四二年八月、サラザールとの長い会見のあと、一〇日間ブカ〔レスト〕に行きました。私は、アントネスク将軍への「伝言」をもっていったと言えるでしょう。サラザールは「非常に遠回し」に〔私をとおして〕アントネスクにつぎのように語りました。「あなたの力は軍隊にある。それなのに、なぜドン川河畔やカフカスで軍隊を台無しにするのか？　私があなた方の立場なら、できるだけ多くの師団をずっとあとまで国境内にとどめておくだろう……」。サラザールは、会見の翌日、私がブカレスト行きの飛行機に乗ったと聞いたとき、「私が伝言を理解していると理解した」。もちろん、空港からはゲシュタポとルーマニアのシークレット・サービスが接見場所に私を連れて行きました。イカ[6]との会談で、私は軽率にも〔アントネスク〕将軍への「伝言」を彼に伝えてしまいました。そのために、「国家指導者〔アントネスク将軍〕」に会うことはなかったのです（たとえ会っていたとしても、彼は誠実でしたが、S〔サラザール〕の忠告にしたがわず、ロシアとの戦いに夢中になって参加し続けたでしょう。その夏には、彼はおそらくまだドイツの勝利を信じていました）。

（この段落は、注にあるように、赤インクで囲まれ、余白に次のような注記がある。「これはあなたに言っておきます。いかなる深読みもしてはいけません」。）エリアーデは続けて次のように書いている。

ミハイル・セバスティアン〔に〕会えなかったことに触れる必要はないと思います（私はマニウにも、ブラティアヌにも、そのほかの人々にも会わなかった〔ママ！〕〔「会えなかった」でないことに注意〕のです）。

エリアーデ自身が認めているように、このくだり全体は「非常に遠回しに」語られている。不明確かつ暗示的で、非常に婉曲だったので、サラザールの伝言は、サラザール自身もそれがエリアーデに理解されたかどうかを確かめることはできなかった。エリアーデがブカレスト行きの飛行機に乗る二日前になってやっと、サラザールは「理解されていると理解した」（しかし、エリアーデが出発することを誰が彼に知らせたのだろう？）。クリアーヌは、エリアーデがセバスティアンに会わなかった事実に言及してはならなかったのである――結局、エリアーデは、マニウにも、ブラティアヌにも会わなかった！（だがなぜ、マニウやブラティアヌに言及するのだろうか。彼らは、エリアーデがリスボンで代表した〔ルーマニア〕政府に反対する立場の政治的人物であり、個人的にも、イデオロギー的にもまったく友人などではなかった。そしてまた、ユダヤ人で、かつての親しい友人であり、迫害されている民族の一員であるセバスティアンを、これら二人の政治家といっしょくたにするとはどういうことか？）。繰り返すが、エリアーデの話は「非常に遠回し」で、ところどころ信憑性に欠けている。

一九七七年五月三日付のクリアーヌ宛書簡〔28〕で、この〔エリアーデに関する〕著書全体の――「タイプ原稿」と呼ばれている――原稿を読んだあと、エリアーデは書いている。

私は気に入りました。あなたをほめたたえ、あなたに感謝しています！　少なくともイタリアにおいては、私がいままでのように曲解されることは少なくなるでしょう（英語かフランス語でも出してほしいものです）。なにより嬉しかったのは、あなたは「エリアーデ主義者」として知られていながら、（私が一九三六年にハシュデウ選集の「序文」で犯してしまったような）聖人伝作家の誤りに陥らなかったことです。

ますます師に接近する弟子は、次のように告白し、個人的な助言を求めはじめた。書簡34（一九七七年七月一五日付）でクリアーヌは書いている。

私は九月に、なにがなんでも先生にお会いしたいのです。もしできれば、先生を熱烈に称賛している女性を紹介させていただきたいのです。彼女は、イタリアで私の学生だったのですが、エヴォラをとおして先生に行き着いたのです。（中略）申し上げても詮ないことですが、彼女がいるので足繁くイタリアに出掛けたのです。私は、彼女をとても愛していました（そして、おそらくいまでもそうです）。（中略）先生にこうしたことをすべて書くのは、ある意味で先生の「せい」でもあるからです。先生が私に「心」の道にしたがうべきだと言われたので、私は、思慮分別やわかりきったことに背いて、先生から言われたようにいたしました。（中略）先生に助言を求めたりするならば、うんざりなさるでしょうか？「心」の道を「壊す」べきか、あるいは、悩み苦しむことが関の山だと承知しながら、いかなる良識に反してもその道を進み続けるべきでしょうか？

この非常に美しい二一歳の女性、エヴォラに心酔しており、ルネ・ゲノンの「伝統主義」の信奉者であるらしいことが暗示されているこの女性は、誰だったのだろう？（エリアーデの返信に助言がない）この恋愛の結果は、予測されたほどの苦しみではなく、むしろユリウス・エボラの作品に対するひそかな関心を彼にもたらしたようだ。クリアーヌは、エヴォラが（エリアーデも三〇代から魅せられていたが、交友をやめてしまった）[7]「危険な」作家であることは知っていた。しかしクリアーヌは、〈虎に乗り続けた〉という。一九七七年八月二九日〔正しくは七月二一日〕付の書簡37〔正しくは35〕で、クリアーヌは、エリアーデに次のように告白している。

　ここしばらく熱に浮かされたように仕事をしております（普段は、午前四時前に眠ることはありません）が、ドイツ語によるすべての「屑の巻」は別にして、（密かに）きわめて熱狂してエヴォラの本を読んでいます。自由というのは、絶対的真理を所有しているといういかなる主張にも反対する権利である、とみずから定義しています、この熱狂も仮のものでしかありません。けれども彼の本はすばらしく、生まれてからこのかた「虎に乗る」以外のことはしてこなかったと認めます。私が虎に食べられそうだったということ、これは別問題です。その背中にふたたび乗っています。決してそれほど乗り心地がよかったわけではないのですが……。

「私が虎に食べられそうだった」という言い回しは、エヴァラのある本のタイトル『虎に乗る（*Cavalcare la tigre*）』を思い起こさせるが、なんと秘密めかした言い方だろう。しかし、いくつかの仮説を立ててみることはできる。イタリア時代に、クリアーヌがヘルメス主義や、極右のゲノンの「伝統主義」（亡命ルーマニア人の〔隠れ〕鉄衛団員《レジオナール》、エヴォラのイタリアの弟子たち、コドリャーヌの崇拝者たち、のちのクラウディオ・ムッティ[8]の先駆者たち）のサークルに接近したということなのだろうか？　自らの自由の定義の仕方によって、そのとき彼は「虎」の犠牲となることから守られたのだ。「虎」というのは、この文脈では、絶対的な真実をもつと主張すること、硬直したイデオロギー、危険思想、そして——もちろん？——文字通り危険のシンボルである。クリアーヌが、実際にずっと以前に「乗る」ことをやめていたはずの「虎」という隠喩は、一九九一年五月にそれに見合った悲劇となった。その日クリアーヌは、白昼、シカゴ大学キャンパスの校舎内で暗殺されたのである。彼はそこで宗教学の教授になったばかりであり、ミルチャ・エリアーデの第一の後継者たりうる人物とみなされていた。しかし他方、彼は、師の在り方から距離をとり、独立した知識人であることも自認していた。過去に彼が「安易に乗っていた虎」——同じ虎なのかあるいは別の虎なのか？——は、彼を待ち構えていて、血に飢えており、彼に飛びかかったのである。その虎が跡形もなく消え去ったのち、イデオロギーのテロリズムというジャングルのなかで、その虎の本性についていろいろ憶測が飛び交った。私は、二〇〇二年の著作『ヨアン・P・クリアーヌとミルチャ・エリアーデについて——回想、読解、省察（*Despre Ioan P. Culianu şi Mircea Eliade. Amintiri, lecturi, reflecţii*）』で表明したが、つぎのような意見を持っている。クリアーヌを襲った虎は、〈保安警察《セクリターテ》〉と〈軍団〔鉄衛団〕〉の混血であり、なにかしらゲノン的な血も混じっていたのかもしれない。

一九七七年八月二九日〔正しくは七月二一日〕付のこの書簡〔35〕で、クリアーヌは——おそらく話の流れから——もう一つ別の告白、良き師たるエリアーデとは対照的な、ジョルジェ・バランについて告白している。バランはクリアーヌがルーマニアを出る以前の怪しげな教師であり、おそらく、クリアーヌに同性愛的な誘いをかけたのである。

> 私は、ルーマニアのジョルジェ・バランから奇怪な手紙を受け取りました。それは、私に「きわめて個人的という以上の——契りともよべる——（私たちの）関係」を思い出させました。しかも、彼は私に写真まで求めてきました……。私は彼に、久しく前にファウスト的な道を選んだのです、と応えました。その道は、呪いの罰によって自分を抑えることがゆるされない道であり、そして、先生〔エリアーデ〕がずっと私の最善の手本であるとも返信しました。他方、すでにルーマニアにいるときから、私はバランの「人智学者たち」（思うに、そのなかには、気のふれた者、成り上がり者、保安警察《セクリターテ》の工作員たちなどがうごめいていました）から距離をおいていました。それ以前から、師バランとはほとんど仲たがいしていました（少なくとも、夢を信じることや、肉体を用いることに関して

は……。私は二一歳であり、自分の「シャーマン的」な孤独の時期を通過している途中でした。その孤独な時期は一九七三年まで続き、幸いなことに、そのあと「再生」したのです……）。

チャウシェスクが権力を確立した時期（一九六四―一九七一年）には、シュタイナー主義の集団が存在していた。そのなかで、「気のふれた者、成り上がり者、保安警察《セクリターテ》の工作員たちなどがうごめいて」いたのであるが、そういった集団の存在は、その後の共産主義ルーマニアにおける複雑だがしばしば魅力的でもある地下文化の歴史にとって興味深いひとこまなのである（私もG・バランを一時知っており、彼の異端的集団の存在も知っていたが、それには近づかなかった）。

ひとつの非常に重要な書簡〔41〕が、一九七八年一月一七日付でエリアーデから送られたが、それは同年の一月九日付でクリアーヌから送られたはずの書簡への返信である。しかし、このクリアーヌの書簡は、レーゲンスタイン図書館のエリアーデの文書に見つからず、これもまた失われたのである。「論文＝書評」とエリアーデの幻想小説（特に、『ブーヘンワルトの聖者』と『ディオニスの宮にて』）を解釈した文章に関する「手紙による補足」に感謝したあとで、エリアーデは次のように書いているのだが、それは、少なくとも表面上、矛盾しているように見える。

たしかに、私の小説はますます謎めいてきています！ただひとつの可能な解釈は、意味（あるいは「象徴」「ママ！」〔「意味」と「象徴」の併置は奇妙だ〕）を無視することであり、それぞれの小説を特有の構造、形態、言語をそなえた「並行世界」とみなすことでしょう。しかし、これについてはいつか話し合わなければならないでしょう！……。

言いかえれば、エリアーデは、自分の小説が「ますます謎めいてきて」おり、したがってより暗号化されていることは認めている。しかし彼は読者に、いろいろと「地下聖所」を調査しないように勧めている。そこに何か隠されていないかとか、またどのように隠されているか、などということを問わずに、ただ外からそれを見つめ、その構造を描き、「並行」世界に属する奇妙な対象をじっと眺めるのみにとどめ、現実の世界や作者の歴史的・伝記的生涯の出来事に触れることがないように勧めている。

クリアーヌは、おそらくエリアーデの文学作品をつぎのように解釈した最初の研究者であった。つまりクリアーヌは、エリアーデの文学作品の地下聖所を見ながら、困難であるにもかかわらず、暗号を「解読し」、読み解き、――「意味」というよりは、エリアーデの隠された弁証法――を理解することに駆り立てられていた。しかし、今日まで、非常に多くの批評家たちは、エリアーデの（例えば、『日記』に記された、『ジプシー女たち』(9)に関する彼自身による考察にも見られる）忠告に従ってきた。批評家たちは、そうする方がずっと容易だったので、エリアーデの上記のような願いに、とくに意識することもなしに従ってきたのである。彼らの多くは、エリアーデのテクストのなかの擬装された平穏な歴史、私が別のところで彼の「隠された暦」(10)と呼んだものに能天気にも気づかずに、神話論的連想や「原型」的探究、そしてとりあえずともかく博識な情報に満ちた「深い」読みを生み出してきたのである。

　同じ書簡〔41〕のなかで、エリアーデは、クリアーヌがコルネリュー・ゼーリャ・コドリャーヌに言及していることに言い返している。三〇年代の終わりにエリアーデが〈鉄衛団〉〔訳注3〕に対して共感をもっていたということがデリケートな問題であり、その問題は、混乱や誤解を引き起こす可能性があるので、当時〔一九七〇年代〕の西欧にいきわたっているイデオロギー状況のなかでは避けなければならない、と弟子に説明しようと試みている。

　つぎのことを認めなければなりません。C・Z・Cに言及するのは、好ましくありません。「混乱」(11)を招く可能性があるからです（この点でスカーニョも咎めました。軍団〔鉄衛団〕に対する共感は、ナエ・ヨネスクをとおした間接的なものであり、私の思想や著作にはまったく影響をおよぼしていません。ブカレスト大学で私に講演させないための口実、そして、とりわけ一九四四―一九六八年にかけてルーマニア内外で中傷するための口実にすぎなかったのです……）。C・Z・C〔コルネリュー・ゼーリャ・コドリャーヌ〕に関してどのように考えるべきか、私にはわかりません。たしかに、彼は誠実で、ある世代全体を覚醒させました。しかし、彼は、政治的感覚に欠け、（カロル二世やアントネスク、共産主義者たちによる）相次ぐ弾圧を引き起こしました。それらの弾圧は、彼が「覚醒させた」世代全体の首を刎ねてしまったのです……。鉄衛団《レジオナール》運動についての客観的な歴史や、C・Z・Cの人物像を描くことはできないと思います。入手できる資料が不十分です。さらに、「客観的な」態度というものは、その書き手にとって致命的かもしれません。

今日では、（さまざまな国のごくわずかな熱狂者のための）弁明か、（ヨーロッパとアメリカの大多数の読者のための）断罪しか受け入れられません。ブーヘンヴァルトとアウシュヴィッツのあとでは、誠実な人々でさえ、「客観的」であることなどもはやできないのです……。

この性急な「考察」に深入りするべきではありませんでした。けれども、この手紙を送って、将来の長い議論のきっかけをせめてあなたにあたえておきたいと思います。

あとでみるように、こういった考えはまた表明される。コドリャーヌは、ある世代全体を「覚醒させ」たということは功績だが、「政治的感覚に欠け」、同世代の人々の「首を刎ね」ることになった一連の出来事の口火を切った、として断罪されている。政治的感覚の欠如と結びつけられた〔エリアーデによるコドリャーヌに対する〕非難は、次のことを考えるとおかしなものである。エリアーデは、『回想』で、〈大天使ミハイル軍団〉を、定義上、「偏狭な政治」の時代だけでなく、政治そのものにも対抗する宗教的、神秘的運動とみなしていたからである。もしコドリャーヌがもっと政治的感覚をもっていたならば、どうしなければならなかったというのだろう？　そして、かりに〈鉄衛団運動《レジオナール》〉の客観的な歴史を記述することが、〔一九〕七〇年代のイデオロギー状況では不可能だったとしても、せめて（私信のなかで）簡潔にでもどのようにこの歴史を示すべきかを示唆することすらせずに、なぜそれは不可能だと認めるだけで、エリアーデは満足してしまうのだろうか？　『日記』や『回想』におけると同様に、エリアーデが、（あの災厄の後ということで——本当であろうが偽りであろうが——回心（metanoia）の経験を経た世代に対してだけでなく）ルーマニア文化に対して、鉄衛団《レジオナール》のイデオロギーが客観的にもたらした結果について熟考するのを嫌がっていることは明らかである。しかし、そういったイデオロギーをエリアーデは抱いていたのであり、単に「共感者」だったというわけではない。また、それはただ、ナエ・ヨネスクに従っていたという理由によるのであるが、エリアーデは、彼に逆らってはならないと思っていたようである。その際、疑問が生じる。たとえエリアーデ自身は、敬愛する師〔ヨネスク〕に忠実に従っていただけだったとしても、師の選択によって生じた結果は何だったのか、その選択のなかで「肯定的」といえるものは何だったのか、そして、おそらく望まれない、あるいは「否定的」なものは何だったのか？

エリアーデの作品の中で、「意図しない結果の法則」とでも名づけうるものについて考察がなされていないのは驚きである。個人的なものであれ、集団的〔団体や「世代」、政治的党派や反政治的党派〕なものであれ、それらのいかなる重要な行動も、いかなる意味深い選択も、この法則に照らして考察されるべきなのである。意図しない結果は不可避であり、そしてそれは、反省の行為〔あるいは、個人的な場合には良心の検証〕による回顧によってのみ明らかとなる。自分の師〔ヨネスク〕との全面的な連帯によって、エリアーデは良心による検証を自ら行なわなかった。ヨアン・P・クリアーヌの場合は違った。しだいに、あいついで〔それまでよくわかっていなかった〕さまざまなことが明らかになるにつれ、師エリアーデとクリアーヌの連帯は、最初は完全だったのだが、徐々に綻び、不完全となり、不承不承〔à contrecœur〕で内面の苦悩を伴うものになっていった。そういったクリアーヌの苦悩は、はっきり表明されているわけではないが、エリアーデの立場に対する理論上・実践上のためらいから想像することができる。エリアーデとのこの往復書簡では、師との不和の兆しが、萌芽状態にすぎないとしても、十分明らかである。

　一九七八年一月一七日付の前記エリアーデ書簡〔41〕は、クリアーヌからの一月九日の書簡に応答するものだが、後者は現存しない。次の一九七八年二月一三日の〔クリアーヌ宛エリアーデ〕書簡〔42〕は、一九七七年一二月一七日の〔エリアーデ宛クリアーヌ〕書簡に応えたものである。しかし、後者もレーゲンスタイン図書館の書簡のなかに見当たらない〔エリアーデはクリアーヌに書いている。「20.XII.77と消印が記された一二月一七日付けのあなたの手紙を数時間前に受け取りました。〈航空便 Via Air Mail = Luchtpost〉で出されていますが、この手紙は、古きよき時代のように、ゆっくりと旅してきました……」〕。

　この書簡〔42〕は重要である。この書簡から、クリアーヌは、エリアーデに関する自分の著作を出版する直前に、師〔エリアーデ〕の政治姿勢に関連する問題に言及していたと推測される。エリアーデは可能な限りはっきり書いている。

> すでに言ったように、私の政治的意見〔あるいは政治的意見の欠落〕に関する「議論」を私は好みません――なぜなら、誠実に余すところなく〔M・Eによる強調〕語るためには、数百頁とはいいませんが、数十頁は必要になるからです――そして私には、そうするだけの時間も熱意もありません。くり返しましょう。スカーニョは、フーリオ・イェージとの論争にかかず

らって、過ちを犯しています。私は、すでに一九三八年から、われわれの世代は（「大ルーマニア」をつくったわれわれの両親の世代がもっていたような）「政治的使命をもっていない」［この言い回しは『回想』のなかにも見られる］ことを理解していました（そして――友人たちだけにですが！――そう話していました……）。（中略）

しかし、これ以上引き延ばしたくないので、もうひとつの「話題」に、すなわちこの二編の小説にあなたが解読した政治的意味に移りましょう。とても正直にあなたに告白しますが、そんなことを考えたことはまったくありません。いずれにせよアドリアンは、詩人の（政治的）使命は、「狼や猪のあいだに降り立つ」こと、街頭や酒場で詩を吟唱することだと信じていました。（中略）アルビニ［に］関しては、ここでもまた『ムントゥリャサ通りで』や『ケープ』と同じ技法を用いました。中立的、あるいは「かわいらしい」態度で警官を描いたのは、現実の恐怖の雰囲気を避け、強制収容所の〈世界〉［ママ！〔正しいルーマニア語はUniversurilorだが、Universelorとなっている〕］のべつの次元を開示するためです（なんと多くのルーマニア人が、「アナ・パウケル」の描き方で私を非難したことか！）。

そして今度は、一月二五日付けの手紙に手短に応えましょう［この書簡は見つかっておらず、したがって本書には収録されていない］。あなたが、ラヴァスティーヌに感謝することで罠にはまってしまったのは、とても残念です。彼の名がタブーであるとは思っていませんでした。[12] イタリア人たちと（オランダ人たちとさえ）議論するのをさけ、自分の「中立性」を際立たせるように試みてください。あなたの使命と運命は、「べつの地平」に向かっています。（中略）

追伸――二月一四日。

〈補遺Ⅱ〉の解説を出版しなければならないとは思いません。もう一方［学術作品］に集中するために、あなたは私の文学作品を論じませんでした――なぜいまさら、『イフィジェニア』や『サラザール［とポルトガルの革命］』に触れなければならないのですか？

エリアーデの次の書簡（一九七八年三月一日付43）には、まったく否定的な別の政治的説明を見出すことができる（「…なかった、…していない」）。

私は、反ユダヤ主義ではなかったし、ナチス支持者でもありませんでした。『二千年以来』をめぐる、Gh・ラコヴァーヌとの論争で、「ユダヤ教とキリスト教」という二編の記事を『時代（*Vremea*）』に書きました。そのほかもろもろ。しかし、そのような馬鹿げたことでどれほど不快な思いをしたかを思い出すと、もう我慢はできません（非難しろ、非難しろ、きっと［なにか］あるはずだ！（calomniez, calomniez, il en restra toujours［quelque］chose!）……）。私は反論しなかったし、これからも決してしないでしょう。イェージやドニーニやそのほかの人々に関して言えば、私は、一九四三年秋、パリの駅で列車が動きはじめたときにシオランに言われたつぎの言葉を思い出します。「サラザールにばかやろうと言っといてくれ……」。

この時期、すなわち師〔エリアーデ〕についての自著が出版される頃にクリアーヌが置かれていた、エリアーデと直接向き合った（vis-à-vis）「認識状況」について短くまとめておこう。エリアーデは正当にも、クリアーヌが「聖人伝に陥らなかったと記していた。クリアーヌは、歴史家として慎重に、さまざまな人達と議論しながら、エリアーデの政治的過去について絶えず新たな事柄を見出している。そういった（とりわけ伝聞で広まっていた）事柄は、不確かであり、異議を唱える者もいれば、無条件に受け入れる者もいた。後者には、イタリアのイェージやドニーニなどがいる。クリアーヌは（私もそうであったように）ルーマニアの資料に接近できなかった。そして、祖国におけるエリアーデの圧倒的な肯定的評価、西欧で成功し著名になったルーマニアの大学者という評価によって、たとえ怪しいところがあったとしても、彼の過去に何か汚点があると疑うことなど許されなかったのである（国家の誇りという大義！――当時、チャウシェスクの共産党政権はそのような評価に非常に敏感だったので、エリアーデに対して、まさしく「カルパチアの天才」として迎えるという約束のもと、ルーマニアを公式訪問してほしいとあらゆる種類の提案を行なっていた）。

手に入れた資料の確認が不可能であるなか、クリアーヌはもちろん疑わしいと思っていたので、師であるエリアーデ本人に尋ねることを厭わなかった。エリアーデは、ここまで見てきたように、むしろ曖昧に、時おり（クリアーヌが二つの小説に政治的な意味を見出したと思ったあとで、エリアーデが彼に「とても正直にあなたに告白しますが、そんなことを考えたことはまったくありません」と言ったときのように）、不誠実にクリアーヌに返答した（この重々しく言われた正直さは、やはり疑わしい）。

しかし、それゆえエリアーデの書いていたことがすべて嘘だった、というわけではない。たとえば、クリアーヌは、エリアーデが反ユダヤ主義者だったとはけっして信じなかった（レーゲンスタイン図書館の未発表の原稿を丹念に調査した結果、それは私自身の確信でもある）――瑣末なものだが（主に、一九三七年一二月の『受胎告知（*Buna Vestire*）』紙の調査に対する〔エリアーデによる〕口頭の返答、ただし「編集された」ものに基づく）〔エリアーデが反ユダヤ主義者だったという〕逆の議論はある――。

エリアーデが、たんにシンパだっただけでなく、鉄衛団員《レジオナール》だったことは、（クリアーヌが知らなかった）『ポルトガル日記』を読む限り、まったく疑う余地はない。しかしすべての鉄衛団員《レジオナール》が、一人一人にいたるまで、個人的動機からであれ歴史的動機からであれ、反ユダヤ主義者だったわけではない。フランチスコ・ヴェイガは、彼の『〈鉄衛団〉の歴史』[13]のなかで、トルコ化したギリシャにおいて、その地のユダヤ人たちと自然に協力したマケド＝ルーマニア〔訳注3〕出自の〈鉄衛団〉支持者たちの例を紹介している。それは、近代ギリシャ国家の、同化を強要し、少数民族に抑圧的な傾向に対抗して新たに作られた同盟だった。熱心な国家主義者だったエリアーデは、政治の問題――セバスティアンが自らの『日記』で評していう「大きな災いをもたらす素朴さ」という問題――において、素朴な理想主義者だった。（エリアーデは、ある種の民族的神秘主義の系譜に属し、それは、必要な変更を加えれば（mutatis mutandis）ペギーの考えに比べられる。エリアーデがルーマニア人の道徳的・霊的再生を夢見たように、ペギーも霊的フランスを信じていた）。しかし、これは、不当にも確たる証拠もなしにエリアーデに対してなされた告発、「体に染み込んだ反ユダヤ主義」と同じなわけではない。[14]

つぎのことは事実である。若き――当時二八歳になろうとしていた――クリアーヌは、歴史家として振るまい、資料収集や検証が実のところ不可能な時代に、文脈を考慮しながら議論の余地のない事実を確定し、できる限り厳密にそういった事実を解釈しようと試みていた（ルーマニアの過去は、当時「国家の秘密」であり、共産党のイデオロギーによって操作され、その「路線」は予測できない仕方で変化した）。エリアーデの提案によって、クリアーヌは、イェージやドニーニとの論争を公表することをあきらめた。その論争は、アッシジのチッタデッラ出版から刊行されようとしていたクリアーヌの著書（『ミルチャ・エリアーデ』）の補論で紹介される予定だった。（一九七八年三月付）書簡44において、クリアーヌは次のように書いている。

数日前、もっぱらドニーニとその一味の問題で先生を苦しめてしまったことをとても悲しく思います。それに対する私の対応はきわめて不適切で、間際になって（in extremis）から付け加えた最終的補論を削除してくれるように電話で［出版社に］依頼しました。その補論では、先生はサラザール主義者であったのだから、反ユダヤ主義ではまったくなく、ナチス支持者でもなかった、と論じました。しかし、幾人もの人たちから、最後の部分の論証がうまくいっていないと言われました。すでに申し上げましたように、電話をして、その本がすでに当該の補論なしで書店に出ていると知ったのは、（いい意味で）思いがけないことでした。私がそれを受け取りましたならば、すぐに、先生のお手もとにも届くことでしょう。最後にさらに――私の愚かな弁護の結果として――私がおかしくなって鉄衛団を擁護しようと試みたのではなく、また、共産党当局の報道のやり方を真似て先生の「名誉回復」を試みようとしたわけでもないと、モニカ・ロヴィネスクとヴィルジル・イェルンカを説得しなければなりません……。知らず知らずのうちに私は、イタリアの雰囲気に毒されて、少しばかりの不信が生来の素朴さにうわのせされていたのです（しかし、これには、ある種の不快さがともないました……）。

師であるエリアーデに遠まわしに詫びているこの弁解じみた文脈において、「不信」という言葉でクリアーヌが何を言おうとしているのか、私にはよく分からない。この「不信」と「生来の［自分の］素朴さ」の結びつきによって、クリアーヌは、自ら後悔しているつまずき（faux pas）の状況に立ち至ったのである。クリアーヌは――ここで私が思うに――ドニーニ一味（Donini & Cie）の告発からエリアーデを守ろうと試み、〈軍団〔鉄衛団〕〉が言われるほど「ファシスト」ですらなかったのだと示唆しようとしたのだろう（だから、まさしくクリアーヌは、モニカ・ロヴィネスクやヴィルジル・イェルンカに、自分がレジオナールを弁護しようとしたわけではなかったのだ、と説得しなければならなかったのである）。さらに、クリアーヌは、（大戦でドイツ側につかず、ポルトガルの伝統だったイギリスへの親しみをいだいていた）サラザールの崇拝者［エリアーデ］が、「ナチス支持者」ではありえない、と言わんとしているのである。クリアーヌは、エリアーデが戦後長い間、一貫して固く守っていたフランスの格言、「言い訳するのはやましい証拠（Qui s'excuse s'accuse）」を忘れてしまっていた（「私は反論しなかったし、これからもけっしてしないでしょう」）。エリアーデは少しも怒らず、クリアーヌを励まそうと努めている姿を次の書簡〔45〕で示し、クリアーヌの草稿を読み、さまざまな学術雑誌での論文執筆を提案するなどしている。「あなたは宗教学者であり、宗教学ができる唯一の場所はアメリカ合衆国だ」（書簡45）とエリアーデはクリアーヌに書き送っている。そして、情愛をこめて、妻クリスティネルとともに、「懐かしさを込めたわれわれふたりからの抱擁をもって」と結んでいる。

それに続く四通のクリアーヌ書簡（一九七九年五月一一日から八月三日までに送られた65―68）には、エリアーデからの返信が残っていない。最初の書簡〔65〕で、クリアーヌは、フーリオ・イェージ著『右翼の文化（*Cultura di destra*）』（ガルザンティ、一九七九年）という本の、怒り狂ってはいるがほとんど根拠のない攻撃について、「先生にそれをお知らせしなければならないのがこの私である」と、無念に思いながらエリアーデに細かく書いている。

その本は、市場に出回る前に、「イタリアでもっともよく読まれている日刊紙『ラ・レプッブリカ（*La Repubblica*）』に、今月〔一九七九年五月〕四日に」書評が掲載された。クリアーヌは、イェージがイタリアにおけるテロリズムの責任を、（当時有名な〈赤い旅団〉は極左だが）「右翼の文化」のせいにしていたことを示している。「先生のことを論じている箇所から判断するならば、この〔右翼の〕「文化」において、先生はエヴォラよりはるかに「破壊的な」役割を果たしているということです」。エリアーデは、一六世紀の偉大なカバリスト、イツハク・ルリアのいわば弟子のようなものであると、イェージは人を惑わす主張をした。そのルリアを、〔クリアーヌは〕「近代ニヒリズムの最大の祖」とみなしている。クリアーヌは反論しようと考えたが、「無駄」だと理解した。「反駁することを考えましたが、それは無駄でしょう。新聞は掲載してくれません（それに、あまりに「右翼じみた」ことは好きではないので、そのようなことはしたくありません）[15]。」

そして、この書簡〔65〕、さらに次の書簡〔66〕からも、クリアーヌが右翼の政治的価値に与していないことは明白である。『19本の薔薇』を読むと引き起こされる疑問について論じながら、クリアーヌは、五月一七日付の書簡〔66〕において、イェージがエリアーデについて割いた「嫌悪をもよおすほど中傷のひどい」章に再びふれている。さらに、クリアーヌによる、さしたる関心事のない書簡〔67・68〕が二通続き、その後（パリでの面会後）に、エリアーデの返信が続く。その書簡〔69〕において、エリアーデは次のように悔いている。

とても残念だと言わなければならないのは、あれこれとりあげながら、『19本の薔薇』について「議論し」なかったことです。最近もそれを再読しましたが、いくつかの不注意と不手際をのぞけば（それらを直せるといいのですが）、私はこの小説が気に入っています。

一九七九年八月三日付のこの書簡〔69〕に対するクリアーヌの素早い返信（一九七九年八月一一日〔書簡70〕）に、非常に意味深長な原則の宣言を見出すことができる。それが意味深長だというのは、未完のまま一九八三年に中断されたクリアーヌのエリアーデに関するフランス語で書かれた研究論文で採用された態度を、この書簡が説明してくれるからである。[16]

『19本の薔薇』に関して。とても夢中になったことはすでにお話しいたしました。私は、それ以上のことを申し上げることはできません。と言いますのも、先生がお書きになったものすべてに対する私の立場は、いくぶん特殊なものだからです。第一に、それは、ひとりの歴史家の立場です。この歴史家にとって、先生がお書きになるものすべては、（ひとつの）歴史・物語《イストリエ》へと書きなおされるのです。この場合、「価値判断」は意味をもちません。それどころか、そういった「価値判断」が現われてくるところでは、私の妨げになるので、できるかぎりすみやかにそれを打ち捨てます。

第二に、先生がお書きになるものは、なによりも、文学としてではなく、ほかのものの表現として、すなわち、偶然そのようにして伝えられたメッセージとして私にとってなにより興味深いのです。私は、このメッセージが読み手にとって個人的な性質をもつと思っています。ずっと以前に私は、その理解に失敗しましたが、理解することを諦めませんでした。これがもっとも重要なことだと考えています。

ここでクリアーヌが提案しているように思われるのは、（価値判断なしに、おそらく現象学が提唱するあのエポケー（epoché）、あの棚上げ、傾向性や先入観（parti-pris）、あるいは賛成・不賛成といった反応の棚上げを伴った）歴史的解釈学である。この解釈学は、エリアーデの（文学的）テクストが二重に暗号化されているという意識にもとづく。エリアーデのテクストは、メッセージ――個人的なメッセージ――を伝えているのであるが、そのメッセージは、「イニシエーションを受けた」読者にしか理解できないほど巧みに隠されている。あるいは、――クリアーヌ自身の場合のように――「自らイニシエーションをほどこした」読者でも、以前の間違った理解をただすためには多大な努力を必要とするのである。この歴史的解釈学は、おそらくイニシエーションを受けた者の理解を促進するが、その理解を保障することはない。けっして保障はできない。なぜなら、エリアーデのテクストを解読するということは、特別な性格を持つものだからである。そこでは、メッセージの正確さが、予想に反してたえず曖昧になり、両義的になり、そういった曖昧さや両義性は、著者〔エリアーデ〕によって意識的に、解決不可能なほど複雑にされている。しかしながら、クリアーヌが弟子の立場から直感したように、これらすべては、（もっとも洗練された批評家たちの中には疑問視する者もいた）〔エリアーデの小説の〕文学的価値とはまったく関係がない。

それに続く何通かの書簡〔71以降〕では（クリアーヌによるものが何通か欠けており、いまいちど書簡の空白に気づくが）、ますます増していく師弟間の親密さと相互に対する称賛の言葉が書き記されている。また、クリアーヌが博士論文を出版できるように手助けしようと、エリアーデが繰り返し努めていたことも記されている（ついでながら、この時期、クリアーヌは結婚の準備をしており、暖かい祝辞をエリアーデ夫妻から受け取っている。数年後に破綻するこの結婚は、まだ三〇歳にならない若い宗教学者の熱を帯びた創造力に影響したようにはみえない）。一九七九年一二月六日付の書簡〔73〕で、エリアーデはクリアーヌを宗教学における二人の「リーダー」のうちの一人と呼んでいるが、もう一人は、ブルース・リンカンである。「ブルース・リンカンが、ローマであなたに再会できたことがどれほど嬉しかったかと書いていました。われわれの分野の希望であるふたりのリーダーの象徴的な出会い！」この称賛は根拠がないわけでも、空虚な決まり文句でもない。ブルース・リンカンは、大変博識なユダヤ人であり、すでにその当時からマルキストだったが、めざましい業績を残していた。その業績は、まったくエリアーデ的なものではなく、エリアーデの宗教現象学にまさに相反するような仕事であったが、彼は、多数の著作を出版し、いくつかの大学をまわったのち、最終的に、自身が博士号を取得したシカゴ大学「宗教学キャロライン・E・ハスケル教授」に就任した。最新の彼の著作『神話の理論化——物語、イデオロギー、学問（*Theorizing Myth: Narrative, Ideology, and Scholarship*）』シカゴ大学出版局、一九九九年は、二つの重要な賞、アメリカ宗教学会〔American Academy of Religion〕賞（二〇〇〇年）と、シカゴ大学出版局ゴードン・J・レイン（Gordon J. Laing）賞（二〇〇三年）を受賞した。このことは、エリアーデが、イデオロギーを越え、いろいろありうる（方法論や政治的）方向性にかかわらず、思想の独創性や読書量の豊かさ、一つの学問にささげる研究者たちのあの聖なる火（feu sacré）、あの知ることへの情熱を評価する証左である。同様の基準でクリアーヌも測られる。彼もまた「聖なる火」をもっており、業績の量だけからすれば、まだそれほど圧倒的な数の著作があったわけではない何年も前から、クリアーヌは、リンカンと同一視されていたのである。

　こういったことは、学生たちのモデルとなりインスピレーションとなるエリアーデについて、何か重要なことを説明してくれる。教師としてエリアーデは――私は、さまざまな機会に知り合ったシカゴ大学の彼の学生たちから聞いたのだが(17)――寛大であり、学者として、人間として、自分のすべての学生たちを援助しようと努めていた。その際、エリアーデは、イデオロギーその他で彼ら学生を差別するというようなことは決してしなかった。（ベトナム戦争に反対した極左主義者）ダグラス・アレン、（中国宗教の専門家だが、専門の著作は少ない）ノーマン・ジラルド、（神話の受容と解釈の歴史の専門家で、ニコラ・キアロモンテ公認の弟子であり、極左の〔雑誌〕『パルティザン・レヴュー（*Partisan Review*）』にかかわっていた）バートン・フェルドマンらは、みな同程度にエリアーデから敬意や支援を受け、友情を注がれていた。〔一九〕七〇年代と八〇年代に行なったエリアーデとの対話で、彼は私に、学生たちの過去についてはっきりと語り、共感しつつも彼らの弱さに目をつむっていたわけではなかった。そしてつねに、エリアーデはブルース・リンカンをもっとも才能ある者として語っていた（私は彼と個人的に知り合う機会がなかった）。エリアーデは、ブルース・リンカンがマルキストで文化を唯物論的に捉えることを知っていたが、そのことで彼に学者の資質を認めないというわけではない。さらにそのことが、上でふれた書簡〔73〕からわかるように、彼を宗教学の「リーダー」の一人として評価する妨げにもならなかった（このような高いカテゴリーには、たとえ親しい友人であったとしても、バートン・フェルドマンのような昔の学生は含まれていない。しかし、そこには、正確に言えばエリアーデの学生などではなかったクリアーヌが含まれているのである）。

　エリアーデは政治にまったく関心をもたず、彼の学生たちはエリアーデがぜんぜん新聞を読まないことに驚いていた。彼には、時間がなかったのだろう。というのも、精力的な学者としてエリアーデは、人類学から神学まで、哲学、認知哲学から歴史や思想史まで、民族誌や民俗学から文学まで、ヘルメス主義からユングや錬金術にいたるまで、きわめて広範囲に読書しつつ、一日じゅう、学際的な、さらにはそれすら超えた領域で、宗教学の資料に関する情報に遅れまいと試み、それを成し遂げていたからである。しかし彼は、時間を見つけてはさらに、放浪のルーマニア人として、ルーマニア人亡命者たちの出版物にときどき記事を書いていた。それらの記事は、（「幸運がなかった一族」という彼にとってほとんど強迫観念と化したテーマに回帰しつつ）われわれ〔ルーマニア〕の文化や、歴史における〔ルーマニア〕文化の運命に関する思索であり、（アレクサンドル・ブスイオチャーヌ、マティラ・ギカ、G・ラコヴァーヌ、アントンとリザ・ジグムント＝チェルブといった）死んだ友人たち一人一人について、あるいは、（ミルチャ・ヴルカネスクやナエ・ヨネスクといった、エリアーデがずっと称賛し続けていた人々の）一つ一つの思い出に関する思索であった(18)。しかし、エリアーデは、それらの記憶を「読む」のであって、政治的情報をともなった新聞は読まない。エリアーデは、他の多くの亡命者たちと同じように、過去のルーマニア人としてのアイデンティティをもって生きていたが、『日記』から分かるように、彼は、ルーマニアの文化的地平におこっていることを知ろうとたえず腐心していた。しかしながら、そのルーマニアは、当初はソヴィエト軍に占領された国の一つとして「歴史後《ポスト・イストリア》」だったのであり、その後は、ときどき表面に現われてくる生き生きとした地下文化を維持してはいたものの、国家共産主義のチャウシェスク独裁がイデオロギーで自らを占領してしまった社会主義ルーマニアだったのである。

一九八〇年のやりとりにおいて、クリアーヌは（書簡78で）、「マリノとハンドカの著書を受け取りました――前者について、私は（長い）書評を書きました。優れた有益な著書です」、と述べている。共産主義ルーマニアにおいて初めて著されたエリアーデに関する書籍であるアドリアン・マリノ『ミルチャ・エリアーデの解釈学』の書評をクリアーヌが書いたことによって、パリにいる亡命ルーマニア人たちのクリアーヌに対する評価が高まることはなかったようである。というのも、彼らはマリノを快く思っていなかったからである。マリノは、怪しいほど頻繁に西欧に旅することを彼に許していた共産主義政権の協力者ではないかと、（正しいにせよ？正しくないにせよ？）疑われていたからである。クリアーヌは、そのような疑いを持ち込まず、偏見なしにテクストを読み、判断しようとしており、疑い深くなって互いに中傷しあうほどに分裂したルーマニア人亡命者たちのなかにあっては、知的で独立した稀な人間（rara avis）だった（その〔マリノに対する〕ような疑いが一度ならず的外れだったということは、一九八九年以来明らかになってきたように、亡命者仲間の知識人指導者たちが、見かけほど無実でもなかった人々を信用していた、という事実によって証明される）。クリアーヌが予期せず亡命者たちの悪意あるうわさの渦中に入り込んでしまったのは、これが最初でも最後でもなかった。たとえば、書簡81（一九八〇年八月二九日）の一部であるが、そこでクリアーヌは、サイエンス・フィクション『ヘスペルス』に関する自らの悩みを師〔エリアーデ〕に打ち明けている。その小説は、口コミでどんどん広がったもっぱら（不当な）疑いと中傷にもとづいて、まったく文学的ではない批判を受けた。

文学については、（中略）一九七〇年以降、私はなにひとつ発表していません。（中略）長編小説は、おそらくそれほどではありませんが、ママリガ氏に手渡したものは確かに出版できる出来栄えでした。私は、なぜある文章について……反ユダヤ主義だという印象を抱いた人がいるのかわかりません!!!〔［これは］、隠れ反ユダヤ主義者が反ユダヤ主義を恐れる興味深い例である。隠れ反ユダヤ主義者は、むしろ自分自身の反ユダヤ主義を投影して、他者の文章の反ユダヤ主義を検閲するのである。〕

〔中略〕

おそらくパリュイは、この種のテクストに取り組むためには、翻訳の作業をたくさん抱えすぎています。サイエンス・フィクションなので、彼が気に入るとも思えません。レオニド・ママリガは、ほかの人々のように、スタマトゥのヒステリーと、マリノの反対運動に神経質になっています。マリノが、偶然にも、まさしく私を好意的に引用しているからです！　ママリガにも望みはありません。モニカ・ロヴィネスクとヴィルジル・イェルンカには、彼らの趣味を知っているので、送りませんでした。彼らが気に入るとは思えません。

一九八〇年八月二九日付のこの書簡〔81〕には、「カルメンとヨアン」と署名されている。六月に、クリアーヌはエリアーデとパリで会っており、将来の妻、カルメン＝ゾエ（旧姓ジョルジェスク、グルジア生まれ、前の結婚でもうけた学齢期の少年アンドレイの母親）をエリアーデに紹介した。エリアーデ夫妻は、結婚式には出席できなかったものの、一九八一年の夏と八四年に、何度も延期されたのち、フローニンゲンに旅行することになった（書簡100をみよ）。一九八〇—一九八四年の期間にクリアーヌが書いた非常に多くの書簡が失われているようにみえる。それらの内容は、エリアーデの返信から想像できるだけである。書簡85〔一九八一年三月二四日〕の書簡からは、I・P・クリアーヌが、パリの亡命者たちの間でたたかわされたアドリアン・マリノの責任をめぐる論争を、エリアーデに詳しく報告したことが推測できる。「A・M〔アドリアン・マリノ〕に関する話は、おそらく、ネオ・リアリストで幻想に惑わされる若い小説家にインスピレーションを与えるでしょう!……」、とエリアーデは書いている。

つづいて、この時期にはノーベル賞の期待があったわけだが、エリアーデははっきりクリアーヌに宣言している。

〈ノーベル賞〉の伝説はけっこう単純です。いつも言っていることですが、もし私がその「栄誉」を受けたならば、ブカレストに飛んで、自分がルーマニア人の小説家であることを宣言するでしょう。〔中略〕あなただけに話しておきます。ベル墓地へ行って、父や母や兄弟たち、ナエ・ヨネスクの墓を、彼らの好きな花々で覆い尽くすのです……。

一九八一年一二月三日付の書簡〔87〕で、エリアーデは、一九八一年一〇月二七日と一一月一二日付の書簡〔またもや、これらの〔クリアーヌからの〕書簡が欠けている。エリアーデはおそらく自分の弟子からの書簡を注意深く保存することはしなかったのだろう〕に感謝している。重要な一節がそれにつづいている。

イタリアの「状況を明らかにしてくれたこと」に対して、心からあなたに感謝しています。ご存知のように、その種の批判や中傷に応える努力を私はまったく払ってきませんでした。なぜなら、当面はなにもできませんし、腹を立てる権利もないということをよく理解しているからです。あの六〇〇万の焼死体のあとでは、いかなるユダヤ人の作家に対しても「客観的」であれと要求することなどできません。火葬場のトラウマがいまだにきわめて強烈なので、どのような「情報」にも彼らが納得することはありません。『自伝』の下巻が出版されたなら、いくつかの事柄がおそらく明らかになるでしょう。

残念ながら、そういった事柄は明らかにならなかった。しかし、次の事実は記憶しておかなければならない。エリアーデは「腹を立てる権利もない」と認めていたこと、そして、ホロコーストの六〇〇万人もの犠牲者という未曾有の悲劇に直面して、（根拠のないものであれ、誇張されたものであれ）彼に向けられた個人的な告発を何も言わずに受け入れなければならないと認めていたこと、である。しかしながら、自ら、そしてエリアーデから補足的な指導や説明を受けることなしに、「状況を明らかに」しようとしてくれた人々に対して、エリアーデは感謝しているのである。

二通ともクリアーヌ宛のエリアーデ書簡92と93（前者は一九八二年一一月二九日付、後者は一九八三年三月三日付だが、〔後者には〕三月二八日の日付もあるので、いったん書くのが中断された書簡）のあいだ、再び、この時期クリアーヌがエリアーデに送った書簡と、彼の新しい著作『知られざるミルチャ・エリアーデ』の草稿の断片が欠けている。[19] エリアーデの反応。「著書（序文—またはあとがき）は、あなたと見解が一致しないとき（たとえば「正教会」）でさえも、きわめて興味深いものです」。同様の見解の不一致にもかかわらず、三月二八日付書簡〔93〕で、続けてエリアーデはクリアーヌに書いている。

　あなたにお願いもせずに、あなたを私の遺志執行者と宣言しました。六月に、私の考えを説明します。さらに六月には、本〔の出版〕について話し合うこともできるでしょう。あなたは、私がナエ・ヨネスクに対する行きすぎた愛着によって、二、三年だけ関心をもった政治的事柄にこだわりすぎているように思います。しかもあなたは、（たとえば「政治」と比較すると）文学についてはほとんど論じていません。私は以下のような解決策を考えました。(1)五月に、私は原稿を再読して注を付けます。(2)あなたにいくつかの質問事項を提案します。それらに対して私は、（『日記』からの文を用いて）「集中的に」答えます。あなたはそれらの返答を（話し合うことなどで）自由にふくらませます。あなたがよく知っていることだからです。こうして六月はじめには、対話のための生の資料ができあがるでしょう。それは、私たちふたりにとって納得のいくものになると確信しています。

エリアーデのクリアーヌに対する信頼は、一九八三年に頂点に達した。その時期、エリアーデはクリアーヌに、もっとも重要な共同作業を提案し始めるのである（二人の名前で刊行されることになる[20]『〔エリアーデ世界〕宗教事典』の構想を再び持ち出している）。同じ一九八三年一二月二一日付の書簡〔94〕で、エリアーデはクリアーヌに、自分自身に匹敵する経歴を彼がたどるだろうと予言している。

私は心からつぎのように思っています。あなたは、すでに真の宗教学者のひとりであり、危機にあるわれわれの学問にとって本当に必要である数少ない人物のひとりです。あなたは数多くの同僚や学生たちにそのように認められているのです。しかし、私と同じように——私は幸運だったのですが——あなたがアカデミズムや大学に認められ、さらに異なる文化圏の多くの人々のあいだで「広く受容される」ようになるためには、さらに一五年から二〇年が必要でしょう。

しかし、幸運な師の不幸な弟子だったクリアーヌは、その後八年も生きなかったのである——誰が予測できたであろう。

非常に興味深いこの往復書簡におけるエリアーデの心理学的な側面、すなわち彼の大きなナルシシズムに注目しなければならない。一九八四年三月二七日付の書簡〔97〕で、エリアーデは熱狂的な調子でクリアーヌに向かって書いている。

親愛なるヨアン

感謝の念に堪えません！　あなたはすばらしい！　この二週間で、M・E（「重要な人物」……）に関する論文を三編も受け取りました。あなたは神話学を創設する途上にあり、解釈学と歴史叙述を立派な模範にまで高めつつあります。

他方、クリアーヌは、エリアーデに対して誠実で情愛をいだくほど尊敬しており、長年受けた支援に対してもちろん感謝していたが、そういった感情を表わす際に、随所でおおげさであるようにみえる。もしかすると急いでいたのかもしれない。とりわけ感謝の気持ちは、常に適した言葉にすることが難しく、誇張した表現になりがちだからである。引用したエリアーデの書簡に応えて、クリアーヌは一九八四年四月四日〔書簡98〕に書いている。

ともかく、先生は正しいのです。私も忍耐強く、われわれの不幸な西欧文明によって（最近）踏み固められた轍の上でM・Eという大いなるルーマニア的（しかしそれだけではない）神話を示し直したいと思います。〔間違っていなければ、つぎのような意味であろう。〔エリアーデを〕「政治的正しさ」と今日われわれがいうような要請に一致させよう、ということである」さらに同じように、私にとってこの不透明な時代における最良の手本であり続ける真のＭ・Ｅに背くようなことは、決していたしません……。

翌年、一九八五年八月二一日に、（エリアーデの招待によって）権威あるハイラム・トマス・レクチャー〔Hiram Thomas Lectures〕として三回の講義を行なうため〔シカゴ大学〕に招かれたとき、クリアーヌは、そのうち一つは自分の論文「ミルチャ・エリアーデと新しい人類学」にもとづくものになると師に書いている。彼は、その「新しい人類学」を次のように説明している〔書簡108〕。

> 「あたらしい人類学」というのは、私にとっては、フランス人たちが理解するようなものではまったくなく、むしろ、クーンやファイヤアーベントの認識論から生み出されたあたらしい人類学の方向であり、それは先生を大いに再評価することになるでしょう――そして、将来、ますますそうなるでしょう。現代の思想史におけるもっとも高い研究のひとつであるＭ・Ｅの位置づけのことです。私に関しては、もちろん、先生の最後の弟子が先生に贈ることのできる小さなオマージュであるということも、言うまでもありません。

トーマス・クーン（「共約不可能である」科学的パラダイムの理論家）とポール・ファイヤアーベント（著作『方法のかなたへ』でクーンをより過激にし、認識論的「アナーキズム」の基礎を築こうと試みている）とならぶ位置づけが、果たしてどれほどエリアーデを喜ばすことになるのかは知れない。しかし、「小さなオマージュ」や「最後の弟子」などというのは、エリアーデを喜ばせるだけでなく、おだててすらいる。芝居がかって嫌味にも思えるこの言い回しは、客観的にみれば――エリアーデとクリアーヌの安定した対等な関係の時期だったとはいえ――誇張である。芝居がかった称賛には、しかしどうやら、お世辞以上のものがある。クリアーヌは、自分の価値を完全に意識している。そして彼は、偽りの謙虚さをもってエリアーデの最後の弟子であると宣言しているが、自分に相応しいオリジナリティーを意識しながら、現代の認識論的プリズムを通して宗教学を見直そう、という将来計画を描いていることは間違いない。しかしここはその計画について語る場所ではない。

ともかく、いくぶん他愛ない（それでも宗教と関連した）話で、しかし、最後はとても他愛ないどころではない話で締めくくりたい。クリアーヌは、「荒唐無稽でありながら刺激的な」本、『レンヌ＝ル＝シャトーの謎――イエスの血脈と聖杯伝説[21]』を読んで、エリアーデに薦めている〔書簡107〕。

イエスはマグダラのマリアとのあいだに少なくとも一児をもうけ、その〈王の血筋〉がプロヴァンスに暮らし続けており、現在も存続しているとこの本は主張しています。〈秘密結社〉、〈シオンの議定書〉、〈ヴィクトル・ユーゴー〉、この本にはなんでも登場します（〔今年は〕ヴィクトル・ユーゴーの年です。数多くの興味深い本が刊行されて、それらを私は喜んで読んでいます）。

グノーシス、魔術、あるいは秘教といったテーマ、「大衆受け」しそうな、「秘密の想像力」と名づけられるものを刺激するテーマをもったこの種の読み物を、エリアーデも気に入るということをクリアーヌは知っていた（私が〔一九〕七〇年代と八〇年代にエリアーデと交わした対話によると、記憶している限りで、エリアーデはルイ・パウエルスによって出版されていた〔S・F雑誌〕『惑星（*Planète*）』のほとんど定期的な読者であり、ルイ・パウエルスとジャック・ベルジェの『魔術師たちの朝（*Le matin des magiciens*）』や同じく彼らの『永遠の人間（*L'Homme éternel*）』、あるいはレイモン・リュイエの『プリンストンのグノーシス――宗教を探求する科学者たち（*La gnose de Princeton. Des savants à la recherche d'une religion*）』などをちゃんと読んでいた）。『レンヌ＝ル＝シャトーの謎』は、実際イエスの末裔にふれ、彼の子孫とメロヴィング王朝との結びつきを想定し、〈シオン修道会（*Le prieuré de Sion*）〉という名の超《ウルトラ》秘密結社についても語っている。この修道会は、指導者たちのなかに、ボッティチェリ、レオナルド・ダ・ヴィンチ、より最近ではヴィクトル・ユーゴーなどがいたとされている。さらに、伝説の聖杯の探求についても語っている（聖杯は、信じられているような杯ではなく、イエスとマグダラのマリアの結婚を明かす秘密の証拠とされている）。この題材が書き直され、ダン・ブラウンの政治陰謀小説『ダ・ヴィンチ・コード（*The Da Vinci Code*）』（ダブルデイ、二〇〇三年）〔越前敏弥訳、角川書店、二〇〇四年〕として、さらに世に出た。それは大変なベストセラーとなり、すでに多くの言語に翻訳され、さまざまなキリスト教神学者たちのあいだでも物議を醸した。ついには、その本について学問的な著書が出版されるほどにもなったが、そういった学術書の意図は、もっぱら、（疑似―）歴史的筋書きに基づく純粋な虚構であるこの本の異端的な見解を反駁することだった[22]。この現象は――ひとつの本物の現象が問題なのだから――クリアーヌにとっては確実に、そしておそらくエリアーデにとっても、興味深く面白かっただろう。彼らは、くつろいだときには、この種の本を読むことを厭わなかった。

一九九一年に、クリアーヌが四二歳になったとき、彼が(イデオロギーあるいは何らかの狂信によって、または疑似―宗教的な性格のなにかによって放たれたに違いない)恐ろしい殺し屋の犠牲になり、いまだ解決されない政治的謎の的になるなどと、誰が予測しただろうか。創造力が成熟するまさにそのときに、数年前に死んだ自分の師〔エリアーデ〕から離れ始めていたときに、この学者〔クリアーヌ〕が暴力的に殺されてしまったということは、たとえいつか、だれがどのようにしてそれを企てたのかが判明したとしても、謎――不条理で不吉な謎――のままでありつづけるだろう。この犯罪が解決したとしても、クリアーヌという人物のまわりから神秘的オーラが消え去ることはないだろう。そのようなオーラについて、(秘教に関する一種の百科全書的小説で、クリアーヌも絶賛している)『フーコーの振り子』の著者、彼の友人ウンベルト・エーコは語っている。[23]

この書簡集は、ミルチャ・エリアーデの業績をいろいろと研究している者たちにとって重要であるが、偉大で神話的な博学者ヨアン・P・クリアーヌの人間的な一面、時にあまりに人間的な彼の一面を教えてくれるという功名もある。

マテイ・カリネスク

＊　第二版では、一一一通(編者記)。

＊＊　第二版では、四一通。以下、書簡番号は、ことわらずに、この第二版の番号に書き換えた(編者記)。

(1)　一九八三年一二月二一日付クリアーヌ宛エリアーデ書簡(本往復書簡の書簡94)からの引用。エリアーデは、年若い友人で当時オランダのフローニンゲン大学の教授〔だったクリアーヌ〕と、シカゴからパリにやってきて一年のうち一―二ヶ月の休暇の間しか話せないことを嘆いていた。「とても多くのことについて話したり質問したりしたい唯一の友人と、一年のうち一〇―一一ヵ月も会えないとは、まったくばかばかしく、我慢ならないことです!」とエリアーデは書いている。さらに一九八一年には、当時七五歳で健康状態がかなり危ぶまれたエリアーデは、彼の編集者であるパリのパヨーに、クリアーヌという若者は、「刊行されているものであろうとあるまいと、私の著作全般に関して全責任をもつ遺志執行者である」(一九八一年一二月三日付書簡87)と書き送っていた。一九七八年にクリアーヌはイタリア語でエリアーデに関する専門研究書(モノグラフ)を書いたが、一九八三年にはその大幅な増補版を、こんどはフランス語で、『知られざるミルチャ・エリアーデ』と題された事実上新たな著作を書いたことに注目すべきである(この本のルーマニア語訳は未完である。I・P・クリアーヌ『ミルチャ・エリアーデ』ブカレスト、ネミラ、一九九五年、をみよ。第二版は一九九九年。後者は、一九七八年の〔イタリア語による〕専門研究書〔のルーマニア語訳〕とエリアーデに関するクリアーヌの他の文章も含んでいる)。〔上記イタリア語版とフランス語版それぞれの翻訳が、本往復書簡も含まれるルーマニア語によるクリアーヌの全集中の一巻『ミルチャ・エリアーデ』として二〇〇四年にポリロムから出版された。〕

（2）この書簡に関しては、私の著作 *Despre Ioan P. Culianu și Mircea Eliade. Amintiri, lecturi, reflecții* (ediția a II-a, revăzută și adăugită, Iași, Polirom, 2002), pp. 16, 42-26, 222 〔『ヨアン・P・クリアーヌとミルチャ・エリアーデについて——回想、読解、省察』（増補改訂第二版はヤシのポリロムから二〇〇二年に出版された）一六、四二—四六、二二二頁〕をみよ。

（3）前掲拙著『ヨアン・P・クリアーヌとミルチャ・エリアーデについて』（上記注2をみよ）、八九—九一頁でこのエピソードを書いている。

（4）エリアーデに関するクリアーヌの著作は、一九七八年に刊行されることになる。

（5）ソルボンヌでミシェル・メスランの指導のもとに書き始められた博士論文のことで、それは一九八〇年六月一七日に受理された。この博士論文が、『サイカノディア』（ライデン、E・J・ブリル、一九八三年）と『脱魂の経験』（パリ、パヨー、一九八四年）という二冊の著作の基礎になっている。

（6）外務大臣ミハイ・アントネスクのことであり、彼は「イカ」・アントネスクと呼ばれていた。

（7）エリアーデは、『日記』の一九七四年七月（日付なし）のくだり、エヴォラの死についての覚書の中で、エヴォラが彼の自伝のなかで自分を引用していると非難している。そこには次のように書かれている。「エヴォラは、一九三七年にブカレストを訪ねたことも思い起こして、特に、〈コドリャーヌのサークル〉で、〈わが国の後の著名な宗教学者M・E〉にも会ったと書いている。たぶんエヴォラは認めないだろうが、私は、彼が次のように言おうとしているかのような印象をもった。「ほら、極右に熱狂した人々もいて、〔エリアーデも含む〕彼らは戦後のいまでも出版することができ、論じられている、云々。私、エヴォラは、すでに怠っているので、マスコミにも無視され、云々」。こういった細かなことは私を悲しませると同時に、苛立たせる。そのときからもはや彼には手紙を書いていない。しかし、彼のものは読み続けており、変わらぬ興味を持っている」。

（8）九〇年に、ゲノン主義者・エヴォラ主義者のクラウディオ・ムッティは、ルーマニアの〈鉄衛団（レジオナール）運動〉と、その運動に従事していた少なくはない知識人たち、さらに「伝統主義」信奉者たちに関して多くの研究書を出している。ルーマニア語の翻訳、*Mircea Eliade și Garda de Fier* (Sibiu, Puncte Cardinale, 1995)〔『ミルチャ・エリアーデと〈鉄衛団〉』（シビウ、プンクティ・カルディナーレ、一九九五年）〕、*Penele Arhanghelului, Intelectualii români și Garda de Fier* (București, Anastasia, 1997)〔『大天使の羽 ルーマニア知識人たちと〈鉄衛団〉』（ブカレスト、アナスタシア、一九九七年）〕と、より最近の *Guénon in România. Eliade, Vâlsan, Geticus și ceilalți* (București, Vremea, 2003)〔『ルーマニアにおけるゲノン エリアーデ、ヴルサン、ゲティクス、その他の人々』（ブカレスト、ヴレメア、二〇〇三年）〕をみよ。ゲティクスは、ヴァシレ・ロヴィネスクのペンネームである。彼は、ファルティチェンの元市長で鉄衛団員（レジオナール）であるが、後に、チャウシェスク体制の最後の時期には、マティウ・I・カラジアレやイオン・クレアンガの著書を秘教＝伝統主義的に解釈した人物である。

（9）ミルチャ・エリアーデ『日記』第一巻、ブカレスト、フマニタス、一九九三年、五八五—五八六頁をみよ。

（10）短編小説『19本の薔薇』と物語『大物』を論じた私の前掲書『ヨアン・P・クリアーヌとミルチャ・エリアーデ』四七—七五頁をみよ。あらゆる困難や挑戦を引き受けながら、歴史を無視することを拒絶する〔クリアーヌと〕似たような方向性は、ソリン・アントヒ編 *Ioan Petru Culianu. Omul și opera* (Iași, Polirom, 2003)〔『ヨアン・ペトル・クリアーヌ 人と作品』（ヤシ、ポリロム、二〇〇三年）〕四一〇—四五八頁に収録されたダン・ペトレスクの論文 „Ioan Petre Culianu și Mircea Eliade: prin labirintul unei relații dinamice"〔「ヨアン・ペトル・クリアーヌとミルチャ・エリアーデ——ダイナミックな関係の迷宮を通して」〕にもみられる。また同じように、そういった方向性は、ヤシの雑誌『時（*Timpul*）』に掲載されたダン・ペトレスクによる分析、いまのところ断片的ではあるが〔エリアーデの〕小説『大物』についての詳細な分析のなかにもみられる。

（11） パドヴァ大学のルーマニア学科現教授ロベルト・スカーニョは、I・P・クリアーヌの友人で、エリアーデに関する学位資格論文 *Religiosità cosmica e cultura tradizionale nel pensiero di Mircea Eliade*〔『ミルチャ・エリアーデの思想における宇宙的宗教性と伝統文化』〕が一九七三年にトリノ大学に受理された。

（12） フィリップ・ラヴァスティーヌは秘教主義者で、P・D・ウスペンスキー（*Fragments d'un enseignement inconnu*, Paris, Stock, 1949〔『知られざる教えの断片』パリ、ストック、一九四九年〕）の仏訳者。彼は、エリアーデの『日記』でしばしば言及されており、第二次世界大戦時にヴィシー政権の公式新聞でいろいろ書いていたので、対独協力者だという評判だった。

（13） Francisco Veiga, *Istoria Gărzii de Fier. 1919-1941. Mistica ultranaționalismului*, București, Humanitas, 1995[2], p. 189〔フランチスコ・ヴェイガ『〈鉄衛団〉の歴史一九一九―一九四一――超国家主義の神秘』ブカレスト、フマニタス、一九九五年、第二版、一八九頁〕をみよ。

（14） Alexandra Laignel-Lavastine, *Cioran, Eliade, Ionesco: l'oubli de fascisme. Trois intellectuals roumains dans la tourmente du siècle*, Paris, PUF, 2002〔アレクサンドラ・レニェル＝ラヴァスティーヌ『シオラン、エリアーデ、イオネスコ、ファシズムの忘却――世紀転換期におけるルーマニア知識人たち』パリ、PUF、二〇〇二年〕〔ルーマニア語訳は Irina Mavrodin, București, EST – Samuel Tastet Editeur, 2002〔イリナ・マヴロディン訳、ブカレスト、EST＝サムエル・タステト出版、二〇〇二年〕〕、Daniel Dubuisson, *Mitologii ale secolului XX. Dumézil, Lévi-Strausse, Eliade*, ediție augmentată, Iași, Polirom, 2003〔ダニエル・デュビュイッソン『二〇世紀の神話論――デュメジル、レヴィ＝ストロース、エリアーデ』増補版、ヤシ、ポリロム、二〇〇三年〕などをみよ。

（15） フーリオ・イェージについて、エリアーデは『日記』の一九七九年六月六日のくだりで言及している。「シカゴから転送されてきた〔エリアーデはパリにいた〕クリアーヌからの手紙によって、フーリオ・イェージが最近刊行された彼の著書『右翼の文化』で私を誹謗・中傷の的にしているということを知った。私は、イェージが私を反ユダヤ主義者、ファシスト、鉄衛団とみなしていたことを、ずっと前から知っている。多分、イェージは私をブーヘンヴァルト〔収容所〕の件でも告発している。けれども、イェージは、リッツォーリ社による私の『宗教史』の翻訳にかかわった。（…）そして、突然、『右翼の文化』の裏切りの攻撃。私を罵っているかどうかはどうでもいい（読むつもりもないし、反論するつもりもない）――ミルチャ・エリアーデ『日記』第二巻、一九七〇―八五年（ブカレスト、フマニタス、一九九三年）、三八三頁。エリアーデは、一九七九年七月二三日の別な記述において、パドヴァ大学の教授C・ポギルクが、「イタリアにおいてイェージによって起こされた私への反対運動。目的。ノーベル賞候補から私を除外すること」と語ったと記している。

（16） この研究のルーマニア語訳、I・P・クリアーヌ『ミルチャ・エリアーデ』（ブカレスト、ネミラ、一九九五年、第二版、一九九八年）一五三―二六六頁をみよ。

（17） そういった機会の一つは、インディアナ州サウス・ベンド（South Bend）のノートルダム大学でノーマン・ジラルドが一九七八年に開催したシンポジウム「ミルチャ・エリアーデ」であるが、その報告が、Norman Girardot a. Mac Linscott Ricketts (eds.), *Imagination and Meaning: The Scholarly and Literary Works of Mircea Eliade* (The Seabury Press, New York, 1982)〔ノーマン・ジラルド、マック・リンスコット・リケッツ（編集）『想像力と意味 ミルチャ・エリアーデの学問的・文学的作品』（ニューヨーク、シーバリー・プレス、一九八二年）〕である。

（18） モニカ・スピリドンの前書きがあり、ミルチャ・ハンドカによって丁寧に編集されたミルチャ・エリアーデの〔著作〕『絶望に抗して亡命者たちのジャーナリズム』（ブカレスト、フマニタス、一九九二年）をみよ。

（19） 上記注16をみよ。

（20） これは〔エリアーデの〕死後、クリアーヌによって実現される企画のことであるが、クリアーヌは『〔エリアーデ世界〕宗教事典』（パリ、プロン、一九九〇年）を一人で編集し、それにはEliade/Culianuと署名されている。英語版は、〔クリアーヌの婚約者だった〕ヒラリー・ウィスナーとともに準備され、*The Eliade Guide to World Religions*〔『エリアーデ世界宗教案内』〕というタイトルで一九九二年に出版され、二〇〇〇年に*The HarperCollins Concise Guide to World Religions*〔『ハーパー・コリンズ コンサイス世界宗教案内』〕というタイトルで再版された。

(21) Michael Baigent, Henry Licoln, Richard Leigh, *Holy Blood-Holy Grail*, New York, Dell, 1983〔マイケル・ベイジェント、ヘンリー・リンカン、リチャード・リー著、林和彦訳『レンヌ＝ル＝シャトーの謎 イエスの血脈と聖杯伝説』柏書房、一九九七年〕をみよ。

(22)『ニューヨーク・タイムズ』二〇〇四年四月二七日の記事"Defenders of Christianity Rebut «The Da Vinci Code»"〔「キリスト教擁護者たち『ダ・ヴィンチ・コード』を駁す」〕をみよ。

(23) Umberto Eco, "Crimă la Chicago"〔ウンベルト・エーコ「シカゴの犯罪」〕ソリン・アントヒ監修『ヨアン・ペトル・クリアーヌ 人と作品』（ヤシ、ポリロム、二〇〇三年）、三二二―三三一頁。

訳注

〔1〕「鉄衛団（レジオナール）運動」という訳語や、この運動自体については、「訳者あとがき」を参照。

〔2〕一九六四年の「ファシストのくびきからの解放」二〇年を機に、ニコラエ・チャウシェスク（一九一八―一九八九年）が政治の表舞台に現われ、のちに独裁的になるまでの、ルーマニア共産党がいわゆる独自路線をとっていた時期のことである。この時期、チャウシェスクは、一九六八年のワルシャワ条約機構軍によるチェコスロバキア侵攻を批判するなど、公然とソ連の方針に反抗し、対外的には西側諸国との接触を積極的に維持し、国内でも比較的自由で開放的な路線を敷いていた。

〔3〕一九七一年にチャウシェスクが発表した一七項目に渡る提案である。この年、北朝鮮や中国を訪問したチャウシェスクは、両国における金日成や毛沢東に対する個人崇拝にとりわけ影響を受け、北朝鮮のチュチェ思想を導入するなど、あらゆる分野におけるイデオロギー支配体制を強化し始めた。それにより、ルーマニアにおける出版や表現の自由は大きく制限されることとなった。

〔4〕バルカン半島南部一帯に住む民族で、「アルーマニア人」とも呼ばれる。アルーマニア語はルーマニア語から分かれたと考えられており、ルーマニア人は、アルーマニア人をルーマニア系民族とみなし、バルカン半島をめぐる政治的思惑などもあり、彼らをいろいろなかたちで支援してきた。

編者覚書

本書『エリアーデ＝クリアーヌ往復書簡』の二〇〇四年初版は、ミルチャ・エリアーデとヨアン・ペトル・クリアーヌのあいだで、一九七二年八月四日から一九八六年一月一四日の期間に交わされた一〇八通の書簡を収録していた。〔その手紙のうち〕七〇通にミルチャ・エリアーデの署名があり、残りの三八通はヨアン・ペトル・クリアーヌからの書簡である。この第二版には、リヴィウ・ボルダシュがシカゴ〔大学〕の〈ミルチア・エリアーデ資料（Mircea Eliade Papers)〉のなかに発見し、最初は『ルーマニア哲学史研究』第八巻[1]（二〇一二年）に掲載された三通の書簡が追加されている。エリアーデの書簡は、ヨアン・ペトル・クリアーヌのさまざまな書きものにまぎれて、ヤシの彼の家族が保管していたヨアン・ペトル・クリアーヌの文書のなかにあった。エリアーデ宛クリアーヌ書簡のほとんどは、若い宗教学者エドゥアルト・イリチンスキが、プリンストン大学博士課程のプログラムの一環として、シカゴ大学レーゲンスタイン図書館の保管文書「ミルチャ・エリアーデ」について二〇〇三年の夏に行なった調査の際に発見したものである。エドゥアルト・イリチンスキは、寛大にも、これらの書簡のコピーを自由に用いることを許可してくれた。本書に収録されているクリアーヌの四つの原稿〔書簡44、55、58、65〕は、下書きのまま保存されており、彼の草稿にまぎれてみつかった。

クリアーヌは、すでにイタリアに出発する〔一九七二年七月四日〕以前から、遠方の師〔エリアーデ〕が取捨選択し〔保存し〕ていたよりもはるかに多くの手紙を彼に送っていた。それらの手紙の一部は、シカゴ大学図書館の調査されていない箱のなかに存在しているのかもしれない。しかし、多くの書簡は、ヨアン・ペトル・クリアーヌの証言によれば、エリアーデが一九八五年一二月に彼に述べていたように、ミドヴィル神学校で起きた火災で燃えてしまったと思われる……。エリアーデから送られたメッセージのうち、幾通かの絵葉書と二通の書簡が欠けていることが、ここに公にされた書簡本文の内容から明らかである——これらの書簡の欠落がなにかしら意味をもっている可能性もあるが、それは、クリアーヌから送られたが発見されていない書簡の意味の大きさには比べようもない。われわれ編者たちの脚注は、いくつかの個所で、不足している情報を補いながら、欠けた書簡の内容を再構成しようと慎重に試みている——その結果は、もちろん、有益ではあるが不確実でもある提案とみなされるべきである。

エリアーデとクリアーヌの関係は複雑なものだったが、両者が「他界して」から幾年も経ったいま、われわれが公表する書簡は、この複雑な関係をひも解くための貴重な一助になると思われる。ブカレストの学生であったクリアーヌは、一九七〇―七一年にシカゴにいる教授〔エリアーデ〕に手紙を書きはじめた。それはおそらく、学生だったエリアーデが、一九二六年あるいは一九二七年にラッファエーレ・ペッタッツォーニに手紙を送っていたことや、ジョヴァンニ・パピーニの「素朴なファン」を自認していたのと同じような情熱に駆られてのことであったと考えられる――両者の学問的キャリア形成とデビューにおける本質的な相違は、若いクリアーヌが社会主義ルーマニアという監獄社会からいずれにせよ非合法にメッセージを送っているときに、エリアーデは自由な国で手紙を書いていたということである。本書の冒頭を飾るエリアーデの書簡は、まさしくクリアーヌが、（エリアーデ自身の亡命と同じように）戻るあてもない亡命へと踏み出した一九七二年八月四日に投函されている。ふたりは、一九七四年九月三日にはじめてパリで会い、それ以来、一九七七年を除いて、毎年夏に会うようになり、エリアーデが渡欧する六月頃だけでなく、シカゴに帰還する前の九月に会うこともあった。クリアーヌは、ポスト・ドクターの奨学金を得て、一九七五年に四ヵ月間〔シカゴ大学〕神学部で過ごし、一九八六年三月には、エリアーデの支援により、客員教授（visiting professor）、またハイラム・トマス招待講師（Hiram Thomas guest lecturer）として同学部に招聘された（クリアーヌは、シカゴ大学神学部において、一九八八年からキリスト教史ならびに宗教学の教授となり、一九九〇年からはキリスト教史部門の主任となった）。クリアーヌがアメリカに到着してから三週間後、脳梗塞に見舞われたエリアーデは、バーナード・ミッチェル〔シカゴ〕大学病院に入院し、一九八六年四月二二日にそこで生涯を終えた。本書は、端的に、エリアーデとクリアーヌの関係の表層的な痕跡であるかもしれないが、そこには――「歴史の恐怖（teroarea istoriei）」とまでは言わないが――時代の変転、すなわち、祖国から疎外されることを両者に強いた事態が刻印されている。「歴史の恐怖」とはエリアーデの造語であるが、クリアーヌは、エリアーデの思想に特徴的なほかの主題と同じように、とりわけ矛盾を感じながら、自身のあらゆる著作においてそれと格闘していたのである。

本書のタイトル『中断された対話[訳注1]』は編者がつけたものであるが、それは、一四年間にわたってふたりの主人公が交わしたこの「手紙の物語」のうちにも見出せる。一九八二年にエリアーデとクリアーヌは対談集（アシェット出版社で選集を監修していたパウル・ゴマに託された企画）を準備しており、〔エリアーデ〕教授は〔書簡92で〕クリアーヌにつぎのように書いていた。「ゴマから頼まれていた本に関して、『対話（*Dialogues*）』（……「中断された（*interrompus*）」……）というタイトルを提案しています。その本には、私たちふたりの名前が（……）記されるでしょう。私の「信仰と思想」について話すので、あなたも自分の考えを述べてください……」。この仕事は計画どおりに実現されなかったとはいえ、ふたりの往復書簡がまちがいなく特別な場所を占めていた一九七二年から一九八六年までの期間、そこで彼らが交わした「対話」が、異なるかたちで本書に現われたわけである。

原文の転写は、今日の正書法の規則を尊重して行なった。すなわち、本人たちの許可なく正書法の方式に関して若干の修正を施し——それは少なくはなく、さらにためらいもあったが——とりわけエリアーデの書簡には変更を加えた。たとえば、aceia, aceiaşi を aceea, aceeaşi に、de aceia を de aceea に、dela, pela を de la, pe la に、条件願望法の aşi を aş にといったように、変更あるいは統一、もしくはその両方を施した。エリアーデの書簡のいたるところで用いられている日付の大文字表記は、一貫した正書法の「世代の相違」として、そのままにした〔クリアーヌ書簡では、たとえば一月は ianuarie と表記されているのに対し、エリアーデの書簡では Jan. と表記されている〕。

往復書簡の便箋の欄外や行間に書き加えられている文章は、（*）を付してその書簡の最後に移し、編者による脚注は、各書簡の末尾においた。書簡本文に手を加えた場合——単語の補い、句読点の付け加え——は、角括弧［　］を付した（文中の角括弧に対して丸括弧（　）でくくったものは、この往復書簡の書き手〔エリアーデやクリアーヌ〕によるものである）。

われわれ編者は、デイヴィッド・ブレントに特段の謝意を表わしたい。彼は、本書の出版に最大限の好意をもって同意してくれた。さらに、エドゥアルト・イリチンスキに対しても同じく謝意を表わしたい。レーゲンスタイン図書館における彼の熱心な探求がなければ、ヨアン・ペトル・クリアーヌの書簡は、ほとんどその大部分が、日の目をみることはなかったであろう。

テレザ・クリアーヌ＝ペトレスク、ダン・ペトレスク

（1）Liviu Bordaş, „«Întotdeauna far într-o lume nihilistă.» Mircea Eliade şi Ioan Petru Culianu completări documentare", în *Studii de istorie a filosofiei românești*, vol. VIII, ediție îngrijită de Mona Mamulea, București, Editura Academiei Române, 2012, pp. 303–365, *Addenda II*.〔リヴィウ・ボルダシュ「『ニヒリズムの時代における変わらぬ灯台』ミルチア・エリアーデとヨアン・ペトル・クリアーヌ補完資料」モナ・マムレア責任編集『ルーマニア哲学史研究』第八号、ブカレスト、ルーマニア・アカデミー出版、二〇一二年、三〇三―三六五頁、「付録二」〕。

訳注

〔1〕 本書の原著ルーマニア語のタイトルは *Dialoguri întrerupte* であり、翻訳すれば「中断された対話」となる。

エリアーデ＝クリアーヌ往復書簡　一九七二―一九八六

1[1]

一九七二年八月四日

拝啓クリアーヌさま

サンタ・バーバラからちょうどもどったときに、あなたの七月二五日付けの手紙がようやくとどきました。残りの手紙は、いつ受け取ることになるのかわかりません。私はパリにいて、シカゴに二日だけもどったり、ふたたび出かけたり。九月一日には、また慌ただしくなります。

少なくとも当面のあいだは、あなたのお役に立つことができず、とても残念に思っています。〔シカゴ〕大学は一〇月一日頃に再開され、奨学金への申請はクリスマスの頃に検討されます。その結果は春に通知され――最初の奨学金は秋に交付されます。ルーマニア人の学生や「ポスト・ドクター」に関しては、アメリカ合衆国とルーマニア人民共和国の文化協定によって、事情はさらに複雑になっています。ルーマニア政府の承諾が必要です（そのため、毎年、技術者や数学者たちに対する奨学金の多くが認められてきませんでした）。当地〔合衆国〕にはまったく可能性が見出せません――（アメリカ合衆国への入国のみが保証され、奨学金も生活手段も保証されない）「政治亡命」以外には。しかしながら、ブカレストの政府は、ビザが切れてから五年経っていても、形式に沿って正当な理由を示せば、外国に残留することを認めてくれると聞きました。望みがあるとすれば、イタリアやフランスで「その土地」の奨学金の助成を受けて生き残ることです。しかし、どのようにして？　わかりません。私の親しい友人であるミルチャ・ポペスク教授[2]に相談してみるといいでしょう（彼はルーマニア人民共和国とはつながりがありません）。住所は、viale Marconi 437, 00146 Roma です。あるいは、（インドに魅了されており、公使館とつながりをもっていますが）A・モレッタ＝ペトラシンク[3]、彼の住所は via Tor dei Conti 17, Roma です。アリオン・ロシュ[4]（Rés. Les Grandes Coudraies, Bât. C, Porte 23-91 Git-sur-Yvette, France に在住）もまた、イスラエルからやってきたときに、イタリアで大きな困難を経験しています。

あなたに幸運があることを心から願っています――あとは、なんとかうまくいくでしょう。

あなたの
ミルチャ・エリアーデ

（1）HISTORY OF RELIGIONS, AN INTERNATIONAL JOURNAL FOR COMPARATIVE HISTORICAL STUDIES, Editors: Mircea Eliade/Joseph M. Kitagawa/Charles H. Long/Jonathan Z. Smith, Editorial Assistant: Robert D. Pelton, Book Review Editor: David L. Carrasco, Editorial Office: Swift Hall, University of Chicago, 1025-35 E. 58th Street, Chicago, Illinois 60637, Publisher: University of Chicago Press とレターヘッドに記された便箋。HISTORY OF RELIGIONS, Swift Hall, University of Chicago, 1025-35 E. 58th Street, Chicago, Illinois 60637 と記されたエアメール用定形封筒。一九七二年八月四日付シカゴの消印、Eg. Signore Ioan Petru Culianu, presso Massimo Mensi, Via Sant'Agostino 7, Firenze, Italy 宛。青年ヨアン・ペトル・クリアーヌは、一九七二年七月四日にルーマニアからイタリアに出発した。したがって、ミルチャ・エリアーデのこの最初の書簡は、クリアーヌが西洋世界に到着した一ヵ月後に書かれたのである。

（2）ミルチャ・ポペスク（一九一九—一九七五年）。文学批評家で、ルーマニアの詩や散文をイタリア語に翻訳した。戦中からイタリアにとどまり、ローマ国立大学でロマンス語文献学の教授を務めた。亡命者がローマを拠点に設立したルーマニア学会の書記とともに、『ルーマニア作家評論（*Revista Scriitorilor Români*）』（ミュンヘン）の編集者も務め、ルーマニア人亡命者の主要な雑誌に寄稿していた。

（3）著述家ダン・ペトラシンク（一九一〇—一九九七年）は、アンジェロ・モレッタと名乗り、一九五一年からイタリアに定住していた。亡命中にインド思想の研究に魅了され（『インドの精神（*Lo spirito dell'India*）』一九六〇年、『インドの神々（*Gli dei dell'India*）』一九六六年、『ダイモーンと超人（*Il Daimon e il Superuomo*）』一九七二年などを刊行）、ゲノン主義者のサークルにしばしば出入りしていた。一九八九年以前には、たびたびルーマニアへ旅行していた。

（4）インド研究者のアリオン・ロシュ（一九二四—二〇〇七年）は、一九六五年以降フランスに定住し、すでにその頃からＣＮＲＳ〔フランス国立科学研究センター〕の研究員であった。古典研究のあと、ルーマニアでセルジウ・アル＝ジョルジェと共同研究を行ない、「ノイカ・グループ」〔訳注1〕の件でアル＝ジョルジェが逮捕されるまえに、ウパニシャッドを共同で翻訳していた。パリに落ち着くまでは、数ヵ月のあいだミラノのカトリック大学で図書館員を務めていた。エリアーデが（ルーマニアと関係のある者であれ、ない者であれ）これら三人について与えている的確な情報に、注目すべきである。エリアーデは、ルーマニア人亡命者たちの複雑な状況下ではまだ未熟な新参者にすぎないクリアーヌに、この情報を与えているのであるが、それはまた微妙な注意喚起でもある。

訳注

〔1〕ルーマニアの哲学者コンスタンティン・ノイカの私的研究会のメンバーのこと。ノイカ本人やアル＝ジョルジェは、公共の秩序を脅かした疑いにより一九五八年に保安警察（セクリターテ）によって拘束され、裁判所により強制労働や私有財産の没収などの判決を下された。ノイカを支持したために多数の文化人が拘束され、起訴された。

2[1]

一九七二年一〇月一八日

拝啓クリアーヌさま

一〇月七日付けのお手紙に感謝いたします。少なくともいまのところ、あなたが「宿なし」になっていないことに安堵しています。事態がよくなることを望んでいます。ゴンブリッチ教授には、私の名前を出してもらってかまいません――しかし、ヴァールブルク研究所が学生に奨学金をあたえるというのはたしかですか？　こちらではこの研究所は、ポスト・ドクターの研究者にだけ奨学金などをあたえると聞いています。とにかく試してみて――ほかのあらゆる場所でも試してみてください。私は九月に、アリオン・ロシュとあなたのことについて話し合いました（彼もまる一年、イタリアでさまざまなことを経験しました）。現在、彼は心（manas）に関する論文を執筆しています――きわめて博学なものです（その序章を読みましたが、インドから西欧にまでいたる、心（manas）に関する一種の「思想史」的研究です）。ローマで、ニョーリやブッサーリなどとともに研究できるのではないでしょうか？　あるいは、せめて、博覧強記のA・バウサーニが教えているナポリはどうでしょうか？

九月四日付けの手紙で、あなたは、〔論文〕「内的感覚(inner sense)」を「ほぼ完成したもの」として、「出版できるかどうか」と尋ねておられました。〔自分の〕これからの学問的信用を危険にさらさないためにも、待った方があなたのためになると思います。梗概と未完成の脚注を読んだかぎりでは、さらに研究を続け、深める必要があると感じました。たくさんの二次文献や古くなった文献を省かなければなりません。まだまだ、かなりの量の参考文献が存在しています（『カルメル会研究』の『心（*Le Cœur*）』の巻がいくつかあげられています。さらに、マシニョンの『アル・ハッラージュ[2]』、H・コルバンの『イランのスーフィズムにおける光の人[3]（*L'homme de la lumière dans le soufisme iranien*）』第二版、一九七一年など）。〈心（manas）〉や〈心臓（hrdaya）〉などに関する医学的な学説については、ダスグプタの『〔インド哲学〕史』第二巻、J・フィリオザの最近の数多くの研究を参照。これくらいにしておきましょう。あなたには、豊富な蔵書があって（バウサーニなどのような）「専門家」のいる研究拠点が必要です。

『妖精たちの夜』を送ります。

あなたに幸運と大いなる勇気がありますように！——あなたの、

ミルチャ・エリアーデ

（1）　The University of Chicago, Committee on Social Thought, Chicago, Illinois 60637 とレターヘッドに記された白無地の便箋。The University of Chicago, Chicago 37, Illinois, The Divinity School と記されているA４判の四分の三サイズのエアメール用封筒。一九七二年一〇月一九日付シカゴの消印。Mr. Ioan Petru Culianu, c/o Enzo Roscini, Via dei Tornitori 10, 06100 Perugia, Italy 宛。

（2）　ルイ・マシニョン『フサイン・イブン・マンスール・ハッラージュの受難、九二二年三月二六日にバグダッドで処刑されたイスラム神秘主義殉教者——宗教史研究（*La Passion de Husayn ibn Mansûr Hallâj. Martyr mystique de l'Islam exécuté à Bagdad le 26 mars 922. Étude d'histoire religieuse*）』パリ、ガリマール、一九七五年、全四巻（がんらいはマシニョンの博士論文である）。

（3）　正確なタイトルは、*L'homme de lumière...* 第二版、シャンベリー、「プレザンス」出版、パリ、リブレリ・ド・メディチ、一九七一年である。

3①

一九七二年一一月七日

親愛なるクリアーヌさま

まず最初に、小切手を同封することを失礼だと思わないでください。あなたの好きなように使って、本なりオレンジなりを買ってください。

論文に関して、私の意見は、将来的な出版を見込んでのものです（どの雑誌で出版可能なのかを判断するために送ってくださった原稿は、最終的なものだと思っていました）。あなたの年齢と国での研究条件を考えると、（昨年読んだ原稿と同じように）この論文も十分称賛に値するものです。どこかで安定した暁には、驚くほどの速度で研究が進展するであろうことを、私はまったく疑いません。

ヨアン・クシャに、『妖精たちの夜』を送るように手紙を書いておきました。

私の本で（ほかの人の本でも……）、ほかに興味のあるものがあったら言ってください。

あなたに幸運があり、万事うまくいくことを願いつつ、

あなたの、

ミルチャ・エリアーデ

（1）HISTORY OF RELIGIONS... とレターヘッドに記された便箋、定形封筒。一九七二年一一月七日付シカゴの消印、Mr. Ioan Culianu, c/o Roscini, Via Tornitori 10, 06100 Perugia, Italy宛。

4[1]

一九七二年一一月一三日

親愛なるクリアーヌさま

私たちの手紙は、大西洋上のどこかですれちがったのでしょう。頼まれていた「推薦状」を同封しました。[2] あなたの役に立つとよいのですが。

ポギルク氏[3]に手紙を書きましょう。彼からなにかしら提案があるかもしれません。

祝福と幸運を願いつつ、あなたの、

ミルチャ・エリアーデ

（1）HISTORY OF RELIGIONS... とレターヘッドに記された便箋、定形封筒。一九七二年一一月一四日付シカゴの消印、Mr. Ioan Culianu, c/o Dr. Roscini, Via Tornitori 10, 06100 Perugia, Italy宛。

（2）この封筒には、つぎのような推薦状が同封されていた。それは、THE UNIVERSITY OF CHICAGO, COMMITTEE ON SOCIAL THOUGHT, CHICAGO, ILLINOIS 60637 とレターヘッドに記されている用紙にタイプライターで打たれたもので、日付と署名、手書きによる修正が数箇所ある。

「一九七二年一一月一二日。関係各位。この文書は、若手のルーマニア人研究者で、目下ペルージャに在住のヨアン・クリアーヌ氏を推薦するものです。私はまだ氏に会ったことはありませんが、ここ五ヵ月間、幾度か手紙をやり取りいたしました。そして氏が執筆した宗教学やインド哲学、イタリア・ルネサンスにおける新プラトン主義など、多岐にわたる未発表の論文を読む機会を得ました。氏の年齢を考えると、クリアーヌ氏は研究者としてきわめて高い資質を有しており、イタリアやそのほかの地において、優れた大学で研究を続けるための手段を得ることができるならば、たぐい稀な成果をもたらすことを確信いたしております。氏のために、可能であるなんらかの援助を心からお願い申し上げるしだいです。敬具、ミルチャ・エリアーデ スィーウェル・アヴェリ顕著功績教授、シカゴ大学宗教学・社会思想教授。」

（3）I・P・クリアーヌは、ブカレスト大学でチチェローネ・ポギルク教授（一九二八―二〇〇九年）の学生であった。ポギルクはロマンス語学・［ギリシャ・ラテン］古典学・東洋語学部の副学部長だったほか、ルーマニア・オリエント学会長も務めていた。（この学会の新た形での）活動は実質的に彼の存在に多くを負っていたと言える（この学会は一九六八年に再建されたが、ポギルク教授の亡命が決定的になった一九七九年に活動を正式に停止した）。クリアーヌは学部の最後の二年間、ギリシャ語とラテン語の蔵書、さらにブカレスト大学の最上階の文学部に事務局があった学会の蔵書に関するポギルク教授からの頼まれごとを無償で引き受けていた。青年クリアーヌは、自分を教え導いてくれたポギルク教授に対して、常に尊敬と感謝の念を抱き続けた。ポギルク教授は、博識な古典学者かつ言語学者であり、トラキア＝ダキアの言語と神話の基層に関する研究者であった。また、彼は、一九六八年から一九七一年の短期ではあったが熱烈に受け入れられた「自由化」時代の代表的人物でもあった。クリアーヌは、後年（一九八二年以降）、パリのルーマニア研究センターにおいて、亡命したポギルク教授に協力し、実りある共同作業を行なうことになる。さらに後に、二人は、エリアーデ監修の『宗教百科事典』（ニューヨーク、マクミラン、一九八七年）におけるトラキア＝ダキアの宗教に関するいくつかの項目を共同執筆する。クリアーヌは、研究論文「〔ルーマニアの作家〕ヨアン・スラヴィチ〔の小説〕『幸運な粉ひき小屋』における〈情け容赦ない根絶〉」（『使者（*Kurier*）』ボッフム、第一三号、一九八七年、ヨアン・ペトル・クリアーヌ『ルーマニア研究 I』ブカレスト、ネミラ、二〇〇〇年、一三八―一五二頁〔ヤシ、ポリロム、二〇〇六年、一三九―一六二頁〕にルーマニア語訳が収録されている）をポギルク教授に献呈した。他方、ポギルク教授は、クリアーヌの著書『〔ルネサンスの〕エロスと魔術』と『脱魂の経験』について書いている（『闘争（*Lupta*）』パリ、第二八号、一九八四年）。

5①

一九七三年二月五日

親愛なるクリアーヌさま

胸にせまる想いで最新の手紙を読みました。あなたが、とうとう、カナダ行きのビザなど取得するために、そんな地獄のような生活を強いられることになるとは、想像できませんでした（カナダでなにをして、だれと仕事をするのですか……）。あなたの求めに応じて、きわめて率直に助言します。「飢えることなく」、そして健康を損なうことなくイタリアで研究できるほんのわずかな機会でもあるなら、その機会を利用しなさい。最初は著名なオリエント学者とは仕事ができないかもしれませんが、そのうち彼らと接触することもできるようになるでしょう。また、あなたが関心のある人物の名前を教えてくれるなら、すぐに私からもその人物に手紙を書いてみます。イタリアの学位、あるいはイタリアの研究者と一―二年仕事をしたという実績は、アメリカ合衆国では大いに役立ちます。

代案a　フランスへ移ることを試みる。あなたの友人

〔おそらくミルチャ・マルゲスク〕にはその経験があります。彼は、外国人学生のための（奨学金ではない）「支援」を受けられるように助けてくれるでしょう。b それでもなお、カナダに移住しなければならないのなら、ゆくゆくはアメリカ合衆国へ移るということだけを考えていなさい。アメリカでは、はじめのうちですら、飢え死にする可能性はないでしょう（難民を支援するためのルーマニア人組織のことを言っているのです。私の親しい友人ブルトゥス・コステ氏(2)が働いています。住所は、325 East 57 Str. New York, N. Y. 10022 です）。

「霊感」のおもむくままに決めてください……。幸運を心底願っています！

あなたの
ミルチャ・エリアーデ

追伸　『ヨーガ』をラティーナに送りましょうか、それとも、もうしばらくしてからにしましょうか？　パリから送った『〔妖精たちの〕夜』の一、二巻は受け取りましたか？

（1）　HISTORY OF RELIGIONS... とレターヘッドに記された便箋、定形封筒。一九七三年二月六日付シカゴの消印、Mr. Ioan Petru Culianu, c/o AAI-CIME, 04100 Latina, Italy 宛。若き亡命者〔クリアーヌ〕は、一九七二年一一月一一日から一九七三年四月六日までの五ヵ月間、トリエステとラティーナの難民収容所に収容された。それは彼にとって、とてつもなく過酷な体験であった。一九七三年三月からは、新たに（物質的には気休め程度であるが精神的には重要な）奨学金をペルージャの外国人大学から得たので、その地をしばしば訪れた。そして、四月上旬からは、ローマの「労働法統一のためのヨーロッパ機構」の共同研究員として採用され、ローマに転居することになった。そこでの本来の職務は、（国際労働法の文書を、英語やフランス語、あるいはドイツ語からイタリア語へと）翻訳する作業と秘書業務が主なものだった。

（2）　タンズィ・コステとブルトゥス・コステは、ミルチャ・エリアーデの親しい友人であった。ブルトゥス・コステ（一九一〇―一九八四年）は、エリアーデと同じ時期に、外交官としてリスボンに滞在していた。彼は、亡命中のニコラエ・ラデスク将軍の相談役としてアメリカに定住し、エリアーデがフランスで生活するようになった当初、おおいにエリアーデを助けた（〔それに先立って〕、エリアーデがブカレスト政府から解任されたあとは、リスボンでも彼を助けていた）。コステは、エリアーデが進めていたルーマニアの文化的・政治的統一の構想も支持していた（本書70頁〔書簡42〕、注3をみよ）。

6[1]

一九七三年六月一三日

親愛なるクリアーヌさま

お返事するのが五月二三日付けの三番目の手紙に対してだけであることをおゆるしください。三月七日と一七日付けのお手紙（おまけに、郵便のストライキのためにかなり遅れて届きました）を受け取ったあと、返事を書くのをずっと後回しにしてしまいました。しかし私は、あなたについて、すなわち、ここ一五年から二〇年の間に西欧を選んだ人たちすべてのなかでも最大級の苦難にあなたが直面したという事実について、しばしば考えていました。ポギルク氏に会って、あなたのことを改めて話し合いました。最新のお手紙から、あなたが、ローマの路上で空腹のために失神しない程度のものであっても、「ポスト」[2]を得たことがわかり、嬉しく思います。フィンランドでの宗教学会（八月二二日から三〇日）のあと、一〇月一〇日頃までパリに滞在し、おそらく一週間ほどローマにも足を伸ばすことになりそうです。そこでお会いできたらと思っています。

昨年の冬、パリから『妖精たちの夜』（一、二巻）を送らせましたが、宛先は当時の住所でした。おそらく途中で行方不明になってしまったのでしょう。九月にもう一冊別なものを、自分でもっていきます（あなたが、翻訳で読むことになってしまったのは残念です。この本は、ルーマニア語で書いた私の本のなかでもっともよく書けたものだからです……）。

もっとも大切なのは、たぶん唯一大切なのは、勇気を失わないことです。あなたはあれほどの試練を潜り抜けたのですから、私はその（いわば）「イニシエーション的」性格を疑うことはできません。[3]それゆえ、あなたの「将来」についても、私はなんの疑いも抱いていません。学生としてであれ研究員としてであれ、どこかの学術機関に身分を得たなら、すぐに、あなたを評価して助けてくれる人々に出会うことでしょう。

ミルチャ・ポペスクが病気だと聞きました。本当ですか？　彼からの便りが久しく途絶えています。

あなた名義の小切手を同封します。現金化する際に問題があったら、破り捨てて、だれの名義にすべきか伝えてください。

なによりも健康と、（いまこそ！）わずかでも幸運があることを願っています。

友情をこめて、あなたの
ミルチャ・エリアーデ

（1） HISTORY OF RELIGIONS... とレターヘッドに記された便箋、定形封筒。一九七三年六月一四日付シカゴの消印、Mr. Iona Petru Culianu, *Piazza Re di Roma, Sc. C, Int. 7, 00183 Roma, Italy* 宛。

（2） 前出8頁〔書簡5〕、注1をみよ。

（3） ここでエリアーデは、彼独自の生の解釈をクリアーヌの人生に投影している。すなわち、一連のイニシエーション的試練、「迷宮的」試練、換言すれば、それぞれに再生が続くいくつもの象徴的な死のことである。たとえば、エリアーデは、一九七一年三月九日に満六四歳になったとき、喉頭の感染症から心膜炎をわずらい二五日間入院した――とりわけ、一九七一年五月一八日付アドリアン・マリノ宛書簡には「イニシエーション的試練から私は再生しました！」と書いている（ミルチャ・エリアーデ『ヨーロッパ、アジア、アメリカ…往復書簡』第二巻（I-P）、ブカレスト、フマニタス、二〇〇四年、一九五頁をみよ）。このように悪を善の前触れとして正当化する常套手段は、インドで学んだことのひとつである。実際、インドでエリアーデは、インドの精神性の「擬装された楽観論」に注目するようになった。すなわち、「過度の苦しみはそれから解放されたいという欲望を惹き起す。実際、自分が〈失われている〉と感じているときほど〈救い〉に、それゆえ自分自身の解放に近づいているということはないのである」（『回想』ブカレスト、フマニタス、一九九七年、第二版、一九四頁〔訳注1〕）。エリアーデの運命においては、「若い頃犯した無分別や過失」（同、四二六頁〔訳注2〕が僥倖となったように思われる。「……（ナエ・ヨネスクの弟子だったという）この恵まれた罪（felix culpa）がなければ、私は祖国に残っていたであろう。その場合は、よくても、結核で獄死していたことだろう」とエリアーデは一九八五年八月二九日に回想していること（『日記 第二巻 一九七〇―一九八五年』ブカレスト、フマニタス、一九九三年、五一八頁）を参照。

ここから、エリアーデは、グノーシスに関心を抱くようにもなった。グノーシスでは、徐々に霊的でなくなっていく運動が、ある時点を境として、神的衝動によって逆転するからである（H・ライゼガング『グノーシス（*La Gnose*）』プティット・ビブリオテク・パヨー、一九七一年、二九頁をみよ）。これは小説『橋』のテーマとして生かされている。「下降から始まる上昇、罪から始まる贖いを常に描いている」（ジルベール・デュラン『作品の神話的文彩と方法（*Figuri mitice şi chipuri ale operei*）』ブカレスト、ネミラ、一九九八年、二四三頁）。このグノーシス的な「贖罪の曲線」を、エリアーデは、小説の想像上の世界に描き直すのである。〔善と悪の〕この唐突な弁証法こそ、エリアーデの人生と作品という複合的な全体を理解するために決定的なものであるのに、それを捉えそこなっているので、シュテファン・ボルベリの著書『ミルチャ・エリアーデの幻想小説――グノーシス的複合体（*Proza fantastică a lui Mircea Eliade. Complexul gnostic*）』（クルージュ＝ナポカ、ビブリオテカ・アポストロフ、二〇〇三年）は、全体として無益な内容になってしまっている。たとえば、これに不運-幸運のテーマも結びつけられる（『将軍の服』におけるイエロニム。「われわれは悲劇的宿命と不運を恐れてはならない。それこそわれわれの創造的天才の前提条件なのです」。さらに、『イワン』における吉兆-凶兆の戯れ。『ケープ』における「幸いな人」の思い出のなかにあるメッセージ、など）。このテーマは、より大きな民族共同体にまで拡張される。たとえば、一九五三年にエリアーデは、歴史が千年ものあいだルーマニア人に与えてきた恐怖がもたらす「肯定的結果」について自問している（『絶望に抗して』ブカレスト、フマニタス、一九九二年をみよ）。さらにその一年前には、ナエ・ヨネスク流に、ユダヤ人の苦難を以下のように評している。「……これらのすべての苦難は、必然のものであった（……）選ばれた民の悲劇は、必然のものであったのだ。さもなければ、主の言葉はわれわれのところまでもはや届かなかったであろう」（同書、一二五頁）。

鉄衛団（レジオナール）〔訳注3〕との危ない関わりによって、後には、「ミオリッツァ」と「棟梁マノーレ」伝説の解釈において、犠牲をまさしく創造的なものとみなし、エリアーデが民族の救済の正当な条件として犠牲を称揚したことは確かである。そのため、エリアーデにとって悪は、善を速やかに得るために不可欠な役割を担っているのである。興味深いのは、エリアーデが「あらゆる悪は善にいたる」という理論を政治に応用しようとした際に、サラザールから特筆すべき言葉を返されることである。エリアーデはこの言葉を日記に書き留めているが、残念ながら、それを完全に意識できていたわけではない。一九四二年七月七日にリスボンでもたれた会談において、エリアーデはサラザールにつぎのように問いかけた。ポルトガルの民主的・自由主義的な体制の解体は、革命を可能にし、いい結果をもたらしたのではないか。だから、新しい国家というのは、それぞれの解体の必然的な結果として生じたのではないか。これに対するサラザールの返答は、彼らしく簡潔だが決定的なものだった。「悪は創造的なものではない」。なにかの死滅から新しく生き生きとした別なものが必ずしも現われてくるわけではない——フランスでは、腐敗した民主主義は、新たな社会秩序の萌芽が存在しなかったため、革命ではなく「沈滞と無関心」のみをもたらした（ミルチャ・エリアーデ〔ソリン・アレクサンドレスク編〕『ポルトガル日記〔とその他の文書1〕』ブカレスト・フマニタス、二〇〇六年、一二八頁〔訳注4〕をみよ）。

訳注

〔1〕『エリアーデ回想（上）一九〇七—一九三七年の回想——秋分の誓い』二六一頁。

〔2〕『エリアーデ回想（下）一九三七—一九六〇年の回想——冬至の収穫』一三一—一三二頁。

〔3〕「鉄衛団」や「レジオナール」については、本書「訳者あとがき」を参照。

〔4〕『ポルトガル日記 一九四一—一九四五』七〇頁。

7[1]

一九七三年七月二六日

親愛なるクリアーヌさま

六月二六日付けのお手紙に感謝します。あなたが「なんとかやって」おり、希望を失わなかったことを嬉しく思います。銀行からの書類に関して確認したところ、小切手は現金化できたようです（コピーを同封します）。したがって、銀行に立ち寄って総額を受け取ってください。

残念ですが、あなたの言っている二点はみつかりませんでした（「内なる光」に関するエッセーのことですか？おそらくそうではないでしょう。それは、読んだあとすぐに、あなたにお返ししました）。受け取るものはすべて捨てることはないので——そのせいで私の文書庫は使いものにならないのですが——原稿はなくなっていないはずです。もう少し探してみます。

九月にローマでお会いできることを心待ちにしています。よい休暇をすごし、健康に気をつけてください。友情を込めて、あなたの、は Boîte Postale 255, Paris 19です)。個人的には、小説は「ルーマニア語からの翻訳」と記して、フランス語で発表する必要があると思います。(2)（パウル・ゴマをめぐるスキャンダル〔訳注1〕があったあとなので）ある程度の読者をかならず獲得できるでしょう。ツェペネアグの二編の小説は、そのようにしてフラマリオン社から出版されたのです（当然、それらは、その前にルーマニア語から翻訳されたものです）。

イタリアの郵便――と言えるかどうかも危うい――は、予期せぬ出来事が多いので、七月二七日付けの私の手紙を無事に受け取られたでしょうか。その手紙には、銀行で現金化する小切手のコピーを同封しました。E・コステッリにも同じ日に手紙を出したのですが、彼には届きませんでした。あなたには運よく届いているといいのですが……。そして、九月にはローマでお会いできることを願っています。

あなたの健康と幸運を心から祈っています。

あなたの、
ミルチャ・エリアーデ

（1） HISTORY OF RELIGIONS... とレターヘッドに記された便箋、定形封筒。一九七三年七月二七日付シカゴの消印、Monsieur Ioan Culianu, Piazza Re di Roma, 3-C7, 00183 Roma, Italy 宛。

8(1)

一九七三年八月一五日

親愛なるクリアーヌさま

今回も返事がとても遅れてしまいました。無数の仕事や雑務に忙殺されていました。――そしてなによりも、この秋から苦しんでいる文通恐怖症（あるいはアレルギー）がよくなりませんでした。明日にはフィンランド（トゥルク）に出発して、九月はじめにパリを訪ねる予定です。当地の友人たちにも相談してみるつもりです（いまからヴィルジル・イェルンカに手紙を書いてもかまいません。住所

（1） HISTORY OF RELIGIONS… とレターヘッドに記された便箋、定形封筒。一九七三年八月一九日付シカゴの消印、Mr. Ioan Petru Culianu, Piazza Re di Roma, 3-C7, 00183 Roma, Italy 宛。

（2） クリアーヌがローマやミラノに落ち着いた時期以来、ルーマニア語やフランス語で書かれた小説の断片や完成した物語の原稿がいくつも残されている。注釈者は、『セレーネーの川』と『われわれと非合理』という二編の物語について、「暗殺から二〇年――ヨアン・ペトル・クリアーヌの追悼――未刊行の二編の物語とヴィルジル・イェルンカ宛書簡（20 de ani de la asasinat—in memoriam Ioan Petru Culianu. Două povestiri inedite și o scrisoare către Virgil Ierunca）」を雑誌『文化の補遺（*Suplimentul de cultură*）』に寄稿し、紹介した（三一八号、二〇一一年六月一一日）。『セレーネーの川』の物語には、「ローマ、一九七三年」と日付が記されており、この時期の書簡のやり取りと一致する。この後には、『八つの部屋』と題された小説が続く。ヨアン・ペトル・クリアーヌの散文に関する博士号申請論文（二〇一〇年六月にブカレスト大学に受理された）「ヨアン・ペトル・クリアーヌ――イニシエーションとしての文学（Ioan Petru Culianu: Litteratura ca demers inițiatic）」を書いた研究者シモーナ・ガラツキは、一九七三年から一九七六年の時期に執筆された別の小説のタイプ原稿を発見したが、その物語の一つが『セレーネーの川』という題である。この未刊の小説は、ブカレスト・メトロポリタン図書館のミルチャ・エリアーデ文庫におさめられている。さらに、リヴィウ・ボルダシュは、すでに言及した研究論文「ニヒリズム世界の変わらぬ灯台（Întotdeauna far într-o lume nihilistă）」の「補遺」において（本書「編者覚書」掲載書「補遺一」三二九―三三七頁）、小説の断片を公表した。とにかく、これ以降の書簡では、既知の小説『ヘスペルス』の原稿が話題になるまでのあいだ、一、二編の小説についてしばしば言及されるようになる（たとえば、以下の書簡9や12などをみよ）。エリアーデは、「ゴマをめぐるスキャンダル」以前にも、「〈ルーマニア語からの翻訳〉と明記」して、フランス語で文学作品を発表することを多くの同胞の亡命者たちに助言していた。たとえば、ヴィンティラ・ホリア宛一九六〇年六月一六日付書簡でも、この「戦略」が推奨されている（ミルチャ・エリアーデ『ヨーロッパ、アジア、アメリカ…往復書簡』第一巻（A-H）、ブカレスト、フマニタス、一九九九年、四八〇頁）。

訳注

〔1〕 パウル・ゴマは、ルーマニアの作家で、チャウシェスク政権を激しく批判した。一九七七年にフランスへの亡命を余儀なくされ、その後たびたびルーマニアの保安警察（セクリターテ）によって暗殺されかけた。「ゴマをめぐるスキャンダル」とは、一九七二年に彼が自らの刑務所での体験をフランスで書いた小説『ゲルラ（*Gherla*）』を本国ルーマニアで発表できず、一九七六年にフランス語で出版したことを指すと思われる。

9[1]

一九七三年一〇月三〇日

親愛なるクリアーヌさま

一〇月二〇日付けのお手紙で喜ばしいニュースを知らせてくれて感謝します[2]。ようやく、あなたは、このさき何年かの「安全」を手に入れたのです。そして、ウーゴ・ビアンキとともに研究できるという幸運も……。

私は、不本意ながら、計画していた旅行を断念しました。一〇日ほど早くシカゴにもどらなければならなくなったのです（私の同僚で親友の「栄誉」に同席するためです）。パリでは、大変嬉しいことに、セルジウ・アル［＝］ジョルジェと（一週間）話し合うことができました。なんとすばらしい人物なのでしょう。運命がゆるすならば、もっと長い時間をともにすごしたいものです。

前回の手紙を受け取ってもらえたでしょうか。その手紙では、出版のチャンスを高めるために、小説をフランス語に訳すことを提案しました（同じ手紙で、一九七三年三月にトリノのサン・パオロ銀行で現金化できることを示した一九七二年一一月の小切手のコピーも送ったと思います）。

あなたの選んだ論文のテーマにはとても興味を惹かれます。[3] 成功を心から願っています！ そして、健康と幸運も！

あなたの、

ミルチャ・エリアーデ

（1） HISTORY OF RELIGIONS... とレターヘッドに記された便箋、定形封筒。一九七三年一一月二日付シカゴの消印、Mr. Ioan Petru Culianu, c/o Domus Nostra, Univ. Catholica Sacri Cordis Jesu, L. go A. Gemelli 1, 20123 Milano, Italy 宛。

（2） クリアーヌは、一九七三年一〇月に選考の結果、ミラノのカトリック大学宗教学部で奨学金を受給される研究生として認められた。この期間（一九七三―一九七六年）は、クリアーヌにとってきわめて意義深く、研究活動も実り豊かだった。その時期にクリアーヌは、ウーゴ・ビアンキ教授の指導のもとで、宗教学、神学、哲学、文献学の体系的研究に着手した。とりわけ、以下を参照せよ。ソリン・アントヒ編集『ヨアン・ペトル・クリアーヌ――人と作品（*Ioan Petru Culianu. Omul și opera*）』（ヤシ、ポリロム、二〇〇三年、一〇一―一六一頁）に収録されているジャンパオロ・ロマナート「友人ヨアン・ペトル・クリアーヌの想い出（Amintirea unui prieten: Ioan Petru Culianu）」、同書五四―八五頁に収録されているテレザ・クリアーヌ＝ペトレスク「伝記」、あるいはテッド・アントン『エロス、魔術、クリアーヌ教授殺人事件（*Eros, Magic, and the Murder of Professor Culianu*）』（エヴァンストン、ノースウェスタン大学出版局、一九九六年、ルーマニア語訳は、ブカレスト、ネミラ、一九九七年）。

（3） エリアーデが返信しているクリアーヌの書簡が欠けているので、青年クリアーヌが伝えた論文のタイトルがどのようなものであったのか知ることはできない。しかし、この時期にクリアーヌは、ブカレストの友人シェルバン・アンゲレスクに、「仏教心理学と深層心理学」という論文をビアンキに提出したと書簡で伝えている（一九七三年一〇月二六日―二七日付の未公開書簡）。さらにこの時期、すなわちミラノでの選考を通った直後から、クリアーヌはアスコナの伝説的な集まりに強い関心をもっていた。ユングやエリアーデ、コルバン、ショーレムらが集っていたエラノス会議について、クリアーヌは、亡命する以前から、学生時代の読書を通して知っていた。イタリア時代のクリアーヌの記録には、ビアンキ教授に提出する論文のテーマの別の可能性として、「エラノス会議の人々によって論じられた救済論とグノーシス」に関する何枚かの紙片が残っている。このテーマの文献一覧があり、一九三三年から刊行され始めた『エラノス年報（*Eranos Jahrbuch*）』があげられている。クリアーヌは、アスコナで文書資料を収集したり、ミラノでみつからなかった『エラノス年報』の巻を入手したりするのに必要な手続きを知るために、エラノス館（Casa Eranos）

と書簡をやり取りしている。ルドルフ・リツェマとロベルト・ボスナクが対応したが、この話は立ち消えになったようである。ルドルフ・リツェマ（一九一八―二〇〇六年）は、一九六二年にオルガ・フレーベ＝カプタインが死去した後、およそ三〇年間エラノス財団の理事を務めており、後年クリアーヌは彼に直接会っている。クリアーヌは、『易経』にリツェマが魅了されていることを知っていた。クリアーヌは、ルーマニアにいた頃、一九五一年刊の（C・G・ユングの序文がついたリヒャルト・ヴィルヘルムのドイツ語訳からのケーリー・F・ベインズによる）英訳二巻本で、『易経』を長いこと探究していた。後に、シカゴの彼の蔵書中にも、同書の一九九七年版（プリンストン、プリンストン大学出版局）がみられた。

10(1)

一九七四年一月三〇日

親愛なるクリアーヌさま

一月一六日と一七日付けのあなたからのお手紙をたったいま受け取ったところです（郵便局の消印は一月一九日ですから、一一日間も「飛行して」いたのです!……）。すぐにお返事します。そうしないと、これもまた、手紙の山に埋もれてしまうでしょうから。返事を待っているというのに……(すでに話したと思いますが、私は周期的に文通恐怖症に陥るのです)。

あなたが首尾よく、そして勤勉に仕事をこなしていることは、すばらしく、本当に喜ばしいことです。同様にあなたが、「エラノス」に関する論文を断念したこともよかったと思います。あなた向きの「主題」ではありませんでした。それはどちらかというと、現代世界で論じられている思想史について何か関心をもっている伝記作家‐書誌学者に相応《ふさわ》しいでしょう。グノーシス主義(2)とその起源は、まさしくあなたのような資質と志のある若手によって研究されるに相応しい問題です。それゆえ私は、（祖国〔ルーマニア〕で）発表されたあなたの論文にとても関心があり、そして、これから発表される論文をまっているのです。

『ザルモクシス〔からジンギスカンへ〕』以降、私は、『起源のノスタルジー(3)』（ガリマール、一九七一年）と『オーストラリアの宗教――序章』（一九七二年）、『日記断片』（ガリマール、一九七二〔七三?〕年）を刊行しました。いまのところ、この三冊目の本は手もとになく、手配することができません。新たに入手できたなら（すでにその指示を出しています）、すぐにお送りします。『〔起源の〕ノスタルジー』（イタリア語訳）と『オースト〔ラリアの〕宗〔教〕』（フランス語訳）は、小包にして航空便で送ります。いくつか抜き刷りも同封します（もしかして、一年前に、『宗教学』〔訳注1〕の「霊、種、光〔正しくは「霊、光、種」〕」を受け取られたでしょうか？）。『シャーマニズム』第二版に加筆修正を施したあと、私はシャーマニズムについてなにも書いていません。インド・ヨーロッパ語族のシャーマニズムを研究するとかなり前に告知しましたが、まだ完成していません。『インド・ヨーロッパ語族研究（*J[ourna]l of I[ndo-]E[uropean] Studies)*』に約束していたのですが、現在は他の仕事を抱えており、シャーマニズム研究を終わらせる時間がいつ取れるのか見当もつきません。

パリで、クシャから（イェルンカを介して）、『妖精たちの夜』と『ム〔ントゥ〕リャサ通りで』を受け取ってください。目下、私の手もとにはないのです。

ダン・ラウレンツィウに関する原稿と詩の翻訳は、とても気に入りました(4)。イタリアでは、私が送った本が宛先に届くかどうかもわからないほど、郵便がひどいありさまです。届くことを願っています！……。

あなたによきことだけを願って、友情を込めて、

あなたの――

ミルチャ・エリアーデ

（1）　HISTORY OF RELIGIONS… とレターヘッドに記された便箋、Air Mail のシールが貼られた白無地の封筒。一九七四年一月三一日付シカゴの消印、Mr. Ioan Petru Culianu, Via Necchi 9, 20123 Milano, Italy 宛。

（2）　周知のように、クリアーヌは、まさに博士論文のテーマをグノーシス主義とそれに関する現代の研究に決めるのであるが、グノーシス主義を「実存の根」をもっていると特徴づけたハンス・ヨナスの主張からも影響を受けている。クリアーヌは、インド学というテーマとグノーシス主義ならびに初期キリスト教というテーマの間に、エラノス集団とアスコナの集会について研究しようとした時期もあった（インド学の主題については、前出、14頁〔書簡9〕、注3をみよ。クリアーヌは、最初に選んだこの分野の研究を継続しなかったが、一九七三―一九七四年にはミラノでインド学の講義を担当した。そして、『日記』の記述によると、一九七四／一九七五年の第一学期に、彼は、「インドの宇宙創成論と神々の系譜に関する演習」をとても喜んで行なっていた。その演習には常に三〇人ほどの学生が出席し、「私を魅了する――ただ一つの――問題にかかわる毎週のコミュニケーション」の時間が彼に与えられていたのである）。

アスコナのエラノス会議とは、一九三三年にカール・グスタフ・ユングとオルガ・フレーベ＝カプタインが創設し、ラッファエーレ・ペッタッツォーニやマルティン・ブーバー、ゲラルダス・ファン・デル・レーウ、ミルチャ・エリアーデ、アンリ・コルバン、ゲルショム・ショーレムをはじめ数多くの人物が毎年そこに集っていた。しかし、エラノスに関するクリアーヌの研究計画は、このエリアーデの書簡からもわかるように、すぐに断念された。オルガ・フレーベ＝カプタインが一九六二年に死亡したあと、アスコナにおける数週間の輝かしい活動の時代に幕が引かれ、エリアーデ自身すでに足が遠のいていた。クリアーヌは、一九七七年八月に参加したアスコナでの学際的会議のひとつに直接かかわる記事を一本だけ執筆し、一九七八年に「第四六回エラノス会議、アスコナ、一九七七年八月一七―二五日」（『永遠（*Aevum*）』第五二巻、三四三―三四六頁）として発表した。さらに本書の一九七七年八月二九日付書簡37（59頁）をみよ。その書簡でクリ

アーヌは、つぎのようにエリアーデに書いている。「まったくがっかりしたというわけではありませんが、とくに感銘を受けることもありませんでした。（中略）エラノスに関しては、新たな血が求められていると思われます。」

（3） 最初に書かれていたタイトルは、『楽［園］の［ノスタルジー］』〔訳注2〕であったが、消して書き直されている。ほかのエリアーデの書簡でも、このタイトルは違った表記がなされている（たとえば、前掲『ヨーロッパ、アジア、アメリカ…往復書簡』第一巻（A-H）、三九八頁に収録されている一九七九年九月一一日付ミルチャ・ハンドカ宛書簡）。さらにエリアーデは、一九五二年一〇月三一日付のヴィンティラ・ホリア宛書簡において、このタイトルがニキフォル・クライニクに倣っていることを説明し、彼が〈聖なる親〉（同、四五五頁）であるといっている。エリアーデは、さまざまなタイトルを、他の著者からも「借りて」いる。たとえば、『天上の婚礼』はロナルド・フレイザー（『天の婚礼』）から、『告白』はアウグスティヌスあるいはウナムーノから、『仕事場』はジョイスから、『新生』はダンテから、『歴史の没落』はナエ・ヨネスク（『時の没落』）から、『海洋学』はエウヘニオ・ドルス（『倦怠の海洋学』）から、『妖精たちの夜』はサドヴェアヌから、『消えゆく光』はR・キップリングから、『永遠回帰の神話』はニーチェから、『盲目の水先案内人』はパピーニから、『大尉の娘』はプーシキンから、そしておそらく『三美神』はハクスリーから……。

（4） I・P・クリアーヌが亡命後に発表した最初のテクスト「ダン・ラウレンツィウ」（雑誌『文学の市（*Fiera Letteraria*）』ローマ、第四九輯第九巻、一九七三年一二月、一五頁）のことである。このテキストには、ルーマニアの詩人でクリアーヌの親友〔ダン・ラウレンツィウ〕が書いた短い詩「祈り」のイタリア語訳（Preghiera）も収録されている。〔クリアーヌのテクストの〕ルーマニア語訳については、ヨアン・ペトル・クリアーヌ著、マリア＝マグダレナ・アンゲレスク、コリナ・ポペスク、ダン・ペトレスク訳『ルーマニア研究 II 太陽と月 称賛の毒』（ヤシ、ポリロム、二〇〇九年、一八三―一八六頁）をみよ。

訳注

〔1〕 もともとは、*HR* と書かれており、編者が *H[istory of] R[eligions]* と補っている。同学術雑誌『宗教学（*History of Religions*）』については、書簡17の編者注2を参照。なお、本訳書では、history of religions に相当する英語、フランス語、ルーマニア語などは、原則として「宗教学」と訳している。書簡14の訳注4、ならびに「訳者あとがき」も参照。

〔2〕 原文では、編者補いをともなって *[La Nostalgie] du Para[dis]* となっている。

11(1)

一九七四年二月二六日

親愛なるクリアーヌさま

イタリアの郵便のモラルのなさには腹が立ち、（私にはめったにないことなのですが！）意気消沈しています。あなたに航空便で、ふたつの小包――そのひとつは（最近のいくつかの）抜き刷り――を送りました。そして、いくつかの古い文書のなかから偶然にもみつかったあなたの研究論文も同封しました。もう無理していろいろ送らないことにします。(私より前に) いつ頃パリにくるか知らせてください(私は六月一五日に着く予定ですが、まちがいなく九月いっぱいと一〇月はじめは滞在しています)。イェルンカにあなた名義の小切手を送ります。必要な本などを買ってください。しかし、抜き刷りはどうしたらよいのかわかりません……。

献呈論文集に関しては、ただインピー教授[2]の「計画」であるというだけです。「締め切り」などは、数週間のうちにわかるでしょう。ルーマニア語で書いていただいても、フランス語で書いていただいてもかまいません。そうすれば、翻訳されるでしょう。もっぱら作家M・Eについてというわけではありませんが、大方は……。

よい仕事をしておられることを嬉しく思います。原稿を期待しています。ビアンキによろしくお伝えください。

あなたに、たくさんの友情を込めて――そして、たくさんの幸運も!

ミルチャ・エリアーデ

(1) HISTORY OF RELIGIONS... とレターヘッドに記された便箋、前の書簡と同じ型の封筒。一九七四年二月二八日付シカゴの消印、Mr. Ioan Culianu, Via Necchi 9, 20123 Milano, Italy 宛。

(2) マイケル・H・インピー、アメリカ合衆国レキシントンにあるケンタッキー大学の教授。ロマンス語学者でルーマニア研究が専門。トゥドル・アルゲジの詩に関する論文で博士号を取得した。アルゲジとトリスタン・ツァラ、ニナ・カッシアンの詩を英訳し、マリン・プレダとアウグスティン・ブズラのルーマニア語の散文も翻訳した。

12[1]

一九七四年一〇月二七日

親愛なるクリアーヌ

あなたが送ってくれた三通のお手紙[2]に対する返事が遅れたことについて、もはや弁解はせずに、「すぐに本題に入ることにします」。

一、『ヌーメン』に論文[3]を送り、そのあと、修正版も送りました。

二、『デスポイナ』はとても気に入りました! すでに再読して、最初に読んだときと同様に感動しました。長編小説も期待しています（そして、「名前」についてずっと考えています！……われわれ両人が気に入るものがみつかるといいのですが）。

三、M・Eに関する論文をトゥク(4)（『レルネ評論（*Cahiers de l'Herne*）』の編集者）に送りました。

四、あなたの「文書」を受け取るとすぐに、マルゲスク(5)に、適切な場所を探して、なすべき事柄と話すべき相手をみつけるように頼みました。今日、明日にでも、わかるでしょう――そうしたら、あなたに手紙でお知らせします。（いまのところ）私からは手短に、彼の方は、しかるべきように……。

五、まだ「イニシエーションにおける〔注と異なる〕神話パターン…(6)」を読んでいません。どこで発表することにするか手紙でお知らせします（ゲッティンゲン〔大学の〕一九七二年の博士論文、ヴォルフ・ディートリッヒ・ベルナーの「密儀宗教、グノーシス主義、古代ユダヤ教におけるイニシエーション儀礼」は入手しましたか?）。

六、「霊、光《ママ》、種〔書簡10では、霊、種、光〕」と他の抜き刷りを、あらためて、今回は航空書留便で送ります。届けばいいのですが。

当面は、なによりも健康と（わずかな）忍耐力があることを願っています。しかし、万事があなたの望むとおりに、そしてわれわれも望むとおりに運ぶことを確信しています……。

友情を込めて、あなたの、

ミルチャ・エリアーデ

（1）HISTORY OF RELIGIONS... とレターヘッドに記された便箋、エアメール用定形封筒。一九七四年一〇月二八日付シカゴの消印、Mr. I. P. Culianu, Via Necchi... 宛。

（2）前回の――ずいぶん前の――エリアーデの（二月二六日付）書簡とこの書簡のあいだの時期、一九七四年九月三日に、エリアーデとクリアーヌはパリで面会する機会を得た。エリアーデが言及している三通の書簡とは、おそらく九月から一〇月のものであろう。パリでの面会のあと、つまり、この本文からはじめて、エリアーデの書簡のトーンが変化したことが容易に読み取れる。二人がよりいっそう親密になり、青年クリアーヌが初めてシカゴにくるためにエリアーデが準備を進めていること、さらに、クリアーヌの旺盛な学術的、文学的活動を見守っていることが読み取れる。

（3）『ヌーメン　国際宗教学雑誌（*Numen. International Review for the History of Religions*）』は、国際宗教学宗教史学会（IAHR すなわち International Association for the History of Religions）の機関誌として一九五四年に創刊された。ライデンのE・J・ブリル社が編集しており、当初はペッタッツォーニが監修した。クリアーヌは研究論文「天の女性とその影」を『ヌーメン』（第二三輯、一九七六年、第三号、一九一―二〇九頁）に発表した。

（4）コンスタンティン・トゥク（タク）（一九二六―二〇〇一年）のことである。彼は戦後フランスに亡命し、パリのレルネ出版で有名な『レルネ評論』の監修者を務めた。C・トゥクはエリアーデへの献呈論文集（『レルネ評論』第三三号）のために原稿を集め、一九七八年にそれを刊行した。クリアーヌはこの論文集に研究論文「哲学的人類学」（二〇三―二一二頁。ルーマニア語訳は、前掲『ルーマニア研究Ｉ』二一一―二二六頁をみよ）を寄稿した。エリアーデに関する文学批評において重要なこの論文集への言及は、本書21頁と42頁（書簡14と27）、そしてとくに書簡44（73頁）をみよ。

（５）ミルチャ・マルゲスク（一九四八年生まれ）は、ブカレスト大学のフランス語学科を卒業したクリアーヌの友人で、この時期はシカゴでフランス語を教えていた。彼は、エリアーデを手助けして、クリアーヌが一九七五年の冬から春にかけての三ヵ月間、研究奨学金を得てシカゴ［大学］の神学部にくるために必要な手続きをとった人物である。

（６）「イニシエーションの神話パターンとグノーシス主義における魂の旅」は、一九七四年のクリアーヌの研究論文で、未発表であるが原稿は残っている。

13[1]

一九七四年一二月八日

親愛なるＩ・Ｐ・クリアーヌ

あなたのお手紙へ返信するのが遅くなったことを恥じ入るばかりです——しかしどうすることができるでしょう？ 私はふたたび文通恐怖症の状態にあります……。よくなるといいのですが。

手短に。すべてが軌道に乗りつつあるので、安心してください。マルゲスクはやり手です！ 当然のことですが、必要な場合にはあなたの保証人になります。さらに、旅費も支給されます。まもなくマルゲスクが、支給の方法（小切手あるいは郵便為替など）について知らせてくれるでしょう。

あなたが書いた〈小冊子〉のあの六頁は、とにかく「刺激的」で独創的に思えます（そして、書かれている英語もすばらしかった。間違いがほとんどありません）。私なら、§02.00で、ホモ・ファーベルはホモ・レリギオーススと同時代であると注意を促すでしょう。

私とクリスティネルは、一月のはじめに、結婚二五周年のお祝いのためにパリ（4 Place Charles Dullin）に行きます。一月一五日から一七日にシカゴに帰る予定です。あなたと当地［シカゴ］でお会いできることを心待ちにしています！……[2]。

幸運と健康を心から願いつつ——そして、近いうちに！

あなたの、

ミルチャ・エリアーデ

（1）　HISTORY OF RELIGIONS... とレターヘッドに記された便箋、いつもと同じ定形封筒。一九七四年一二月九日付シカゴの消印、Pro. I. P. Culianu, Via Necchi... 宛。

（2）　イタリアのパスポートを取得する手続きが難しく、クリアーヌは一九七五年二月のはじめに、ようやくシカゴに到着した。エリアーデは、『日記』二月一〇日のくだりに以下のように記している。「ヨアン・クリアーヌが先日到着した。残念ながら、一連の学術会議「高等宗教のはじまり」にはまにあわなかった」——これは、「ここ〔シカゴ〕大学で〈伝統〉となっている」連続講演であり、エリアーデはイタリアからやってくる若者〔クリアーヌ〕の参加を望んでいた。エリアーデの『日記』には、二月一〇日から五月終わりまでの期間、クリアーヌと会ったことが数個所で記されている（ミルチャ・エリアーデ『日記』第二巻、ブカレスト、フマニタス、一九九三年、一九一—一九八頁をみよ）。クリアーヌは、このはじめてのアメリカ滞在で、当時シカゴで教鞭をとっていたカルステン・コルペの講義を聴いたり、ニュー・ロッシェルにハンス・ヨナスを訪ねたりした。「当地〔アメリカ〕で、私は興味深い講義を聴いたり、重要な人物と知り合ったり、比較的落ち着いて勉強しました……」とクリアーヌはミラノのジャンパオロ・ロマナートに書いている（一九七五年四月五日付書簡。ジャンパオロ・ロマナート「友人ヨアン・ペトロ・クリアーヌの想い出」ソリン・アントヒ編集、前掲『ヨアン・ペトル・クリアーヌ——人と作品』、一一九—一二〇頁をみよ）。しかしながらクリアーヌは、当初の計画よりも一ヵ月早く、すなわち五月の終わりに、イタリアにもどることを決心した。

14[1]

一九七五年六月二五日

親愛なるヨアン・クリアーヌ

あなたが一緒にいるかのように感じさせてくれる数々のお手紙に、大いに感謝します。そして、あまりに突然に中断してしまった対話を続けるために、幾度もお手紙を読み返しました（いまになってみるとわかるのですが、かなり以前から取り組んでいた章を終わらせることにかかりきりで——ゆっくりお話しする機会をほとんどもてませんでした……）。

あなたの本に関して、はっきり言わなかったように思います。私の「見解」は、専門研究書《モノグラフ》でデビューするのが望ましいというものでした[2]。しかし一方で、著書があるのは、履歴書に大きく影響しますので、私は常に友人や学生に著書を刊行することを勧めてきました。そしてつぎに、半分以上は雑誌に掲載されているかその予定であると思っていました——しかし、思ったよりもわずかであることがわかりました。そうであるならば、ためらわずに言います。著書を印刷にまわす準備をしなさい。用意ができたらそのコピーを私に送ってください。私が序文を書きます。

履歴書に関して。どのような助言をしてよいのかわかりません。とにかく、書くしかありません。しかし、学位や著書、執筆中の研究論文など、これから生み出される（in statu nascendi）業績を「いっぱい詰め込む」方がいいでしょう。私は、あなたができる限りはやく学位論文や試験から解放されることを望んでいます。なぜなら、とりわけあなたに共同作業の提案をしたいからです。すなわち、かなり以前から構想している『宗教学事典』(3)のことです。私は、そのために（さまざまな百科事典に）数多くの項目を書いてきました。ガリマール社からの刊行を計画しました（あるいはスイユ出版から［ガリマール社は採用してくれなかった］）。専門用語（観念、構造、形象）やキーワード（神話、儀礼、呪術など）を詳しく論じながら、資料（インドラやオシリス、ミラレパなど）については手短に。あなたには、興味のある項目（グノーシス主義、初期キリスト教）や多数の小項目（神々、神秘主義者、宗教改革者など）を担当して欲しい。後者の項目は概説的なものであり、独自の解釈を含まないので、急ピッチで編集できることは明らかです。あなたが同意してくれるなら、より詳しく打ち合わせましょう。おそらく、秋にパリで。分量はそれほど多くならず、（だいたいケーニヒ版〔『宗教学辞典』〕〔訳注1〕くらいの）もので、それにはエリアーデ＝クリアーヌと署名され——そして、必読書となり、数多くの外国語に翻訳され、重要な著作権を取得できれば何よりです！　あなたの履歴書に付け加えるためにも、近日中に告知しなければなりません——また契約書にも同じようにすみやかに署名しましょう。そうすれば、今後、私になにがあったとしても、あなたがそれを完成させればいいのです。

＊＊＊

……この計画の話ばかりになり、あなたが望んでいたことの説明をしませんでした。そこで、

(1)一九七七年の献呈論文集について、私はなにも知りません。おそらく「秘密裏」なのか。あるいは、あなたが寄稿した『レルネ評論』と混同しているのかもしれません。

(2)プレイヤード版の『諸宗教史』〔訳注2〕が完成するのをまっているので、『〔諸宗教〕史〔要諦〕(*Storia*)』第六版〔訳注3〕に関する書評が遅れてしまいました。しかし一〇月にもどった際には、最近のほかの研究（たとえば、ヴィデングレン＝ブレーカー『諸宗教史』〔訳注4〕）についても論じながら、その書評を書くつもりです。

……大西洋を横断するために六時間も「飛行した」の

で、今回は快復するまでおよそ一〇日もかかりました。しかしいずれにせよ、私はあなたよりは恵まれていました。私は雨のなかを走ったりはしなかったし、熱を出して倒れもしませんでした！……。

クリスティネルがあなたによろしくと言っており、あなたに即席のママリガを食べさせたがっています！

心からの友情を込めて、あなたの幸運を願っています。

あなたの、

ミルチャ・エリアーデ

追伸　アルタイザーの解釈に関する論文が、彼への献呈論文集に収録されて刊行されました。シカゴから、詳しい情報をお伝えします。

（1）HISTORY OF RELIGIONS... とレターヘッドに記された便箋、定形封筒。一九七五年六月二七日付パリの消印。差出人は M. Eliade, 4 Place Charles Dullin, Paris 18e で、M. Ioan Petru Culianu, Via Necchi... 宛。

（2）何らかの専門研究書（モノグラフ）のことをいっていたわけだが、まさしく、クリアーヌはエリアーデについて研究書を書いた。一九七四年一〇月にクリアーヌは、イタロ・マンチーニ教授にその研究書〔イタリア語版『ミルチャ・エリアーデ』〕の出版の可能性について相談していた。マンチーニ教授は、当時ウルビノで哲学を教えており、アッシジのチッタデッラ出版で選集「哲学の地平（Orizzonte Filosofico）」の監修もしていた。

（3）『宗教学事典（*Dicționarul*）』〔『エリアーデ世界宗教事典』〕の計画に関する最初の言及。クリアーヌはこの計画を忘れることなく、師を記念するオマージュとして、それをひとりで完成させることになる。エリアーデ＝クリアーヌと署名された『宗教学事典（*Dictionnaire des religions*）』は、（エリアーデが一九七五年に考えていたガリマール社ではなく）プロン社から一五年後に刊行される〔邦訳は奥山倫明訳『エリアーデ世界宗教事典』せりか書房、一九九四年〕。

訳注

〔1〕ヘルダー出版（Verlag Herder）のフランツ・ケーニヒ（Franz König）編集による *Religionswissenschaftliches Wörterbuch*, 1956 であろう。

〔2〕ガリマール社の *Histoire des Religions, tome III*, 1976 であろう。

〔3〕第六版が一九六九年に出たアンブロージョ・ドニーニの *Lineamenti di storia delle religioni* (Rome: Editori Riuniti) のことだろう。

〔4〕ブリル社の *Historia Religionum: Handbook for the History of Religions* (Vol.1 Religions of the Past & Vol. 2 Religions of the Present), 1971 であろう。なお、訳注2―4でふれている著作は、いずれも、本書では原則として「宗教学」と訳している言葉 (histoire des religions, storia delle religioni) をタイトルに含んでいるが、これらの著書の内容に鑑み、ここでは「諸宗教史」と訳した。この厄介な言葉の問題からみえてくるのは、キリスト教や仏教のような個々の宗教の歴史ではなく、諸宗教 (religions) の歴史を、「宗教とは何か」という一般的な問いのもとに、いわば一つの歴史 (history) として扱おうとするのがある種の「宗教学」なのだ、ということである。エリアーデもクリアーヌも共通してこういった立場に立っていると考えられる限りで、本訳書では、history of religions を原則として「宗教学」と訳している。訳者あとがきも参照。

15(1)

パリ、一九七五年九月一九日

親愛なるクリアーヌ

九月三日のお手紙に対してこんなにも返事が遅くなってしまったことをゆるしてください。一時間前に九月一三日付けの手紙を受け取りました(つまり、あなたの手紙は、どうやら自転車で六日間かけて配達されたということです……)。もちろん、これから書く助成金のすべての申請書に、共同でとりかかる事典の計画を書き加えてかまいません。さらに、シカゴにいるときに、アメリカ宗教学会〔訳注1〕の住所とアルタイザーの著書の文献リストを送ります。

いろいろあって疲れたので、なるべく手短に書きます。嬉しいことに、胃腸の不調をともなった長い風邪が治りました。出発を一〇月一〇日に延期しました。おそらく、私の〔義理の〕〔訳注2〕姉が当地〔パリ〕で手術を受けることになるので、術後に付き添うことにします。

あなたがしばらくインドに滞在する予定であることは嬉しく思います。(2)〔インドは〕大きく変わってしまったでしょうけれども(大国、原爆まで!)、やはりなにかは残っているでしょう。

ブレーカー〔査読〕の遅れは、不可解に思えます——しかし、気にする必要はありません。

最重要事項=イタリアのさしせまった凋落にあまり煩わされないことです。後日、どのような事態になったとしても、政治的変動はさほど重大でないことがわかるはずです(あなた個人に関しては、あなたは守られる——今後も守られ続けるだろう……ということをすでに運命がここ数年来、いく度も告げています)。

われわれ夫婦はあなたの健康と幸運を心から願っています。

変わらぬ友情をこめて、

あなたの、

ミルチャ・エリアーデ

(1) (レターヘッドのない)白無地の普通の便箋と、同じく普通の封筒。一九七五年九月一九日付パリの消印、パリから投函、Monsieur I. P. Culianu, v. Necchi… 宛。

(2) クリアーヌは、ハイデラバードに招かれ、ミラノでの博士論文の審査のあとに、講師としてインドに滞在することを計画していた。しかし、その計画はとても魅力的なものだったが、断念された。一九七五年九月七日付の日記にクリアーヌは以下のように記している。「インドに行けたらどんなに嬉しいことか。いかなる「参照システム」もない、未知のものやけだるさ、消失に疑いようもなく近づくことが心地いい。いやむしろ、心地いいのではなく、魅せられるのだ。私はいつも静けさを好むのではあるが、それは、私が全き姿で存在する領域（スフィア）を表わしている……」

訳注

〔1〕原文 Asoc[iaţiei] Am[ericane] [de] Ist[orie] [a] Rel[igiilor] である。American Academy of Religion（176頁書簡105注4参照）のことと思われるが、逐語的に訳せば、アメリカ諸宗教（史）学会となり、「宗教」にあたるルーマニア語が複数である。

〔2〕シビル・コテスクのこと。33頁書簡22注2参照。

16〔1〕

一九七五年一一月一〇日

親愛なるクリアーヌ

最優等 (Summa cum laude)〔2〕、まことにおめでとう。私はこの電報を、わずらっていた蜂巣炎がよくなった日に受け取りました（一週間ほど前に、シカゴに立ち寄っていたルーマニア人医師に処置してもらいました……）。あなたの成功は、症状が治まるのと相まって嬉しいものでした。

今朝、一〇月三一日付けの手紙を受け取りました。いつものように詳しく書かれており、私を元気づけ、心強い思いにさせてくれます。遠く離れていても、あなたらしい多様で熱い仕事現場に居合わせているようです（そして、どのような責任ある亡命者にも、とりわけルーマニア人には、同じような現場があるべきなのです）。あなたがなすこと、そしてこれからなそうと考えていることすべてが喜ばしい。同じように、私に関する本が完成することも喜ばしく思います。一九七七年か七八年以降には出版できるなどとだれが知るでしょう！　シカゴで最初の版を読ませてもらった宗教学の専門研究書《モノグラフ》に関する計画についても、引き続き知らせてください。ほぼ完成したら、私が序文を書いて――パリの編集者にみせましょう。小説にも出版の機会があると思います。レオニド・ママリガが、「興味深い原稿」を彼の「一角獣シリーズ (Caietele Inorogului)」で刊行したいと言っていました。

私に関して。一週間、蜂巣炎に悩まされ、家で動けずにいました。それゆえ、「公開講演」（「シャーマニズムと幻覚剤」）の最初のふたつは延期しました。その一方で、パヨーとシカゴ大学出版局の本（新しい論文集）のゲラを修正できました。『〔宗教学〕事典』の文書に目をとおす時間がまだありませんでした。マルゲスクと一緒にシャンパンで、あなたのお祝いをすることにします。クリスティネルがあなたにくれぐれもよろしくと言っています。私たちはたえずあなたの話をしています！　友情を込めて、あなたの、

ミルチャ・エリアーデ

（1）　HISTORY OF RELIGIONS... とレターヘッドに記されている便箋、定形封筒。一九七五年一一月六日付シカゴの消印、Dr. I. P. Culianu, Via L. Necchi... 宛。

（2）　クリアーヌは、グノーシス主義研究の領域の権威であるウーゴ・ビアンキの指導のもと、一九七五年一一月五日に、『グノーシス主義と現代思想——ハンス・ヨナス』という題目で、学位申請論文の審査をミラノのカトリック大学において受けた。クリアーヌはこれにより、イタリアで宗教学（istovia religilor）分野における〈文学博士号（Dottore in lettere）〉を取得した。この論文は、哲学者ハンス・ヨナスの（実存主義の影響が顕著な）観点に立つ、〔クリアーヌによる〕グノーシス主義に関する著書の基になっており、その著書は一九八五年にローマのレルマ・ディ・ブレチュナイダー社から出版された（ルーマニア語版は、マリア＝マグダレナ・アンゲレスク、シェルバン・アンゲレスク訳、エドゥアルト・イリチンスキによる「あとがき」付『グノーシス主義と現代思想——ハンス・ヨナス』ヤシ、ポリロム、二〇〇六年をみよ）。論文審査のあと、クリアーヌはミラノの同大学との契約を提示されたが、それはローマでも教鞭をとることができるものだった。

一九七五年一二月三〇日

17[1]

親愛なるクリアーヌ

私たちは、夫婦ともども、幸福で仕事に恵まれた新年があなたに訪れることを心から願っています！

この数行は、胃腸のインフルエンザで寝込んだ一二月一九日以来、はじめて書いたものです。病床で休暇のほとんどを費やしました！……。そしてまだ完全には治っていません……。

『〔ブーヘンワルトの〕聖者』について話し合えたら愉快でしょう……。（この夏に書いた）最新の小説『ケープ』のタイプ原稿をみつけたら、あなたに送ります。

書評を書きたい本や、手に入れたい本があったら、われわれに言ってください。あなたの書評[2]を出版したいと思っ

ており、あなたの論文もまっています（あまり後回しにしない方がよいでしょう！）。

履歴書のコピーを数部、送ってください（何枚かすぐにでも手もとにあるならば。なければ、こちらでコピーします）。

二月の中頃に私たちは一〇日ほどパリに行く予定です。

あらためて、あなたの洋々たる前途を願っています。抱擁をもって、

ミルチャ、クリスティネル・エリアーデ

追伸　一月五日から六日頃に、（ルーマニア語版の）小説を、L・ママリガ、4 rue du G-ral H. Berthier, Neuilly sur Seine 宛てに送ってください。

（1）HISTORY OF RELIGIONS... とレターヘッドに記された便箋、定形封筒。一九七五年一二月三〇日付シカゴの消印、Dr. I. P. Culianu, via Necchi... 宛。

（2）エリアーデは、〔一九六一年に〕シカゴでジョセフ・M・キタガワとチャールズ・H・ロングとともに創刊した学術雑誌『宗教学（*History of Religions*）』への寄稿を、クリアーヌに求めている。

18[1]

一九七六年二月六日

親愛なるクリアーヌ

お返事するのがこれほど遅れたことをおゆるしください！　一連の「予想外の出来事」で、すべての予定がまったくくるってしまいました……。明日は――ニューヨーク経由で――パリに飛びます。名誉博士号を（二月一四日に）ソルボンヌから授かるという栄誉にあずかりました。そして、一〇日から一二日間くらい滞在するつもりです。あなたがこられるなら、大変嬉しい！　ママリガが、小説の原稿をまっていると手紙で書いてきました。

私は履歴書を「書式の点検」に回し、コピーを一〇部ほどとりました。どの大学に話をもちかけたらいいのか助言をもらうために、その一部をチャック・ロング[2]に送りました。〔シカゴに〕もどったら、必要なときすぐに「書類」を利用できるように、送ってもらった文書資料の一部をコピーするつもりです。

論文「脱魂の経験」の最初の読者たちは、あまり感激しなかったようです。彼らの見解。彼らが言うには、あなたは研究状況 (status quaestionis) しか示していないということです。あなたが論文の最後の部分で予告している解釈を、彼らはまっています。もどったら、「編集者たち」と会って、決定する予定です。いずれにしても、論文を「書式の点検」に回して、どこから出版するかを検討するつもりです。

クリスティネルも私も、ともにあなたに望んでいるのは、いろいろな出来事によって勇気を（あるいは「気力」を）なくさないでほしいということです。悲劇は今年中続くわけではありません。一年のあいだには数多くのことが起こるでしょう。「自由な時間」をできるかぎり利用してください。アメリカの大学の地獄のような生活パターンに入った日には、夏の休暇以外に「自由な時間」などもはやありません。

あなたに勇気と、なによりも健康があることを願っています。友情と信頼を込めて、あなたの、

ミルチャ・エリアーデ

（1） HISTORY OF RELIGIONS... とレターヘッドに記された便箋、定形封筒。シカゴの消印、日付は読み取れない。イタリアの消印は一九七六年二月一三日、Dr. Ioan P. Culianu, Via Necchi... 宛。
（2） チャールズ・H・ロング。

19[1]

一九七六年三月三一日

親愛なるクリアーヌ

いただいたお手紙の一方だけにしか返事を出さないことをおゆるしください。あなたはパリでM・M〔ミルチャ・マルゲスク〕と一緒だと思っていました。あなたからの三月二二日付けのお手紙に、とりあえず返信します。私ができる唯一の助言は、心のおもむくままに決めなさい、ということです（ユングが言っていたように、常に「直観」が知らせることにしたがえ、ということです）。ローマでは[2]、それぞれの道行には、よい面も悪い面もあります。よりよい

生活を送ることも、トゥッチやブレリチなどの近くにいることも、さらに優れた大学のポストを得ることもできるでしょう——しかし……あなたが言ったように、いいことばかりではありません。私は、あなたがルーマニア語とルーマニア文学を〔オランダで〕教えることで、それほどたくさんの時間を無駄にしているとは思いません。履歴によれば、あなたはとりわけルーマニアの民間伝承詩や民衆文化などを研究したと言えるでしょう。しかし、くり返しますが、あなたの「霊感」にしたがって選びなさい。いずれにしてもあなたは、一年のあいだポストがあるのです。私は、こちら〔合衆国〕にも期待をもっています——しかし、チャールズ・ロングがよさそうな場所をみつけてくれるとしても、それは一九七七年の秋以降になるでしょう。いまのところ彼からの返事はありません——いろいろきいたり調べたりしてくれていることはたしかです。あなたに関する私の「内密な報告」を受けたあとでは、あなたをアメリカに迎え入れるための努力をしないなどということは考えられません。私は、若い研究者について、あなたのように報告したことは一度もありません。成功しないはずがありません！

送ってくださった（「研究状況（Stat. quaes.）」についての）補足は、とても有益です。あなたが論文を発表するのによりいっそう適した場所を考えておきましょう。シカゴ大学出版局から出た本を送ります。

なによりも健康と勇気があることを願っています。変わらぬ友情を込めて、あなたの、

ミルチャ・エリアーデ

（1）HISTORY OF RELIGIONS... とレターヘッドに記された便箋、定形封筒。一九七六年三月三一日付シカゴの消印、Dr. Ioan P. Culianu, Via Necchi... 宛。

（2）前述〔書簡15〕、24頁の注2をみよ。クリアーヌは、ミラノ＝ローマとオランダのルーマニア語学のポストのどちらを選ぶかについて、エリアーデに助言を求めていた。

20①

一九七六年四月一六日

親愛なるクリアーヌ

最初に、なにについてお返事したものか！……。いずれにせよ、私は、サンタ・バーバラに手紙を書き、履歴書も送りました。なんと言ってくるのか、返事をまっています。チャック・ロングは、（一〇月に）一ヵ月間の来訪を断ったので、おそらく腹を立てたのでしょう。なにも言ってきません。しかし、彼に電話できいてみましょう。

　もしオランダ[2]が確実ならば、承諾なさい。もっと興味を惹かれる提案があったときには、あとになってから出ていくこともできるでしょう（*）（あなたの代わりに、私なら、いつかは追放されるという危険を冒してでも……インドを選ぶでしょう）。「歴史の契機」に恐怖するままにならないこと――そして、仕事を継続することが重要です。あなたにとってイタリアの「雰囲気」は、耐えがたいものになっている印象を受けます。それゆえ、どうしようもなくなったと思うときには、そこを去るべきです――オランダ、インド、あるいは（もっとあとで）さらにべつの場所へ。

　パヨーから『〔世界〕宗教史』の第一巻[3]を受け取るでしょう。その本を私は（つまりパヨーが）、ビアンキにも送りました。正しい住所（Via Todara 2, Bologna）を指示したと思います。

　乱文をおゆるしください――乱筆も！　胃腸―肝臓が不調でしたが、ようやく快復したのです。

　復活祭おめでとう！

友情を込めて、あなたの、
ミルチャ・エリアーデ

（*）つまり、「ルーマニア学」のポストをやめるのです

（1）HISTORY OF RELIGIONS... とレターヘッドに記された便箋、定形封筒。シカゴの消印、日付は読み取れない。Dr. Ioan P. Culianu, Via Necchi... 宛。

（2）クリアーヌは、トリノとミラノでルーマニア語を教えていたマリン・ミンク（一九四四―二〇〇九年）教授とフローニンゲン大学のヴィレム・ノーメン教授らの力添えにより、幸運にも選考を通り、一九七六年のはじめからフローニンゲン大学で職に就く見込みを得た。しかし、イタリアを去ることは、宗教学のみ教えるのを一時的にやめるということであった。イタリアは、教条的な左翼文化が広まり、折しも一九七六年秋の選挙で誕生した共産党政権に脅かされており、クリアーヌにとっては耐え難い状況になっていた。彼の友人のロマナートによれば、クリアーヌは「ルーマニアにいた頃に逃げてきた状況と、辿り着いた先でも（中略）まったく同じであることに気づかざるを得なかった（それはまちがいなく、辛く苦しい発見だった）」（ジャンパオロ・ロマナートの前掲「友人ヨアン・ペトル・クリアーヌの想い出」をみよ）。

（3）『世界宗教史 第一巻 石器時代からエレウシスの密儀まで』は、一九八六年にパヨーから刊行された。

21[1]

一九七六年六月一日

親愛なるクリアーヌ

お手紙と、報告してくれたよき知らせに感謝します。（悪い知らせについては忘れます……）。『検証』の論文[2]を興味深く読みました。欠点がひとつだけあります。あまりにも唐突に終わっています。継続して、結論を深めていれば……。しかし、このようなことはすべてパリで話し合いましょう。あなたより数日はやく（六月二〇日頃に）到着します。

パニッカーが、（私が伝えた）「書類」をフォーダム大学に送ったと、手紙に書いてきました。ネィサン・スコットが、シャルロッテンヴィル（彼は――当面、数年のあいだ――そこに移ることを決心しました）のポストをあなたのために得ようとしてくれています。チャック・ロングからは、まだはっきりとした知らせはなにもありません。しかし、彼も頑張ってくれています。

これらのことすべてを書くのは、手をこまねいていたわけでないことをあなたに知らせるためです！（私は、数日前、ある大学が、……ヴードゥー教の専門家であるというだけで！……黒人を採用したと知って、とても腹ただしく思いました。宗教学の准教授として採用したのです！……）。

お願い。（トゥッチのオリエント研究所が発行している雑誌）『アジア研究（*Asiatica*）』に一九三八年に掲載された私の論文「インド哲学における自由の概念」のコピーを私のために入手してもらうことはできますか？　前もって感謝します。入手できたら、パリの私のところにもってきてください。

私たちからの最大の祝福（と激励！）を込めて、心より、あなたの、

ミルチャ・エリアーデ

（1）HISTORY OF RELIGIONS… とレターヘッドに記された定型封筒。シカゴの消印があるが、日付は不明瞭。Dr. Ioan P. Culianu, Via Necchi… 宛。

（2）『検証 人文科学雑誌（*Verifiche. Rivista di scienze umane*）』第四号、一九七五年、二三六―二五五頁に掲載されたI・P・クリアーヌの論文「〔非キリスト教世界における〕権力装置と解放手段としての宗教」のことである。この『検証』の論文は、G・ロマナートとM・G・ロンバルドとの共著『宗教と権力』トリノ、マリエッティ、一九八一年（ルーマニア語訳、ブカレスト、ネミラ、一九九六年〔さらに、ポリ

ロム、二〇〇四年〕もみよ）に収められた論文「宗教と権力の増大」の萌芽となる。

22(1)

パリ、一九七六年一〇月一五日

親愛なるクリアーヌ

お手紙、そしてとりわけ、送ってくださったあなたのクルミの葉に感謝します。シビル(2)は感動して、彼女のナイトテーブルの上の福音書の傍らに置いています……。（あなたに言っても詮ないことですが、まさに二週間前から受けている新たな化学療法のせいで、彼女は痛みが続いています）。

ラファエル・ジラールとは旧知の間柄です。彼は、『マヤ問題に直面するチョルティ〔訳注1〕』全五巻を携えて、一九五〇年の夏にオテル・ド・スエードに私を訪ねてきました。『〔宗教学〕概論』と『永〔遠〕回〔帰〕の神話』に感激したのです（彼は、『ポポル・ヴフ、歴史の起源〔訳注2〕』を書いたとき、その「歴史的性格」を再構成するにあたり、私のそれらの著作に影響されすぎています）。R・Gは、スイス人の実業家で――当時――三〇年ほどグアテマラに住んでいた人物です。彼はとくに望むでもなく「アメリカ研究者」になったのですが、その主題に夢中になり、多くのことを知っていました。しかし彼は、残念ながら、晩年になるまで好事家のままでした。多くの専門家たちよりも、十分に、そして深く「見て」いました。W・シュミットだけが彼を評価していました（『ポポル・ヴフ』の刊行に際して、シュミットが『人間（*Anthropos*）』に寄稿した長い称賛の論文を参照）。私はかつて、ジュル・タクスに彼のなにを批判しているのかと尋ねたことがありました。「ジラールは事態を混乱させている。あなたは、なにが本当のことなのかも、なにが彼の考えなのかも、まったくわかっていない……」と彼は私に答えました。アメリカ合衆国でも、中米でも、南米でも、ジラールはそれほどまともに取りあげられていません（しかし、これは、その価値がないということではありません。私は――中南米の宗教の授業で、とりわけ彼の『マヤ問題に直面するチョルティ』を使いました。いつか私が「南アメリカの高神」第三・四巻を書き終えたら、何度も彼を引用しているのを目にするでしょう）。

出発は一一月のはじめに延期しました。『鍛〔冶師〕と〔錬金〕術師』の改訂を、ようやく終わらせました。訂正、補足（タイプ原稿でおよそ二〇頁）、そして文献を追加したりしました。とはいえ、この年齢になってから、青年時代に構想した本の第二版を準備するのに一五日も費やすことに意味があるのか、と自問してしまいます……。

とにかく、フローニンゲンに行く途中に、パリでお会いできるといいのですが。勇気と健康がありますように、そして、なによりも友情を込めて！

ミルチャ・エリアーデ

追伸　たったいま、『永遠（*Aevum*）』の書評[3]を受け取り、興味深く読みました。ありがとう！　クリスティネルからの挨拶と祝福の言葉を伝えるのを忘れていました。

M・E

追追伸　あなたの原稿がなんでも私の興味を惹くように、ポポル・ヴフに関する論文も興味深く思います。しかし、グノーシス主義、インドの宗教、そして方法論に関する研究を刊行する前に、この論文を発表することがあなたにとって有益だとは思えません。「専門家」たちがあなたを認める前に、すなわち、ひとつの「研究領域」で注目される前に、彼らを驚かせる必要はありません。

もちろん、この問題があなたの「頭から離れない」なら、論文を書いて、それをイタリアのどこかの雑誌で発表してください。文献表に加えられます。しかし、アメリカ合衆国では、はじめにもっと得意な分野で認められた方がいいでしょう！

M・E

（1）　白無地の普通の封筒で、同じように普通の便箋。一九七六年一〇月一五日付パリの消印。Prof. I. P. Culianu, Università Cattolica del S. Cuore, Dipt. Di Scienze religiose, 20123 Milano, Largo A. Gemelli, 1, Italie 宛。

（2）　シビル・コテスク、クリスティネル・エリアーデとリゼット・ペルレアの姉妹。

（3）　おそらく、『永遠——歴史学・言語学・文献学雑誌（*Aevum. Rassegna di Scienze Storiche, Linguistiche e Filologiche*）』（ミラノ）第四八号、一九七四年、五九二—五九三頁に掲載された、ミルチャ・エリアーデの『オーストラリアの宗教』に関するクリアーヌの署名のある書評、あるいは、同第四九号、一九七五年、二〇七—二〇八頁に掲載された、ミルチャ・エリアーデの『起源のノスタルジー』に関する書評のことであろう。

訳注

〔1〕　エリアーデは *Los Churtis ante les problema Maya* と書いているが、正

しくは *Los Chortis ante el problema Maya* である。

〔2〕エリアーデは *El Popolo-Vuh, fuentes históricas* と書いているが、正しくは *El Popol-Vuh, fuente histórica* である。

23[1]

聖心カトリック大学
20123 ミラノ
Largo A. Gemelli, 1
I・P・クリアーヌ
宗教学科
Tel. 88.56 - Telex 35033 UNICATMI

ミラノ、〔一九〕七六年一一月二三日

親愛なる先生ご夫妻

オランダに無事到着したというご報告ができるように、これがイタリアから差し上げる最後の手紙になることを望んでおります。万事順調に進んでおりますが、ビザがまだ届かず、数えきれない厄介事や損失、とりわけ、とても嫌な緊張感を抱えております（二週間ほど前に荷造りはすべて終わっております）。

先生がすでにアメリカにいらっしゃるのかどうかわからず、シビル夫人のご容態もわからず、とりわけ、ご夫人にお手紙を差し上げることもできなかったことを申し訳なく思っております。お手紙を出せなかったのは、先生のご家族のお名前さえも知らなかったからです！（いまさら言い訳することをおゆるしいただけるなら、いろいろお尋ねすることはできたのですが、ご夫人のことは「シビル夫人」と心得ておりました）。

巨大なトランクのなかにすべての本を入れているので、未完成のままにしておいたいくつかの論文を仕上げることができました（論文[2]は結局『ヌーメン』に掲載されたのですが、ランカスターの研究報告[3]とは別のものにしました、等々）。残念ながら、ビアンキとの関係は、私が出発することと、おそらく、私が彼をもはやそれほど頼りにしていないことのために、以前より緊張を孕んだものになってしまいました。さらに彼とは、学問上の折り合いが悪くなってきました。この時期は、さまざまな理由で、私にとってあまり幸いなものではありませんでした。気持ちはすでにフローニンゲンに向いているのですが、身体はイタリアにあって、理解するのがとても難しくなったイタリア人の心理に途方に暮れています。

ミルチャ・エリアーデに関する本がブリルから刊行されたことを──喜びと不安を抱きながら──知りました。だれの本なのかはわかりません。大変恐縮ですが、新しく刊行された著作が載った書誌一覧をお送りいただけるなら、買い求めることにいたします。私のM・エリアーデに関する本は、クリスマス休暇の時期に完成させたいと思いますが、その時には、もうパリに行くことはできないと思います。転任にともなう煩わしさを強く感じます。

フローニンゲンでは、私の新たな仕事のために、ルーマニア人亡命者の文学史を書くことに決めました（このようにして、ほかのあらゆる「研究」にも理由付けをするつもりです）。すでに、オランダ語の勉強をはじめました。文学の計画について、ママリガ氏がいまでも小説を出版する考えをおもちなら、しっかりと推敲するつもりです。しかし、少なくともしばらくは、あらたに執筆することはありません。しばしばすばらしい着想も含まれている私の「青春」物語の続きを書いて、手を加えるのみにいたします。

この夏の出来事のあと、私は魂とふところが空虚なままであり、本当に私の人生を横領しはじめた人間味のない性格をなんとなく恐れています。存在して、「仕事をする」という私の任務のみが存在し、「私」はもはや存在しません。子どもの頃、私はそのようになるだろうと想像したことがありましたが、支払うべきその代償がこれほど大きいとは思いませんでした。いまはそのような状態と折り合いをつけていますが、幸せではありません。またミルチャ・エリアーデの真似をしていると思われたくはないのですが、（彼の本などまだ知らなかった）一五歳の頃から、「客観化」の観念（私はまさにこのように名づけました）に苦しんできました。のちに一九歳のとき、ノヴァーリスのうちにそれを発見しました。いまや私の「客観化」は寂寥です。この段階も乗り越えたいのです。しかし、私が穏やかな「中欧のように（mitteleuropäisch）」なったときは、私になにが残るのでしょうか。おそらく、身体が抵抗することを期待しながら、すべてを一新するでしょう。

なによりも親愛と心からのご挨拶を申し上げます。

ヨアン・クリアーヌ

追伸　シビル夫人のご健康を心からお祈りしつつ、先生のご家族の方々のお名前を教えてくださるよう、お願い申し上げます。一二月一日から一五日の時期にはフローニンゲンにいたいと望んでいます。私の住所は、H. W. Mesdag-straat 28, Groningen (The Netherlands) M.E.P., 122/4です。

（1）この書簡はリヴィウ・ボルダシュがシカゴ大学レーゲンスタイン図書館で発見した。本書「編者覚書」注1をみよ。

（2）I・P・クリアーヌ「天の女性とその影――グノーシス的神話素の研究への寄与」『ヌーメン 国際宗教学雑誌』（ライデン）、第二三輯、第三号、一九七六年、一九一―二〇九頁。

（3）ランカスターにおける第一三回国際宗教学宗教史世界大会（一九七五年八月一五日―二二日）のために準備していた研究報告の最初のかたちは、四五頁分の「イニシエーションの神話パターンとグノーシス主義における魂の旅」であった。この研究発表は「〈真珠の歌〉における物語と神話」に変えられ、『ヌーメン』ではなく、学術雑誌『時 宗教学・神学雑誌（*Kairos. Zeitschrift für Religionswissenschaft und Theologie*）』ザルツブルク、第二一号、一九七九年、六〇―七一頁に掲載され、のちに著書『森の道 I――グノーシスその他の研究論文選集』メッシーナ、一九八一年、九七―一〇八頁にも収められている。ルーマニア語版は、「〈真珠の歌〉における物語と神話」、ダン・ペトレスク、コリナ・ポペスク、ハンス・ノイマン訳（エドゥアルト・イリチンスキの「序文」付）『森の道 I――グノーシスその他の研究論文選集』ヤシ、ポリロム、二〇一二年、一四四―一六五頁をみよ。さらに、I・P・クリアーヌ、D・M・コズィ「第一三回国際宗教学宗教史世界大会（Il XIII Congresso Internazionale dell'Associazione per la Storia delle Religioni）（ランカスター、一九七六年八月一五日―二二日）」『永遠（*Aevum*）』（第一―第二分冊）一九七六年、一六九―一七三頁をみよ。本書20頁［書簡12］、注6もみよ。

（4）ジョン・A・サリバ「宗教的人間（ホモー・レリギオースス）」『ミルチャ・エリアーデ――人類学的評価（*Mircea Eliade. An anthropological evaluation*）』ライデン、E・J・ブリル、一九七六年。

24[1]

パリ、一九七七年一月五日

親愛なるクリアーヌ

一二月二八日のお手紙――そして、一〇日後にシカゴで受け取ることになるお手紙――に感謝します！ご質問に簡潔にお答えします。

(1)ベルギー学士院での「スピーチ」は、二月一九日に延期されました。

(2)一月一四日にシカゴへ発ち、クリスティネルは一月二五日か二六日に、私は二月一〇日にもどってきます。

(3)ブリル社は、ダグラス・アレンの博士論文[2]を刊行する予定ですが、いつになるかはわかりません。

(4)一一月六日から一二月二二日のあいだに、タイプ原稿で一二五頁の物語(récit)[3]を書きました。二編の短編小説(『ケープ』と『三美神』)と一緒に、シカゴからあなたに送りましょう。私にとって――そしてクリスティネルにとっても――シビルの状態の悪化による絶望に抗するために、この小著を書かなければなりませんでした（化学療法は、彼女を消耗させ、痛ましく、いまだに効果はあらわれません。さらに三ヵ月のあいだ、続けなければなりません）……。あとであなたがみるように、〔小説の〕「主題」も「書いたもの」も、ここ四ヵ月のあいだの私たちの体験とはまったく関係ないのですが……。ママリガとパリュイは、一月八日に『三美神』を読みます。どうなるかはわかりません。一時間半の読書をだれがいやがるというのでしょうか？

私たちは、いまやあなたが「家」をもち、少し落ち着いていることを喜んでいます。幸福で実り豊かな新年になることをふたりで願っています！　変わらぬ友情を込めて、あなたの、

ミルチャ・エリアーデ

（1）　レターヘッドのない普通の便箋、消印のない白無地の普通の封筒。Prof. Ioan Culianu, Instituut voor Romaanse Talen der Rijksuniversiteit, Grote Kruisstraat 2⁰, Groningen, Pays-Bas 宛。差出人は、M. Eliade, 4 Place Ch. Dullin, 75018 Paris.

（2）　アメリカ人の研究者ダグラス・アレンは、一九七一年に、ヴァンダービルト大学でエリアーデに関する博士論文の口頭試問を終えた。その博士論文は、『宗教における構造と創造性――ミルチャ・エリアーデの現象学における解釈とあらたな方向（*Structure and Creativity in Religion: Hermeneutics in Mircea Eliade's Phenomenology and New Directions*）』というタイトルで、ブリル社（ライデン）からではなく、ムートン出版（ハーグ、パリ、ニューヨーク）から一九七八年に刊行されることになる。

（3）　『若さなき若さ』（フランス語版は『百年の時（*Le temps d'un centenaire*）』）のことであり、「一九七六年一一―一二月」の日付で、「シビルへ」という献辞が扉に記されている。

25[1]

パリ、〔一〕九七七年一月一〇日

親愛なるクリアーヌ

「年譜[2]」を読むと、いくつかの不注意がみられます。

一九三〇年一月一日、市民戦争（guerra civile）＝市民の不服従運動。

一九四〇年一月三日「……死後（dopo la morte）」。まちがい。N・I〔ナエ・ヨネスク〕〔訳注1〕は、一九四〇年三月一五日に死亡。Al・ロセッティ〔訳注2〕が、ロンドンの文化参事官のポストを私に「用意して」くれたので（C・C・ジュレスクは文化相だった）、そこに私は一九四〇年四月一〇日に行きました。一九四一年二月一〇日（〔ルーマニア国内における〕ドイツ軍の巨大な存在によって、イギリスがルーマニアと外交関係を断ったまさにその日）にリスボンに移りました。

一九四二年八月、サラザール〔訳注3〕との長い会見のあと、一〇日間ブカ〔レスト〕に行きました。私は、アントネスク将軍〔訳注4〕への「伝言」をもっていったと言えるでしょう。サラザールは「非常に遠回し」に〔私をとおして〕アントネスクにつぎのように語りました。「あなたの力は軍隊にある。それなのに、なぜドン川河畔やカフカスで軍隊を台無しにするのか？ 私があなた方の立場なら、できるだけ多くの師団をずっとあとまで国境内にとどめておくだろう……」。サラザールは、会見の翌日、私がブカレスト行きの飛行機に乗ったと聞いたとき、「私が伝言を理解していると理解した」。もちろん、空港からはゲシュタポとルーマニアのシークレット・サービスが接見場所に私を連れて行きました。イカ〔訳注5〕との会談で、私は軽率にも〔アントネスク〕将軍への「伝言」を彼に伝えてしまいました。そのために、「国家指導者〔アントネスク将軍〕」に会うことはなかったのです（たとえ会っていたとしても、彼は誠実でしたが、S〔サラザール〕の忠告にしたがわず、ロシアとの戦いに夢中になって参加し続けたでしょう。その夏には、彼はおそらくまだドイツの勝利を信じていました）(3)。

ミハイル・セバスティアン〔に〕会えなかったことに触れる必要はないと思います（私はマニウにも(4)、ブラティアヌにも、そのほかの人々にも会わなかった〔ママ！〕〔「会えなかった」でないことに注意〕のです）。

一九四六年から四八年……「しかし、……はうまくいかない」。実際に、ピュエシュとデュメジルは、私がフランス国籍を申請するなら身元を引き受けると提案してくれました。そのために、この文は削除した方がいいでしょう。

感謝――そして、なにより健康を。変わらぬ友情を込めて、あなたの、

ミルチャ・エリアーデ

（1）レターヘッドのない普通の便箋――ノート三頁分、白無地の普通の封筒。一九七七年一月一〇日付消印。Prof. Ion［ママ］Culianu, Instituut：宛。

（2）クリアーヌは、エリアーデに関する自分の本の数章を仕上げていたが、教授［エリアーデ］は、いつものように、注意深く寛容に容喙し、細かい「不注意」を訂正させた。ただし、ここでは、とりわけ後に続く段落にみられるところからすると、――この往復書簡のなかではじめて――エリアーデの「危急の」時期とでも名づけられるような事柄に入り込んでいった。しかも、この話題は、突然微妙で危うくなり、当時クリアーヌが思いもよらなかったものになった。エリアーデは、本当にぎりぎりのところで（in extremis）救われたのである――有力者のあいだに大きな影響力をもっていたAl・ロセッティたちは、鉄衛団の（レジオナール）没落になんらかの仕方で巻き込まれたいく人かの重要な知識人を、その運動に対して一九三八年の春からはじまりさらに勢いづいていた報復の波から救うために、できるかぎりのことを行なったのである。

（3）この段落全体が赤インクで記された大きな丸括弧でくくられており、便箋の余白に同じく赤インクでつぎのように注記されている。「これはあなたに言っておきます。いかなる深読みもしてはいけません」。エリアーデは、学術活動や文学創作のかたわら、自伝の執筆をだいぶ前から進めており、自己の「イメージ」づくりに躍起になっていた。一九六六年にマドリード（「叢書〈宿命〉（Colecția „Destin”）」）からルーマニア語で刊行された『回想 第一巻――屋根裏部屋』と、一九七三年にフランス語（ガリマール社）で刊行された『エリアーデ日記――旅と思索と人［上・下］』。この書簡が書かれた一九七七年には、一九〇七年から一九三七年の期間を一冊にまとめた本を翻訳中であり、一九八〇年に出版されることになる（『エリアーデ回想（上）一九〇七―一九三七年の回想――秋分の誓い』ガリマール、一九八〇年）。これらの著書は気楽に書かれており、著者も特別の注意を払っていなかった。しかし、ほぼ一九三七年から一九四五年にあたる時期、とりわけ一九三七年から一九四〇年のあいだに関しては、事情が大きく異なってくる。この時期のエピソードは、細心の注意を払って示す必要があり――最終的に教授［エリアーデ］は、この時期の話を出版しようとしなかった。それは、エリアーデの死後に、『エリアーデ回想（下）一九三七―一九六〇年の回想――冬至の収穫』（ガリマール、一九八八年）として刊行されることになる。

エリアーデは、社会的‐職業的な「昼の」存在であると同時に、彼の聴衆や同僚たちに対して秘密――しだいに明るみに出てくる秘密――を隠さなければならないという考えを抱き、それに苦しみ、おそらく恐怖すら感じていたと言ってもいいだろう。その秘密とは、第二次世界大戦前の右派運動、それに続いた悲劇によって委細かまわず一緒くたに断罪されることになった［鉄衛団の（レジオナール）］運動に、エリアーデが接近していたという秘密である。一九三七年から一九四〇年の出来事に関する頁に記さなければならないたぐいのことは、彼の名声にとっては致命的なものだった。一九七二年から一九七三年の『系譜（*Toladot*）』の致命的な一件（当時のゲルショム・ショーレムとの書簡のやりとりも含む――エリアーデがショーレムに送った二通の書簡とショーレムがエリアーデに送った一通の書簡をミルチャ・エリアーデ『ヨーロッパ、アジア、アメリカ…往復書簡』第三巻（R‐Z）、ブカレスト、フマニタス、一二二―一四一頁で読むことができる）以降、エリアーデが（『回想』の）数多くの箇所を編集しなおしたことは確実である。なぜならば、そもそも最初から、すでに一九六八年から、編集が行なわれていたようにみえるからである（『ヨーロッパ、アジア、アメリカ…』第二巻、二四五頁における一九六八年二月二一日付のドミトルゥ・ミク宛の書簡をみよ。そこでエリアーデは、つぎのように書いている。「『回想』の第二巻と第三巻では、一九四〇年三月［実際には四月］にロンドンへ出発するまでの話が書かれています……」。同じ主張はさらにおおくの文書でくり返されている――たとえば、一九六九年のラドゥ・ジルあるいはミルチャ・ハンドカ宛の書簡、一九七〇年のアドリアン・パウネスク宛の書簡、あるいは一九七一年のマック・リンスコット・リケッツ宛の書簡、『日記』第二巻、一九七三年三月一〇日のくだり等々。他方、一九八〇年にヨネル・イャヌにはつぎのように書いていた。『回想』は書き終えていません……」——前掲『日記』第二巻、六九頁をみよ——そして、それ以降の年には、当該箇所を改訂したということをしばしば文通相手に知らせたり、『日記』に記したりしている)。

このクリアーヌ宛の書簡で明記されている文章もまた、おそらく不注意によってであろうが、いくつかの「まちがい」や不明瞭を含んでおり、それらは『ポルトガル日記』や刊行された自伝の最終版によって確かめることができる。たとえば、一九四二年七月におけるルーマニアへのエリアーデの旅行は、五月の終わりからすでに決まっていた。それは、ブカレスト大学のある講座に〔エリアーデが職を得る〕可能性を話し合うために、祖国から提案されて決まったのである。さらにこの旅行は、アントネスク元帥がかつて〈〔鉄〕衛団（Garda）〉シンパだった知識人たちとの交渉再開を望んだこととも関係があり——それに応じて、交渉の余地があった何人かの鉄衛団員たち〔レジオナール〕の希望とも関係していたに違いない。周知のように、彼らは〔第二次世界大戦中のルーマニア外相〕ミハイ・アントネスクによって指導されていた（可能性がある）。（エリアーデがイカ〔ミハイ〕・アントネスクとの会見からもどったとき、「たくさんの友人たち」がパラデ通りで彼をまっていた。彼らは、会見の顛末に失望した。彼らは、イカが、エリアーデをとおして、「〈軍団〔鉄衛団〕〉を理解……しようとする」ことを望んでいたのである——ミルチャ・エリアーデ、前掲『ポルトガル日記とその他の文書 I』一三一頁をみよ）。出発の日時は、サラザールとの会見とは無関係に、そのずっと以前から決まっていた（戦時中、航空券をすぐに購入することはできなかった……）。エリアーデは、七月一〇日にリスボンからベルリン行きの飛行機に乗り、ベルリンで二日間すごし、そのあと、列車でブカレストに到着した（そしてブカレストに、少なくとも一ヵ月のあいだ滞在した——フロリン・ツルカヌ『ミルチャ・エリアーデ——歴史の囚人（*Mircea Eliade. Le prisonnier de l'histoire*）』パリ、エディション・ド・ラ・デクヴェルト、二〇〇三年、三二五頁、ルーマニア語訳は、ブカレスト、フマニタス、二〇〇五年、四一一頁、注3を参照）等々。

たしかに、これらのことすべては些細な変更であるが、偶然のようになされた省略や加筆が、教授〔エリアーデ〕のこの時代の現実から若い研究者〔クリアーヌ〕を遠ざける結果になっていることだけは明らかである。一九四二年の旅行に関して、最終的に公にされた旅程は、一九七二年から編まれはじめたのであり（前掲の書簡集、一二二—一二七頁に収録された、一九七二年七月三日付のゲルショム・ショーレム宛の書簡、とくに一二五頁をみよ）、このクリアーヌ宛の書簡に書かれている旅程は中間的なものであり、エルサレムの学者〔ショーレム〕宛の書簡のものより整備されたものになっている（いまでは周知のことであるが、ショーレムは一九七三年の夏に、事態を明らかにするために話し合おうとエリアーデをまっていたが、エリアーデがあらわれることはなかった……）。

（4）エリアーデは、一九七二年七月三日付のゲルショム・ショーレム宛の書簡においても、「リスボン、ストックホルム、そしてアンカラで行なわれていた、あるいは準備されていた」「休戦のための「端緒」」と何かかかわりがあったかのように仄めかしつつ、つぎのように述べている。すなわち、彼はユリウ・マニウ〔訳註6〕に会見を求めていたが、保安警察にあとをつけられ、迂回せざるを得なくなり、遅刻して、もはやマニウはいなかった……。

訳注

〔1〕ナエ・ヨネスク（一八九〇—一九四〇年）は、ルーマニアの哲学者、ジャーナリスト、ブカレスト大学教授。鉄衛団運動の思想的指導者であり、エリアーデは彼が編集する新聞『言葉（*Cuvântul*）』を手つだうなどして、多大な影響をうけた。

〔2〕アレクサンドル・ロセッティ（一八九五—一九九〇年）は、著名なルーマニア語・ルーマニア文献学者で、第二次世界大戦前から共産主義時代を通して学問的活動を続けていた。

〔3〕アントニオ・サラザール（一八八九—一九七〇年）は、ポルトガルの政治家で、一九三二年に首相となり、一九三三年からは「新国家（Estado Novo）」と呼ばれる保守権威主義的な独裁政権をきずき、死ぬまで維持した。

〔4〕 ヨン・アントネスク（一八八二―一九四六年）は、ルーマニアの軍人・政治家。一九四〇年に国家指導者（Conducător）となり、ヒトラーの支持を得て枢軸外交を推し進めたが、ソ連の侵攻にともない、一九四四年の第二次世界大戦終結前に失脚し、戦後銃殺刑に処された。

〔5〕「イカ」は、ミハイ・アントネスク（一九〇七―一九四六年）の別称で、前注のヨン・アントネスクの遠戚であり、ヨン・アントネスク政権では宣伝相（一九四〇年から）、外務相（一九四一年から）、さらに副首相兼任（一九四二年から）となるが、一九四四年にヨン・アントネスクとともに逮捕され、やはり戦後に銃殺された。

〔6〕 ユリウ・マニウ（一八七三―一九五三年）はルーマニア国民農民党の党首。一九二八年から三三年にかけて三期首相を務める。この間がルーマニアの戦間期におけるもっとも民主的な時期とされ、自由・公正な選挙の実施や議会制的君主制の実現などが試みられたが、国王カロル二世や鉄衛団の勢力増強などにより、そういった試みは挫折した。なお、カロル二世については、68頁、書簡41訳注2を参照。

26（1）

シカゴ、一九七七年二月一三日

親愛なるクリアーヌ

明日、二時の飛行機でパリへ向かいます。二月一九日に、ベルギー学士院で「受賞講演」をしなければなりません（どれほど時間を無駄にしたことか！　このようなことは得意でありません……）。

　この前のあなたのお手紙は、「暗号」だらけです。だれがあえて解読を試みたりするでしょうか？　「女同志」の象徴的な存在は、とても「意味深い」ものです……。そのため、あなたは「伴われている」と思えるのです！　いずれにせよ、霊感に導かれるままにしてください――冷淡に考えないこと！

〔エリアーデ〕研究の文献目録のコピーを作りましたが、それはタクのところにあります。探し出して、あなたに送りましょう。

　まもなくしたらお会いできますね！（私は、三月一〇日から一二日までパリに滞在します）。

友情を込めて、

あなたの、

ミルチャ・エリアーデ

（1） HISTORY OF RELIGIONS... とレターヘッドに記された便箋、定型封筒。一九七六［ママ！］年二月一四日付シカゴの消印。Prof. Ioan Culianu, Rijksuniversiteit, Groningen, Grote Kruisstraat 2^0, Holland 宛（別人の筆跡で Romaans Instituut と付記されている）。

27[1]

パリ、〔一〕九七七年三月七日

親愛なるクリアーヌ

無数の用事と倦怠（どうにもならない風邪、書きあげねばならない無用な文書、ブリュッセルへの「遠征」など）によって、二月八日と二五日付けのあなたの手紙に返事を書くことができませんでした。遅くなりすぎましたが、ここでお返事いたします。というのも、しばらく前、あの大災厄、シオランに言わせれば「一瞬でルーマニアを滅ぼした……」〔訳注1〕地震が起こったからです（「地震は「破壊した」が、それを信じることはできない」とシオランは言います）。気力がもはやありません。三〇年来われわれに不幸がつきまとったままであることに気が滅入ります。そして、このあらたな悲劇も（数年前の洪水と同じように）、チャウシェスクの幸運を華々しく示しています。〔この地震のおかげで〕チャウシェスクは、ゴマやそのほかの「異議申し立て者たち」が引き起こした〔ママ！〕〔訳注2〕混乱をやり過ごすことができました。そしてとりわけ、少なくともこれからの五年間、カオスや貧困や恐怖の申し開きができるのです……。

私に関する著書をあなたがもうすぐ完成させることを嬉しく思います。（一―五六頁、一〇二―一〇八頁）を読んだかぎりでは、非専門家たちにとっては刺激的であり、「専門家たち」にとっては有益であり、とてもバランスが取れているように思います。というのも、この本は、「初期」に関する情報をかなりもたらしてくれるからです。残りの部分を読んだあとで、もっと話し合いましょう。この仕事から解放されたので、あなたが着手していた計画のどれかひとつにでも専念なさることを望んでいます。（一月一七日から二月一五日のあいだ）シカゴにいたときには、フォーダム大学からなんの知らせも受け取りませんでした。（四月のはじめに）帰ったときには、知らせを受け取れるといいのですが。少なくとも、人間らしい（そして望むらくは、貯金もできる！）生活をおくれるような契約をあなたが結べていることはすばらしい。二五〇〇ドルから一三〇〇〇ドルへの移行――私には「象徴的」に思われます。一九五〇年から一九五六年のあいだ、私もボーリンゲン〔財団〕から二四〇〇ドルの奨学金をもらっていました――そのあと、突然、一九五六年の秋、シカゴ大学から一二〇〇〇ドルの給与が与えられました。そのあとまもなく、明日からのことを心配することはなくなりました。

『レルネ評論』の刊行は、おそらく一〇月一五日になるでしょう。とりわけ、いくつかの原稿や文献表がそろわなかったために遅れました（〔エリアーデ〕研究文献の頁を今週中にあなたに送ります）。

　上記以外は、本当にいやな知らせです。シビルはイスラエルの病院（有名な癌の専門家のところ）にいますが、いまのところ希望はほとんどありません。パヨーは、『宗教史』第二巻の五章がそろったのに、残りを渡していないので、いらいらしています（シカゴにある原稿や覚書、蔵書から離れているので、八章あるうちの二章しか完成できなかったという単純な理由なのですが……）。この本を一九七八年一月から二月よりも前に刊行することは無理でしょう。あらゆる計画が覆されてしまいました――しかし、あくまでも楽観主義でいつづけたいと思います。

『境界（*Limite*）』の記事(2)にとても感謝します。イェルンカが絶賛しています。

　シカゴにもどったら、一一月から一二月にかけて書いた一編の短編小説を送ります(3)。

変わらぬ友情を込めた抱擁をもって、あなたの

ミルチャ・エリアーデ

（1）普通のレターヘッドのない便箋、同様の封筒。一九七七年三月三日付消印。Prof. Dr. I. P. Culianu, Instituut... 宛。

（2）パリで刊行されていたルーマニア語の雑誌『境界（*Limite*）』第一九号、一九七五年、一三頁（ヨアン・ペトル・クリアーヌ『魂に抗する罪 政治的文書』ブカレスト、ネミラ、一九九九年、九―一二頁、さらに、同書のポリロム版、二〇〇五年版と二〇一三年版に掲載された「亡命」という題名の記事のことである）。

（3）『若さなき若さ』のことである（前掲『日記』第二巻、二五八―二五九頁における一九七七年一二月二八日のくだりをみよ）。

訳注

〔1〕一九七七年三月四日にルーマニアで起きたM七・二の地震。死者一五〇〇人といわれ、首都ブカレストにも大きな被害をもたらした。

〔2〕ゴマらが「引き起こした」などという言い方は相応しくないという編者の考えだろう。

28(1)

一九七七年五月三日

親愛なるクリアーヌ

前回のお手紙に対するお返事が、かくも遅れたことをゆるしてほしいなどとはもはや申しません！……。私は、パリで受け取ることができなかったあなたのタイプ原稿(2)の残りを、シカゴで受け取りました。受け取ってすぐにざっと目をとおしていましたが、昨晩、最初から最後まで（「注意深く」！）ようやく読み終えました。私は気に入りました。あなたをほめたたえ、あなたに感謝しています！　少なくともイタリアにおいては、私がいままでのように曲解されることは少なくなるでしょう（英語かフランス語でも出してほしいものです）。なにより嬉しかったのは、あなたは「エリアーデ主義者」として知られていながら、（私が一九三六年にハシュデウ選集〔訳注1〕の「序文」で犯してしまったような）聖人伝作家の誤りに陥らなかったことです。とりわけ、歴史についての考察（六八頁以下、九九頁以下）には興味をそそられました。それについては、いずれ、ゆっくりと考えてみなければなりません（「元型」概念の批判についても同様です。この語は私が示したかったこと、つまり〈範型〉には不適切です）。「奇跡の認識不可能性」についてのすばらしい解釈（七四頁以下）。ゲーテの形態論の重要性を強調してくれたことは嬉しく思います（八七頁以下）。プロップはずっとあとになってから発見したのですが、ゲーテが形態論と錬金術に取り憑かれていたことは、高校生の頃からよく知っていました（まさしく高校生のときに、『種の起原』をフランス語で読み、リンネの伝記を読んだあと――リンネによって仕上げられた形態学が、もっと正確に書くなら、リンネによって公準として据えられた形態学がなければ、ダーウィンが種の歴史を「みる」ことはなかっただろうと思いました。つまり、リンネが、昆虫とは、形態学的に言って、頭、体、肢〔正確には、頭部、胸部、腹部、そして胸部にのみ足がある〕の三つの部分に「分割」されるすべての種であると定義していなければ――だれが蝶、蜜蜂、南京虫、蚊のあいだに類似性を「みた」でしょうか？　しかし、デーイングのように、一三から一四歳のときいらい私がもはやなにも「発見」していないなどとは思わないでください！……）。

ほかにも話したいことがたくさんあるのですが……。私は、われわれの不幸な学問を「擁護し、具体的に説明する」ことを可能にするすべての道具を、あなたがすでにもっていることに、大変喜びを覚えます。私個人は、グラネやデュメジルと同じように、それほど方法論に悩まされることはありませんでした――しかしながらわれわれ三人は、体系的に資料を解釈しようとしてきたと思います。現在は〈大文字の〉〈危機〉の時期にあるので、宗教学者（宗教現象学者、等々）は、方法論的挑戦（the methodological challenge）に立ち向かわなければなりません。その際に、宗教学者として、すなわち、少なくとも三つの原初的宗教の原典と文献と、さらに、すべての「歴史的」宗教の原典と文献を知った上で、その方法論的挑戦に立ち向かわなければならないのです（私の優れた友人で、私の学生でもあったベン・レイのようであってはいけません。彼は、私の著作から学んだこと以外には、西アフリカの宗教について少し知っているだけなのです。たしかに彼は、「理論的人類学」についてはたくさん読んでいます――以前、ヘーゲルやアリストテレスをもっとよく読むように、彼に忠告したのですが……）。だれが私の「師」あるいは「模範」なのかと尋ねられるなら、常にR・ペッタッツォーニであると答えています。そしてそのあとでつぎのように説明します。私は、なにをなすべきか――どのようになすべきかではなく――を彼から学んだのだと（彼は歴史主義者です、など）。R・P〔ペッタッツォーニ〕は、その生涯をかけて諸宗教の普遍史を書こうとしました。それは偉大な教訓でした。そのおかげで、イタリアには幾人かの諸宗教の歴史家〔宗教学者〕がいるのです。それに対して、フランス、ドイツ、イギリスにはひとりもいません。若い世代では、いまのところ、あなたとブルース・リンカンです（ジョナサン・スミスは四〇歳近い……）。

本日、〔エリアーデ〕研究の文献表を航空便であなたに送ります。しかしあなたの十分に広範な文献表を補完する必要はありません。パリで偶然に、M・Eに関するおよそ六、七本のルーヴァンの博士論文を知りました。ここ〔シカゴ〕で、さらに四、五本の論文がすべてアメリカにあることを確認しました（しかし、入手できたのは以下のものだけです。一九七七年五月一五日、R・W・クライ「楽園におけるシンボリズム――M・Eの著述に基づくコミュニケーション理論（Symbols in Paradise: A Theory of Communication Based on the Writings of M. E.)」アイオワ大学。著者は、若く、私に対してきわめて好意的であり、電子工学を学んだあと神学を研究しました。そして、詩人でもあります……）。

いくつか気づいたこと。若干の頁では、プルーストの本のように、段落がありません。たとえば、一一―一二頁、六〇―六二頁など。履歴で『マイトレイ』のエピソードに触れる必要があると思いますか？　錬金術に関する節が、もっともうまくいってないようにみえます（しかし悩むほどではありません。中心的問題というわけではないので）。『神話と夢想と秘儀』〔のイタリア語版〕は、昨年刊行されました。

……『〔世界〕宗教史』第二巻を、六月一五日までに完成させたいのですが。いまとなっては、この本に着手したことを後悔しています（しかしいつも後の祭り?・）。この本は、〈資料集（Source-book）〉としても）研究者や学生には役立ちますが、あまり「自分らしい」ものではありません。これを完成させることに固執しているとしたら、それは共同執筆者や秘書さえもなしに、ひとりの人間が執筆した最後の、一般史だ、と確信しているからです。シオランならばつぎのように言うでしょう。だから完成させるべき！

友情を込めた抱擁をもって、あなたの

ミルチャ・エリアーデ

（1）　HISTORY OF RELIGIONS... とレターヘッドに記された便箋、定型封筒。一九七七年五月五日付シカゴの消印、Prof. Ioan Culianu, Institutut... 宛。

（2）　クリアーヌは、一九七八年三月にアッシジのチッタデッラ出版（Cittadella Editrice）から刊行されることになる自分の専門研究書『ミルチャ・エリアーデ』のタイプ原稿をエリアーデに送った。この師の書簡の一部は、その本の序文になっている（後掲、51頁の書簡32も参照）。フロリン・キリツェスクとダン・ペトレスクによって翻訳され、ミルチャ・エリアーデのこの書簡〔の一部〕とソリン・アントヒの「あとがき」が付されたこの本のルーマニア語訳『ミルチャ・エリアーデ』ブカレスト、ネミラ、一九五五年（第二版、一九九八年、さらに第三版、ヤシ、ポリロム、二〇〇四年）もみよ。

訳注

〔1〕　ボグダン・ペトリチェイク・ハシュデウ（一八三八―一九〇七年）は、現在のウクライナ生まれだが、モルドバ、ルーマニアで活躍した文筆家、言語学・文献学者。多才で博学の文人である。エリアーデはハシュデウに心酔し、さまざまな点において彼のスタイルを真似たとすら言える。

29[1]

〔一九〕七七年五月二五日

敬愛する奥さまと先生

このお手紙が無事に先生のお手もとに届くかどうかは、

またもやわかりません。とにかく、先生がパリに到着なさったときに受け取ってくださるといいのですが。快適な休暇をおすごしになられることを願っております。そして、六月の終わりに先生ご夫妻がパリにいらっしゃるようであれば、ふたたびお会いできることを望んでいます。

そのときは、先生がいらっしゃるからこそパリに立ち寄るのですが、L・ママリガ氏の文学サークルの集まりに参加すると彼に約束しています。しかし、そのことにそれほど惹かれるわけではありません。最短経路でフランスを通過し、イタリアに向かいます。残念ながら、今年は、（昨年のように）しっかりと休暇をとれそうにありません。ソルボンヌに提出する博士論文を書かなければならないのです。ママリガ氏のご家族からの招待を断らなければならないことも残念です。イタリアでは、M・エリアーデに関する本を何冊か編集したマンチーニ教授[2]に話をうかがったり、幾人かの親しい人間に会ったりして、一〇日間だけ滞在します。

おそらく、秋はここ〔フローニンゲン〕にいることになります――フォーダム大学からはなにも返事がなく、先生にお書きしたように、ポストのない人間が選ばれたと聞きました。実際には、給与が同等ならば、ここから出て行かなかったでしょう。オランダはとても快適な国ですが、関心があるとは言い難い仕事しかできないので、なんとなく私は亡命者だと感じます。興味を惹かれる仕事の提案を受けたのですが、学科長が出て行かせてくれるとは思いません（新しい職場とはいえ、やはりこの大学のイタリア語学科なので、彼に対して義理立てしなければなりません）。私は宗教学を語ることができません――十分によい言語学者というわけでもありません。さしあたり、自分が「賭け」に負けたとは思っておりません。すべては、健康にのみ、すなわち今後費やすことのできるエネルギーの量にかかっています。さらに、メスランのもとでの博士論文[3]を本にして出版できるかどうかにかかっているのです。それは不可能ではないでしょう。残念ながら、私の得ている情報は、完全なものだというわけではありません（そんなに悪くはありませんが）。〔解〕釈学〔綴り間違い〕の点で、興味を惹く問題提起ができればいいのですが。しかし、フランス語で書かなければならないということが、すでに重圧となっています。久しく使っていないものですから。

その後、シビル夫人のお加減はいかがでしょうか？　よくなられているといいのですが。心からの敬愛の念を込めて、お別れのご挨拶を申し上げます。

ヨアン・クリアーヌ

（1）Ioan P. Culianu, H. W. Mesdagstraat, 28-1, Groningen とレターヘッドにある便箋で、手書きされた書簡。
（2）イタロ・マンチーニ教授。前述、23頁〔書簡14〕、注2をみよ。
（3）ミシェル・メスランの指導のもと、ソルボンヌの宗教学の第三課程博士号 (doctorat 3e cycle) のために準備していた論文のことであり、それは一九八〇年六月一七日に受理された。論文のタイトルは、『ヘレニズムからイスラムまでの脱魂の経験と魂の上昇の象徴 (*Expériences de l'extase et symboles de l'Ascension de l'Hellénisme à l'Islam*)』。

30[1]

一九七七年六月一三日

親愛なるヨアン

明日、パリへ向けて発ちます。とにかく、あなたに取り急ぎ（実際には、いつもと同じですが……）手紙を書いておきます。おそらく、一夏のあいだパリに滞在します（シビルはかなり衰弱しています。計画していたように八月に〈海辺〉に行くことは、無理だと思います――そして、私たちは彼女のそばを離れたくありません）。そのため、パリで会う機会があります。彼女の容態が快復したら、急遽オランダに出向いて――あなたに会うこともできます。

もちろん、私は『宗教学雑誌』〔訳注1〕に〔あなたの〕論文を紹介します。『宗教学』よりもうまくいくといいのですが（後者には、「シャーマニズム」に関する論文を掲載できませんでした――ここだけの話ですが、ジョナサンのせいで！……。彼は、「行政的な力」を評価されて〔七月一日に学部長に任命されて〕以来、どうしてもそれをいたるところでふるいたいのです。われわれが友人で同国人であることも知っていて、私が大騒ぎしないことも知っているので……。他方、近いうちにあなたのべつの研究を紹介できることは間違いありませんし、それは強い関心をもって受け入れられるでしょう。

文献表の一部を送ります――あなたを慰めるために……。近いうちに。

友情を込めて、

あなたの、

ミルチャ・エリアーデ

追伸　すべてのことは意味をもっています（もちろん秘密

の）。おそらく、あなたはさらにヨーロッパにとどまり、そこで著書や論文を出版することになっているのです。そうすれば、あなたは、よりすみやかにアメリカの「学界」に入ることができるでしょう。

（1）　HISTORY OF RELIGIONS... とレターヘッドに記された便箋、A4判二分の一のサイズで、切手の必要がないエアメール用の黄色い封筒。一九七七年六月五日付シカゴの消印。Prof. Ioan Culianu, Rijksuniversiteit, Groningen, Grote Kruisstraat 2°, Holland 宛。封筒のなかには、書簡のほかに、一部タイプ打ちで一部手書きのミルチャ・エリアーデに関する一二頁の文献表が入っている。

訳注

〔1〕　エリアーデは *RHR* と書いており、編者が *R[evue de l']H[istoire des] R[eligions]* と補っている。

31⑴

一九七七年六月二一日

敬愛する先生ご夫妻

先生が六月一三日にシカゴ〔から〕送ってくださったお手紙を本日受け取りました。まことにありがとうございます！　ここしばらくのあいだ、私は、先生がパリに到着なさったかどうかを知るために、パリへ手紙を送り、数え切れないほど電話をかけました。しかしいずれもお返事をいただくことができませんでした。そのため、残念ながら、すでにミラノ行きの航空券をとって、二五日の土曜日に出発することにしてしまいました。どうしても先生にお会いしたいのです。先生が九月にもパリにいらっしゃることは承知しております。万が一、オランダにお立ち寄りくださって、私のところでお迎えさせていただければ、この上なく幸いに思います。残念ながらこのことは、八月一日以降は不可能になります。というのも八月一日以降、かろうじて息がつけるほどの小さなアパートを（節約のために！）借りるからです。七月五日頃にオランダにもどる予定です。

シビル夫人の容態が落ち着いていることがわかり、嬉しく思います。もしかしたらシビル夫人も当地まできていただけるでしょうか？

五分前（いまは六時）に三回目のお電話を差し上げましたが、つながりませんでした。明日以降も試してみます。

『ヌーメン』からの原稿と同時に、「編集委員の変更」によって（ツヴィ・ウェルブロゥスキから）、『宗教学』の原稿も返却されてきました。そのときは「敗北」だと思いましたが、いまは結局、もっと丁寧に論じなければならないことがわかりました。『ヌーメン』に掲載された論文は誤り（綴りミスも！）が非常に多いので、とても恥ずかしく思います。イタリアで発表したもののみが、人にみせられるものです。いずれにせよ、近いうちにしっかりとした研究を「生み出す」ことができるようになると確信しています（時間はそれほどありませんが、構想はたくさんあります。しかし残念ながら、おそらく気候の変化のせいで、あまり体調が優れません）。

オランダは相変わらず面白い国です。私やほかの外国人の言語学的体験をお話しすることをおゆるしください。

私　酒場にて、「氷（ijs）なしのウイスキー」ではなく、「グラス（glas）なしのウイスキー」を注文しました。

リリアナ・アレクサンドレスク　彼女の学生に、「手伝い（hulp）」ではなくて「ズボンの前あき（gulp）」を頼みました。

現代ギリシャ語の助手　精肉店にて、挽肉（gehakt）ではなくて「c...」（ルーマニア語でもっとも卑猥な言葉です）（hehakt）を頼みました（オランダ語のgは喉頭濁音のh＝γなのです）。

英語の助手　駅にて、切符（biljet）ではなくて「尻（billetje）」を頼みました（ホモセクシャルだと思われます）。

イタリア人の女性労働者（又聞きの話です）月給を受け取る際に、今月は娼婦（hoer）にお金を支払うことができると言ったそうです。当然、家賃（huur）のことなのですが……。

真面目な話にもどります。六月二八日にウルビノで、ミルチャ・エリアーデに関する本の編集者に会いました。その編集者は、八月に原稿を印刷にまわすと言っていました。年末前に刊行できる希望がもてそうです。

文献表の件、まことにありがとうございました。私の情報が時代遅れでないことがわかり（まったく先生のおかげです！）、励まされました。本〔の原稿〕にはさらに数頁を付け加えて、修正しました（結論に加筆を施すなど）。

ついにソリンの雑誌（『国際ルーマニア研究雑誌』〔訳注1〕）が刊行されました。M・ザムフィルが、ヨルガやM・エリアーデ、L・ブラガ、ポルトガルのことについていくらか書いています――しかし、正直に言って、この論文はつまらないものです。

『トリビューン（*Tribuna*）』（クルージュ）に掲載された『「世界」宗教史』に関するマリノの書評は実に見事です。先生はお読みになりましたか？　ほかの人が気づかなかったことを述べています。

メスランが、すでに五月のはじめ頃ですが、先生にくれぐれもよろしくと言っておりました。秋に博士号が授与されるとよいのですが（申請に際して、先生が便宜をはかってくださったことを承知しております。感謝申し上げます）。

目下の最大の苦しみは、車の運転を習うことです。

心からの敬愛の念を込めて、すばらしい休暇とみなさまのご健康をお祈り申し上げます。

ヨアン

追伸　私の本の原稿がパリの先生のお手もとに届かなかった理由が、封筒の郵便局員の書き込みからわかりました。オランダ語の敬称（De Hooggeleerde = Mult Prea Învățatul〔極めて教養のある〕）を受取人の名前だと考えたようです。DE HOOGEBE-RDE? と書いてありました。

（1）Rijksuniversiteit, Instituut voor Romaanse Talen とレターヘッドに記されている便箋に手書きされた書簡。
訳注
〔1〕*Int[ernational] Journal of Rumanian Studies* と編者によって補って書かれている。

32[1]

パドヴァ、〔一九〕七七年六月二九日

謹啓エリアーデ先生

このような便箋を使うことをどうかおゆるしください（ミルチャ・エリアーデに関する本の索引の使いまわしです……）。私はある友人の家にひとりでいて、デスクの引き出しを開けるようなことはできません……。

先生にお手紙を書く緊急事態とは、以下のことです。昨日、私の本に、率直に感激してくれたウルビノの選集の編集長と話しました。その編集長が、先生は個人〔的〕に〔この本について〕どのような印象をおもちであるのかと尋ねてきたので、私は、先生のお手紙によると十分肯定的であると思われる、と答えておきました。

彼から、先生のお手紙の一部を翻訳して掲載する許可をとれないかと尋ねられたので、さっそく筆をとったしだいです。フローニンゲンに帰った際に、先生からおゆるしのご一筆をいただくことができましたならば、すぐにタイプ打ちしたものを先生に送らせていただきます。もしまだおゆるしが届いていなければ、とにかくお電話させていただきます。

本は今年中にかならず出版されます。今日、原稿が印刷にまわされました。

私は、手持ちのお金が尽きるまでイタリアに留まろうと思っています。最後まで〔自分の〕「心」のおもむくままにするべきだと感じますので、そのようにしたいと思います。いつものように、私には希望がなに〔ひとつ〕ありませんが、しかしながら「耐えて」います。どうしてなのかはわかりません。ただ、私は自分のなかに力が大きく漲るのを感じ、そして「時を燃やしている」（アビナヴァグプタ）〔訳注1〕のです。

心からの敬愛の念を込めて、奥さまによろしくお伝えください。そして、すばらしい休暇であることをお祈り申し上げます。

ヨアン

追伸　はやくも編集者からべつの本を求められましたので、私は以前書いた原稿を渡しました。選集は、大成功というわけではありませんが、なかなかの評判となりました（売れています！）。私の本もよく「売れる」のだということを確信したしだいです……。

（1）白無地の普通の便箋に手書きされた書簡。

訳注

〔1〕アビナヴァグプタ（九五〇頃—一〇二〇年）は、インドの詩人、哲学者、神秘家。インド文化の各方面に多大な影響をあたえた。

33（1）

パリ、一九七七年七月五日

親愛なるヨアン

ヴィルジルやモニカ、マリー＝フランス、ヨアン・クシャ、I・ネゴイツェスク（立派なメンツです！）らとともに、オランダ語の発音に関する体験を読んで大いに楽しみました。「ズボンの前開き」〔のオランダ語〕は知りませんでした。クシャが家で、辞書でいろいろ調べて、電話で知らせてくれました。

私とクリスティネルは、あなたの著書が年内に刊行されることをとても嬉しく思っています。もちろん、私の（われわれの？）手紙に関しては、あなたの役に立ちそうな部分を翻訳して掲載してもらってまったくかまいません。

私は一週間ほど前から、ベルフォン社のために、連続出版の『M・Eとの対話（*Entretiens avec M.E.*）』の録音に着手しました（すでに刊行されたこのシリーズのなかには、Eug〔ウジェーヌ〕・イオネスコとの対話などがあります）。今回は、タイプ打ちされた原稿を大幅に書き直すこと、すべてを書き直すことさえできると約束してもらったので引き受けたのです。しかしながら、少なくとも私にとっては、意外に辛い仕事です。テープレコーダーがあると私は集中できないのです。おそらく最終的には、手紙のやり取りによって「対話」を完成させることになるでしょう……。

シビルは化学療法と必死に闘っています。八月八日から三〇日まで、私たちはみなでトゥロンの広くて快適にすごせそうな別荘に行きます。その前後は、パリにいます。

クリスティネルがあなたによろしく、そしてよい休暇を、とのことです。

友情を込めた抱擁をもって、

ミルチャ・エリアーデ

（1）白無地の普通の便箋、同様の封筒。一九七七年七月六日付消印。Prof. Ioan P. Culianu, H.W. Mesdagstraat, 28-1, Groningen, Holland 宛。

34[1]

フローニンゲン、77／7／15

謹啓エリアーデ先生

お手紙の掲載をおゆるしくださったことに対して、心から感謝申し上げます。

ようやくイタリアからもどって参りましたので、タイプ打ちした原稿のコピーとイタリア語訳を大至急お送りいたします。「マイトレイのエピソード」（六頁）に関する一文のみを削除いたしました。ほかにも削除した方がいいとお考えの箇所があれば、お手紙でお知らせください。先生にお時間がない場合には、私の方からお電話いたします。

私は九月に、なにがなんでも先生にお会いしたいのです。もしできれば、先生を熱烈に称賛している女性を紹介させていただきたいのです。彼女は、イタリアで私の学生だったのですが、エヴォラをとおして先生に行き着いたのです。とても美しく、きわめて魅力的な二一歳の女性であるという事実に加えて、非凡な知性の持ち主です（ビアンキが熱心に彼女を誘ったので、最終的に、宗教学にきてくれました）。申し上げても詮ないことですが、彼女がいるので足繁くイタリアに出掛けたのです。私は、彼女をとても愛していました（そして、おそらくいまでもそうです）。教師として、長いあいだ「誘惑に抗った」あとで、……(2)。

今回のイタリア旅行は残酷なものでした。と申しますのも、私の求愛が彼女にはっきりと拒まれたわけではありませんが、彼女は「まったくの凡人」であるのに、私は「天才」である（おそらく、「普通ではない」ということの婉曲表現です）ので縁がない……ということを告げられました。いままで私は、大きな感情的敗北を経験したことがなかったので、明らかに年をとりました。もとより、幾人かの人々が、私にも苦しむ時期がくるだろうと言っていました（実際にそのとおりになりました）。青年ウェルテルとは随分異なりますが、私はこの少女に「毒されて」しまいました。毎朝、彼女のことを想って目を覚まし、夜中、ヨーガの瞑想のような状態にあったことに気がつくのです。先生にこうしたことをすべて書くのは、ある意味で先生の「せい」でもあるからです。先生が私に「心」の道にしたがうべきだと言われたので、私は、思慮分別やわかりきったことに背いて、先生から言われたようにいたしました。私は若く健康なので、最後にはこの痛手からも立ち直るでしょう……。しかし相変わらず、「心」と「左手の道」〔訳注1〕のあいだで、どちらを選ぶこともなく迷っております（このふたつは相容れないからです。左手の道は心を打ち消しますし、その逆も然りです。この件で、左手の道を進もうと思ったときには、時すでに遅く、「心」はすでに膨れあがっており、むしろ私は、自分を打ちひしがれた、あるいは雨に濡れた猫のように感じました……）。先生に助言を求めたりするならば、うんざりなさるでしょうか？　「心」の道を「壊す」べきか、あるいは、悩み苦しむことが関の山だと承知しながら、いかなる良識に反してもその道を進み続けるべきでしょうか？

このような状況にあるので（身体は健康なのですが）、ソルボンヌへの博士論文を書くために、休暇を諦めなければなりません。カルケラヌ(3)の岩を夢見るだけです……。そのうえ、私が九月にパリに行けるかどうかは、パスポートに関する信じ難い複雑な問題を解決できるか否かにかかっています。イタリア〔政府〕はパスポートを更新してくれないでしょう（それゆえ、オランダ当局の善意に頼るしかありません……）。八月二七日以降はオランダからもう出ていくことができなくなるかもしれません……。

シビル夫人にはご健康を心よりお祈りしていることを、エリアーデ夫人にも心からのご挨拶をよろしくお伝えください。

敬愛と感謝の念を込めて、

ヨアン・クリアーヌ

（1） Rijksuniversiteit... とレターヘッドに記された便箋にタイプ打ちされた書簡。

（2） I・P・クリアーヌの未刊行の『日記』の一九七六年四月一〇日の日付には、この若い女性に捧げた詩が綴られており、彼女の名前にちなんで〈パオラ〉と題されている。以下にその断片を記す。「興味があるのは、ユリウス・エヴォラ、／インド哲学、タントラ、／そして、両手をかすかにふるわせていた。／彼女は美しい考えをもっており、／私はいつも決めていた／眠りにつく前に／彼女に教えることを／兵士たちの壮厳さについて／共産主義がイタリアに到来する以前の／あるいは、彼女をアムステルダムに連れていくことを。／私は深く失望させられるだろう／不実にもこの申し出が受け入れられることはあるまい……／」。この書簡の日付からおよそ一ヵ月後、陰謀や拉致が話題になり、暴力に幻惑されたイタリアの雰囲気のなかで、ブルジョワ階級の裕福な家庭の出身でかつてビアンキとクリアーヌの学生だった彼女が、ほかのおよそ三〇人の若者とともに逮捕された。これは密告によるもので、パオラと彼女の友人たちはそれにより武器調達の事件に巻き込まれたのである。刑務所で一週間の取り調べを受けたあと、全員が釈放された。パオラはクリアーヌをよび寄せ、クリアーヌは彼女の傍にいようとオランダから駆けつけた。しかし、ふたりの関係は一年半も続かず、一九七七年の夏に、この書簡に書かれているように、終わりをむかえた。若いクリアーヌにとって、このことは、亡命したばかりの彼の感情的な物語のなかでも、もっとも動揺と混乱を生じさせるものだった。遠方のエリアーデは、弟子の感情的・知的変化をきわめて深刻に捉え、この書簡を受け取ってすぐに、心配してクリアーヌに電話をかけている……。このことは、クリアーヌの『日記』に記されているとおりである。クリアーヌのイタリア語の原稿のうち、F∴C∴S∴K（*Frater Confraternitatis Sacrae Kadosh*〔聖なる友愛会カドシュの兄弟〕）というタイトルでまとめられたいくつかの散文の断片も、若いパオラに捧げられている。

（3） レオニド・ママリガの別荘がカルケラヌの巨大な崖のうえにあり、クリアーヌはそこにしばしば招待されていた。

訳注

〔1〕 インドにおける左右の象徴的捉え方によれば、「右手の道」が男性的で禁欲的な神々へといたる道であるのに対して、「左手の道」は、女性的で官能的な女神へといたる道である。

35[1]

フローニンゲン、一九七七年七月二一日

謹啓エリアーデ先生

あらかじめお詫び申し上げますが、あらためて先生に煩わしいお願いごとがございます。一九七五年に先生と私で短い対談をしたことをご記憶でしょうか。[2]『境界』に掲載されるということでしたが、そのあと、音沙汰がまったくありません。その原稿をあらためてみたのですが、とても興味深いと思いました。先生に関する本の巻末に、その原稿のイタリア語訳を掲載することをおゆるしいただけますか？

とにかく、原稿をお送りいたします（先生はすでにルーマニア語の原稿をお読みくださって、転写に誤りがないことを確認してくださいました。このイタリア語の原稿は忠実な訳です）。

前回のお手紙で申し上げたように（要領を得ない内容で申し訳ございませんでした）、私は先生と奥さまにどうしてもふたたびお会いしたいのです。九月にはかならずパリに行きます。パスポートを取得できたら、八月にアスコナのエラノス会議へ行くつもりです。私の上司は、当地へ行くための費用を用意してくれましたが、私は恩知らずなことに、最初は時間がないと断ってしまいました（時間がないことは本当なのですが）。博士論文の執筆は順調です（三頁書きました！）。なんとしても出版できる代物にしたいので、いいものが書けるように誠心誠意努力いたします。

ここしばらく熱に浮かされたように仕事をしております（普段は、午前四時前に眠ることはありません）が、ドイツ語によるすべての「屑の巻」は別にして、（密かに）きわめて熱狂してエヴォラの本を読んでいます。自由というのは、絶対的真理を所有しているといういかなる主張にも反対する権利である、とみずから定義しています、この熱狂も仮のものでしかありません。けれども彼の本はすばらしく、生まれてからこのかた「虎に乗る」以外のことはしてこなかったと認めます。[3]私が虎に食べられそうだったということ、これは別問題です。その背中にふたたび乗っています。決してそれほど乗り心地がよかったわけではないのですが……。正直なところ、いつか「心」と折り合いをつけて、キルケゴールの「無限〔を追い求める〕騎士」と言えるようなこの時期に終止符を打ちたいと思っています。

先生にふたたびお尋ねしたいのです。心が苦しみのほかに、なにももたらさないとしたら、なぜ「心の道」にしたがわなければならないのでしょうか？

　私は、ルーマニアのジョルジェ・バランから奇怪な手紙を受け取りました。それは、私に「きわめて個人的という以上の——契りともよべる——（私たちの）関係」を思い出させました。しかも、彼は私に写真まで求めてきました……。私は彼に、久しく前にファウスト的な道を選んだのです、と応えました。その道は、呪いの罰によって自分を抑えることがゆるされない道であり、そして、先生〔エリアーデ〕がずっと私の最善の手本であるとも返信しました。

　他方、すでにルーマニアにいるときから、私はバランの「人智学者たち」（思うに、そのなかには、気のふれた者、成り上がり者、保安警察《セクリターテ》の工作員たちなどがうごめいていました）から距離をおいていました。それ以前から、師バランとはほとんど仲たがいしていました（少なくとも、夢を信じることや、肉体を用いることに関しては……。私は二一歳であり、自分の「シャーマン的」な孤独の時期を通過している途中でした。その孤独な時期は一九七三年まで続き、幸いなことに、そのあと「再生」したのです……）。

　当地はきわめて落ち着いています。「禁欲的な」過去にまだ頼れるかぎり、すなわち、精神が堕落しないようにできるかぎり、この場所は、ものを生み出すのに最適です……。これからわかるでしょう。しかし私は、自分の運命は開かれており、私の行く手はまったく予見できないということを、固く信じております。

　心からの敬愛の念を込めて、奥さまにも心からのご挨拶をお伝えください。

ヨアン・クリアーヌ

追伸　対談の四頁目の一文のみを書き換えました。「聖杯はどこか」という問題のところです。先生は文字どおり「マルクス主義というより秘密警察に支配されている世界」についてお話しくださっています。私は「秘密の管理」と書き換えさせていただきました（マルクス主義という部分をすべて削除しました。といいますのも、この本はイタリアで刊行されるからです）。この代案に賛成してくださる場合には、ご連絡いただければ幸いです。

（1）Rijksuniversiteit... とレターヘッドに記された便箋にタイプ打ちされた書簡。

（2）一九七五年五月一八日にミドヴィル神学校のエリアーデの研究室で録音された対談は、ルーマニア語版とイタリア語版でそれぞれ約七頁ほどであるが、依然として未刊行である。

（3）『虎に乗る――崩壊の時代における実存的方向づけ（*Cavalcare la tigre. Orientamenti esistenziali per un'epoca della dissoluzione*）』（ミラノ、ヴァンニ・シャイヴィラー、一九六一年、増補第二版、一九七一年）は、ユリウス・エヴォラの戦後の有名な著書のタイトルである。エヴォラの形而上学は、観想的であると同時に能動的でもある英雄的な自己実現と考えられるが、そこにあらわれている「伝統」思想の諸主題は、クリアーヌの著作にも認められる。そのような主題との対話は、イタリアに滞在していた時期の著作、すなわち、『森の道』、『宗教と権力』、『グノーシス主義と現代思想』などの研究において集中的に行なわれている。

36[1]

フローニンゲン、〔一九〕七七年八月一〇日

謹啓エリアーデ先生

今日、M・エリアーデに関する本の契約に署名しました。編集者の手紙の件で、先生にふたたびご迷惑をおかけしてしまったことをおゆるしください。翻訳の可能性のために、外国の出版社と接触したかときかれています。私はしていないと答えましたが、シカゴ大学出版局に連絡してみてはどうかと助言しました（でも、いずれにせよ、時間の無駄でしょう）。

もし先生が、フランスかアメリカ合衆国で、先生についての本に関心を示す出版社をご存知でしたら、お教えいただけないでしょうか。私は、書店にまず本が並べられた方がよいと答えたのですが、彼らは、できあがった本を一〇月に、ヨーロッパのすべての出版社が集うフランクフルトの見本市に出品するつもりでいます。上記の事柄についてなにかご提案をお伝えくださいましたら、感謝の念に堪えません。

〔本の序文として掲載することを許可された〕先生のお手紙のなかで削除させていただく文章については、お知らせいたしました。いずれにせよ、ゲラ刷りの段階でそこを削除するようにします（「ゲラ刷り（épreuves）」に相当する「ルーマニア」語を思い出しました。この言葉が昔から使われていたかどうかはわかりませんが）。

メスランに提出する博士論文は、「受理される」ように、とてもゆっくりと進めております。仕事にとても疲れて、まるで「水のようになった」のはたしかです。無為（wo-wei）に振る舞い雲のうえを飛行する……隠者のように身軽に感じます。明らかに、もっぱらいまは、ゼウスの娘

アテーナーが私にとり憑いています——ひどく放心状態だったり、というような意味です。

シビル夫人の容態がよくなることを願っております。そして、一刻もはやく快復することを祈っておりますが、私は確信しております。私の友人、しばらく首にかけている山羊座兌巽（Capricornul Tui Sung）〔訳注1〕が、そのように言っています。彼は、高いところにいるので、神々のお告げを容易にきくことができるのです。

心からの敬愛の念を込めて、奥さまに心からよろしくお伝えください。そして、すばらしい休暇とご健康をお祈り申し上げております。

ヨアン・クリアーヌ

追伸　「〈真珠の歌〉」に関する私の論文が、雑誌『時（*Kairos*）』にようやく受理されました(2)。ドイツ語に翻訳するために四五五フルデン！（一八〇ドル！）も請求されましたが……。イタリアでの私の月給！

(1) Rijksuniversiteit… とレターヘッドに記されている便箋にタイプ打ちされた書簡（ただし最後のふたつの文章は手書きである）。右上に、Prof. Dr. Mircea Eliade, 4, Place Charles Dullin, 75018 Paris France と宛先の名前と住所が記されている。

(2) 前出、36頁、注3〔書簡23〕をみよ。I・P・クリアーヌが、英語からドイツ語に翻訳し、ペーター・V・ズィマがそれを添削した。

訳注

〔1〕「首にかけている」というので、何か護符のようなものと推測されるが、詳細は不明。

37(1)

〔一九〕七七年八月二九日

敬愛する先生と奥さま

七月末の先生からのお電話でうかがったところでは、シビル夫人の容態がずっといいものであると希望をもっていたので、夫人がお亡くなりになったという知らせはとても悲しいものでした。先生の心中をお察しし、心からのお悔やみをあらためて申し上げます。

このような時期にご迷惑をおかけしたくございませんので——お側にいてなにか先生のお役に立てるのでなければ

――パリ行きを延期したいと思います。先生がまだそちらにいらっしゃるのか、九月末か一〇月のはじめにお会いしていただけるものか、わかりませんが。

私は八月二四日からアスコナに滞在しました――先生のことを想いながら。と申しますのも、アスコナはミルチャ・エリアーデがエラノス会議に参加するかぎりにおいて私の興味を惹くからです。まったくがっかりしたというわけではありませんが、とくに感銘を受けることもありませんでした。最後の数日は、湖でボートにのったり、感傷に浸りながら山を散策したりして、さぼってしまいました。この地方はとても美しく、来年は休暇をすごしにきたいと思います（希望ですが）。エラノスに関しては、あらたな血が求められていると思います。いまのところ、引き続き参加する価値があるのかどうかはわかりません。G・ショーレムの講演をきき、H・コルバンを遠くからみかけました。これはとても重要な成果です。

現在は、脱魂体験と格闘しております。慎重に取り組みさえすれば、それは作品として十分にいいものになり得ます。しかしこちらも、とにかく、書き直すことに決めました。

一〇月はじめから、イタリア語学科で補講を担当することになるかもしれません。その場合は、数ヵ月のあいだルネサンス哲学に関する論文集を教えることになります。最近、私の契約が終身になりました（一一月一日からです）。つまり私は、相当にいい成果をあげるまで、おそらくこの大学から他に移ることはないということです。進行中のものとして、ルーマニアとバルカンにおける民間伝承詩の宗教史を分析した本と「M・エミネスクの想像的地平」に関する本、さらにより短いもので、ドイツ・ロマン派とトラークルに対する私の情熱をかきたてたルーマニアの詩人に関する本の執筆を進めています。(2) 宗教学についても、現場でたくさんの仕事が進行中です。心よりのご挨拶を申し上げ、ご健康をお祈りいたしております。

ヨアン・クリアーヌ

（1） 個人的なレターヘッドが記された便箋にタイプ打ちされた書簡。

（2） クリアーヌの覚書には、この本の企画がさまざまなかたちで表れている。たとえば一九七七年九月七―八日には、つぎのような計画が描かれている。その著書は『灰の樹（*L'arbre des cendres*）』と題され、二部構成である――第一部「もっとも怪しい主人（Le plus inquiétant des hôtes）」は、ヘルダーリンやノヴァーリス、トラークル、エミネスク、バコヴィアらに関する理論的解説や注釈であり、第二部は書名と同じタイトルで、とりわけダン・ラウレンツィウの詩について考察する。『灰の樹』のために構想された主題に取り組んだ研究論文の一部は、『森の道――グノーシスその他の研究論文選集』に収録されている（エミネスクに関する研究論文は、前掲『ルーマニア研究 I』もみよ）。

38[1]

パリ、一九七七年一〇月一一日

親愛なるヨアン

一〇月一日付けのお手紙を大変興味深く、そして大きな喜びをもって読ませていただきました。博士論文が四五〇頁にも達し「かねない」というお知らせを嬉しく思いました[2]。念頭におかなければならない唯一のこと。それは時間です。博士論文の儀礼をできるかぎりはやく終えなさい。そのあとで、出版（修正など）の問題について考えるようにするのです。

明日、シカゴへ向けて出発します。幸いなことに、フランク・レイノルズと共同で行なっている週一回のゼミがあるだけです。このゼミは、マックス・ミュラーからファン・デル・レーウまでの学説史です。『〔世界〕宗教史』第二巻最後の数セクションを終わりにしたいものです（印刷業者が、神経衰弱の瀬戸際です……）。原則として、三月の終わりにはパリにもどってきます。そのときにでも、シビルの長い苦しみについてお話ししましょう。

クリスティネルとともに、友情を込めた抱擁をもって

ミルチャ・エリアーデ

（1）白無地の普通の便箋、同様の封筒。一九七七年一〇月一一日付パリの消印。Prof. Ioan P. Culianu, H. W. Mesdagstraat, 28-1, Groningen, Holland宛。
（2）前述、48頁〔書簡29〕、注3をみよ。

39[1]

一九七七年一一月二四日、感謝祭

親愛なるヨアン

郵便物は、——私たちのところか、ヨーロッパのどこかで——見当ちがいなところにいってしまったのでしょう。

あなたの一一月八日付けの手紙を論文と一緒に、一昨日、つまり一一月二二日に受け取りました。絶えず延期される本の出版に関する知らせは面白いものです。同じようなことが『レルネ評論』にも生じました。一一月一五日から二〇日までに刊行されなければならないのですが、まだ印刷に回されてもいないと思います。原稿はすべて、私の出発前に完成していたのですが（ちなみに、ギルフォード・ダドリー三世の著書『係争〔中〕の宗教――ミルチャ・エリアーデと彼の批判者たち〔訳注1〕』全二〇八頁、一二・五〇ドル、テンプル大学出版局、が一二月に刊行されるという知らせがありました。また、ムートン社は年末前にA〔アレン・〕ダグラスの専門研究書《モノグラフ》を出版するそうです(2)）。あなたの本がフランス語に翻訳されるとしたら――「スイユ」出版の方がパヨーより望ましい――時宜を得たものとなるでしょう（フランス人は、私の著書の全体について考えるべきことをあまりわかっていません）。もちろん、あなたは小説家〔エリアーデの文学作品〕に関する章を付け加えることはできます。しかし、「完全な文献一覧」を考えてはいけません。それには、あまりに多くの頁が必要です。他方、ここアメリカでは――どのような段階かはわかりませんが――ある「企画」が存在しています。

本日、論文「天の終末論」をようやく読みました（ようやく――というのは、興味をもった原稿を四八時間も読まずにいるなんて、めったにないことだからです……）。一読したところ、とてもいい論文だと思いました。その気があるなら、『宗教学雑誌（*RHR*）』のA〔アントワーヌ〕・ギーヨモンにすぐに送るといいでしょう。しかし、本文や脚注における以下の点を正確にした方がいいと思います。「天空の地獄」がギリシャに由来することは、F・キュモン（すでに『葬儀の象徴体系』三六頁以下、またとくに『永遠の光』一九一頁以下(3)）や、L・ルジェ（キュモンやブルケルトによって批判された、議論の余地のある主張によって）、そしてなによりW・ブルケルトのみごとな論証と最新の文献一覧（『知恵と学問』(4)、私の手もとにはアメリカの翻訳（*Lore and Science in Ancient Pythagoreanism*）ハーバード大学出版局、一九七二年、三五七頁以下しかありません）によって主張されています。ブルケルトが書いたものを読み返すと、魅了されるでしょう……。細かい部分。ボルトンの一五一頁からの引用、原稿では八頁の上の方は不明確です。単語を飛ばしてしまっていると思います（ここだけの話ですが、ビアンキの功績はごくわずかなものです。シモーヌ・ペトルマンの『プラトンにおける二元論（*Le dualisme chez Platon*）』などが、ほぼ同じ見解をすでに一九四七年に発表しています……）。しかし、くり返しになりますが、あなたの論文は独創的で興味深く、よく書けています（フランス語を見直すとさらによくなります。いくつか不注意な見落としがあります。たとえば、一四頁下から一〇行目 Rome a *conquéri*...)。

はやくパスポートが入手できること、そしてなによりも、博士論文の執筆を終えられることを望んでいます。車の運転は覚える必要があります。車は、ヨーロッパでも、生活を便利にしてくれます。

再会できることを楽しみにしていますが、いつがよいですか？　一九七八年五月以前は無理です。私がパリで六―七ヵ月間もすごした年に、私たちは結局会うことができなかったのですね……。なによりも私は、あなたをパョーにどうにかして正式に紹介したいのです。というのは、私の自由が利かなくなったとき、『〔宗教学〕概論』などの新版を管理してくれることをあなたに期待しているからです。

こちらの私たちの様子について、なにをお話しすべきでしょうか？　クリスティネルは、私がそうだったように、病気（流感？　気管支炎？）をわずらいました。彼女は、一五日間外出しませんでした。しかしそれも終わりです。ちょうど今日、感謝祭は、リクール夫妻とキタガワ、ジョン・ストリングと一緒で――クリスティネルは大慌てでした（七面鳥！　どのくらいオーブンに入れればよいのでしょう？……）。私はまだふたつの章の校正を行なっています。パョーがいらいらして電報を送ってきましたが――できあがったものはなにもないのです！

クリスティネルとともに、深い友情を込めた抱擁をもって、

ミルチャ・エリアーデ

追伸　参照文献が「現在の規則」どおりに引用されていません。たとえば、脚注六二は、„La femme céleste..." in *Numen*; „La passion..." in *Aevum*. としなければなりません。

（1）HISTORY OF RELIGIONS... とレターヘッダーに記されている便箋、定形封筒。一九七七年一一月二八日付シカゴの消印。Prof. Ioan P. Culianu, H. W. Mesdagstraat, 28-1, Groningen, Holland 宛。

（2）前述、37頁〔書簡24〕、注2をみよ。

（3）フランツ・キュモン（一八六八―一九四七年）の著書『ローマ人の葬儀の象徴体系に関する研究（*Recherches sur le symbolisme funéraire des Romains*）』（一九四二年）と『永遠の光（*Lux perpetua*）』（一九四九年）のことである。

（4）ヴァルター・ブルケルトの著書の完全なタイトルは、『知恵と学問――ピュタゴラス、フィロラオス、プラトン研究（*Weisheit und Wissenschaft. Studien zu Pythagoros, Philolaos und Platon*）』ニュルンベルク、一九六二年、である。

訳注

〔1〕*Religion in [on] Trial: M.E. and his Critics* である。

40[1]

一九七八年一月三日

親愛なるヨアン

あなたにとって幸せで「実り豊かな」新年でありますように！　この葉書は私がシカゴに帰る前（一月六日）に「瓶に詰めて海に流した」ものです。ユカタンとコパン（ホンジュラス）からもあなたに葉書を出しましたが、[2]「観光客の絵葉書」は「切手が剝ぎ取られ」たり、焼かれて灰になったり……するようです。グアテマラはアメリカ大陸でもっとも美しい国です。抱擁をもって、

クリスティネルとミルチャ・E

（1）　絵葉書には Castillo de San Felipe, Guatemala と記されている。日付は不明瞭だが、グアテマラの消印。Prof. Ioan P. Culianu, Inst. v. romaanse Talen, Universiteit Groningen, Holland 宛。

（2）　それらの葉書は残されていない――おそらく宛先まで届かなかったのであろう。

41[1]

一九七八年一月一七日

親愛なるヨアン

少し遅れましたが――新年おめでとう、今年もよい年でありますように！

いつものようにならないように、一月九日のお手紙にすぐに応えておきましょう（一一月からあなたに手紙を書いていないように思います！……）。論文＝書評と手紙[2]による補足に感謝します。たしかに、私の小説はますます謎めいてきています！　ただひとつの可能な解釈は、意味（あるいは「象徴」［「ママ！」〔「意味」と「象徴」の併置は奇妙だ〕］）を無視することであり、それぞれの小説を特有の構造、形態、言語をそなえた「並行世界」とみなすことでしょう。[3]しかし、これについてはいつか話し合わなければならないでしょう！……。あなたは混同していると思います。アンティムは、菩薩について語ってはいません――イエロニム

と彼の「役者たち」の集団だけが語っているのです〔訳注1〕。「湿った場所」に関しては、利休の「神秘的な美学」、「わび」のことを考えています（「秋のノート」〔『境界』、一五号、一九七六年三月〕の記述をみよ）(4)。

つぎのことを認めなければなりません。C・Z・C(5)に言及するのは、好ましくありません。「混乱」を招く可能性があるからです（この点でスカーニョ(6)も咎めました。軍団〔鉄衛団〕に対する共感は、ナエ・ヨネスクをとおした間接的なものであり、私の思想や著作にはまったく影響をおよぼしていません。ブカレスト大学で私に講演させないための口実、そして、とりわけ一九四四年―一九六八年にかけてルーマニア内外で中傷するための口実にすぎなかったのです……）。C・Z・Cに関してどのように考えるべきか、私にはわかりません。たしかに、彼は誠実で、ある世代全体を覚醒させました。しかし、彼は、政治的感覚に欠け、（カロル二世〔訳注2〕やアントネスク、共産主義者たちによる）相次ぐ弾圧を引き起こしました。それらの弾圧は、彼が「覚醒させた」世代全体の首を刎ねてしまったのです……。鉄衛団《レジオナール》運動についての客観的な歴史や、C・Z・Cの人物像を描くことはできないと思います。入手できる資料が不十分です。さらに、「客観的な」態度というものは、その書き手にとって致命的かもしれません。今日では、（さまざまな国のごくわずかな熱狂者のための）弁明か、（ヨーロッパとアメリカの大多数の読者のための）断罪しか受け入れられません。ブーヘンヴァルトとアウシュヴィッツのあとでは、誠実な人々でさえ、「客観的」であることなどもはやできないのです……。

この性急な「考察」に深入りするべきではありませんでした。けれども、この手紙を送って、将来の長い議論のきっかけをせめてあなたにあたえておきたいと思います。

クリスマス休暇をフロリダで、リゼット(7)とすごしました。四年前とはちがっていましたが――日差しや暖かさ――休養できました。いまはふたたび、二週間前からシカゴの雪と寒さのなかにいます。

本が刊行されることを嬉しく思います。すぐに翻訳されるといいですね。論文をまっています――そして、それを『宗教学雑誌』のA〔アントワーヌ〕・G〔ギーヨモン〕に送ります。

健康で――万事順調であることを祈っています！

変わらぬ友情を込めて、

抱擁をもって、

ミルチャ・エリアーデ

（1） HISTORY OF RELIGIONS... とレターヘッドに記された便箋、定形封筒。一九七八年一月一八日付シカゴの消印。Prof. Culianu, Institu-ut... 宛。

（2） ここでエリアーデが言及している書簡は、その前の一九七七年一二月一七日付の〔クリアーヌからの〕書簡と同様に、エリアーデが保管していた書簡のなかには欠けている。一二月一七日付の書簡は、エリアーデの手もとに遅れて届いており、エリアーデのつぎの書簡〔42〕で言及されている。このクリアーヌの一月九日付の書簡には、一九七七年一二月ごろからはじまり、多くのルーマニア人亡命者とイタリアの知識人を巻き込んだ出来事の展開における興味の尽きない契機について書かれていた、と考えられる。一九七七年の終わりに、ホリア・スタマトゥは、エリアーデの提案により、軍団〔鉄衛団〕に関して多くの情報を与えてくれる資料として、コルネリュー・ゼーリャ・コドリャーヌ〔訳注3〕の著書『鉄衛団員のために（*Pentru legionari*）』をクリアーヌに送った。

〔一九七七年〕一二月には、イタリアからフローニンゲンに、『ヨーロッパ百科事典（*Enciclopedia Europea*）』（ガルザンティ、一九七六年、四四九頁）のエリアーデについての（無署名の）項目に関して、執拗な問い合わせが寄せられていた。その項目では、この学者〔エリアーデ〕は、まさに「人文学領域の伝統的右翼の（……）もっとも明白な代弁者」であると記されていた。さらに、とりわけ、その当時よく読まれていたべつの著作、『宗教百科事典（*Enciclopedia delle religioni*）』（ミラノ、テティ出版、一九七七年、一八九頁）のアンブロージョ・ドニーニによる「宗教現象学」の項目における厳しい攻撃についても、執拗な問い合わせが寄せられていた。その項目では、エリアーデは、「反ユダヤ主義者〔ドニーニによる強調〕でナチス支持者」であるとされていた。

他方でクリアーヌは、『日記』の〔同年〕一月八日のくだりにつぎのように記している。「……E〔エリアーデ〕の最新刊について書評を書く」——この最新刊とは、『ディオニスの宮にて』（パリ、一角獣書店（Caietele Inorogului）、一九七七年）である。「イエロニムのスペクタクルの登場人物たちが秘密を知っているとは私には思えない。彼らは、はったりをかましているだけだ。はたして、はったりがEの解決策なのか?」。そして、同書におさめられた『ブーヘンワルト〔ブーヘンヴァルト〕の聖者』について考え、「どこかおかしい（There is something wrong）」と記している。この翌日にクリアーヌは、間違いなく、書き上げたばかりの「書評論文」をエリアーデに送り、師〔エリアーデ〕はこの返信のなかでコメントを加えている。おそらくクリアーヌは、エリアーデの小説に関する議論を〔自分の〕本に付け加えたいという希望をあらためて伝えるとともに、コドリャーヌと軍団〔鉄衛団〕に関する質問をエリアーデに（あらためて）投げかけ、この時期のイタリアで不可避のものとなっていたこの問題について加筆することを望んでいた。クリアーヌがエリアーデに、もっと率直な議論を期待していることは明らかである。『日記』の一月一〇日のくだりには、クリアーヌの苦しい胸のうちが綴られている。

「『鉄衛団員（レジオナール）のために』の熱狂的な反ユダヤ主義に憤慨しながら、残念な思いをもって読んでいる」。そして、エリアーデが本当に鉄衛団員に近かったか否かと自問している。「私は彼と連帯することができない。鉄衛団の（レジオナール）イデオロギーは、私にとって、共産主義者のそれと同じように、まったく疎遠なものである。彼らはきわめて似ている。私は……言わば……よそものだ。ルーマニアの《国家主義者たち（rromânii）》のあいだでもよそものと感じ、イタリアでもオランダでも実際に政治的権利のない異邦人であった。（……）驚いたことに、M・Eは全体主義運動の熱狂的支持者（partizanul）であり、彼がその運動の神話につねに忠実であり続けてきたということが、私をとても苦しめる……」。（同年一〇月三〇日には、この悲しげな反抗について以下のように記している。「Eについて考えている。ようするに私は彼のことを愛している……」）。ちょうどその頃、若いクリアーヌは『鉄衛団員のために』を読みながら、『大物』がコドリャーヌと軍団〔鉄衛団〕の寓意であり、『妖精たちの夜』が〈運動〉形成の寓意であり、そして、エリアーデ教授の文学作品の多くの箇所に、（クリアーヌが知っていたわずかなことから判断される）鉄衛団の（レジオナール）歴史の断片や、とりわけ鉄衛団の（レジオナール）神話が絶えず紛れ込んでいることを発見したのである（鉄衛団の神話との一致は、エリアーデの学問的著作にもみられる）。

とはいえ他方において、エルネスト・ブオナイウティの教え子であるドニーニは、マルクス主義の教条的立場に転向したキリスト教史の研究者であり、イタリアではよく知られた政治的人物で、モスクワに忠実な共産主義者でもあった。ドニーニは、すでに一九四九、一九五〇年から、ルーマニア大使館からの告発に応じて、イタリアにおけるエリアーデの著作の出版を妨げようとしていた。しかし、いまとなっては、その判断が依拠した情報は、根拠薄弱で、まったく誤りだったのである。なにが真実であり、なにがまちがっているのか？　クリアーヌのイタリアの友人たちは、彼に、ジャーナリズムの議論に直接介入しないように、とにかく本を刊行する前にはそうしないように助言した。クリアーヌは、「補遺」を執筆して著書に付け加えることを決めていたが、おそらくその最初の版を一二月一七日付の書簡でエリアーデに送ったのである——この問題については、エリアーデのつぎの書簡［42］をみよ。一九七八年と一九七九年のほかの書簡が示しているように、事態はこれで終わらなかった。エリアーデに対する攻撃は続き、クリアーヌは、エリアーデの歴史と思想のわかりやすい姿を示そうと試みながら、いろいろ書き続ける。とりわけ、フランスなどで〔エリアーデに関する〕べつの著作を出版しようと欲することになる。

（3）　エリアーデは、『ムントゥリャサ通りで』の政治的暗示を否定して、ミルチャ・ハンドカにも同じような言い訳をしている。「あなたが言っている〈実在の人物〉の（政治的？）「暗示」に関しては、誤解していると思います。すべて〈神話化〉されているのです。また、アンカ・フォーゲルには「モデル」はおらず、むしろ彼女自身が元型なのです。（もし現実からインスピレーションを得たのなら、特徴的な姿を無視することはできなかったでしょう）」——前掲『ヨーロッパ、アジア、アメリカ…往復書簡』第一巻（A‐H）、三六八—三六九頁の一九六九年五月二一日付の書簡。それにもかかわらず、アナ・パウケルの娘〔訳注4〕（すなわち小説のなかのアンカ・フォーゲルの娘）とその夫は、一九七六年にエリアーデを訪ねて、つぎのように質問している。「いったいどうして、あなたはそれほど多くの正確な細部を知っていたのですか？」（前掲、ミルチャ・エリアーデ『日記』第二巻、二三五頁、一九七六年六月六日のくだりをみよ）。

（4）『境界』……、一〇頁。前掲、ミルチャ・エリアーデ『日記』第二巻、一三九頁にも掲載されている断片。

（5）　コルネリュー・ゼーリャ・コドリャーヌ。

（6）　I・P・クリアーヌの友人であるパドヴァ大学のルーマニア学科現教授ロベルト・スカーニョは、一九七二年から一九七三年にトリノ大学で、エリアーデに関する優れた内容の学位資格論文「ミルチャ・エリアーデの思想における宇宙的宗教性と伝統文化（*Religiosità cosmica e cultura tradizionale nel pensiero di Mircea Eliade*）」（トリノ）を執筆した。この論文そのものは刊行されなかったが、一九八二年にスカーニョは、『歴史の自由と恐怖——ミルチャ・エリアーデにおける反歴史主義の創造と意味（*Libertà e terrore della storia. Genesi e significato dell'antistoricismo di Mircea Eliade*）』（トリノ）を出版した。クリアーヌは、自分の著書を執筆した当時、信頼性のある一次資料に接近することは不可能であったが、正当にも、友人スカーニョの論文を、「エリアーデの思想形成の歴史的整理のために不可欠」とみなしていた（前掲、ヨアン・ペトル・クリアーヌ『ミルチャ・エリアーデ』一九九八年、二七頁）。もっとも、クリアーヌは同時に、エリアーデと〈鉄衛団〉の関係そのものについては、スカーニョと意見を異にしていた。エリアーデは、一九七四年に、当時ヤシ大学でイタリア語の講師を勤めていたこの若き研究者〔スカーニョ〕に会っていた——前掲、ミルチャ・エリアーデ『日記』第二巻、一七四頁をみよ。そこでスカーニョの論文に言及した一節は、エリアーデ的な「戦略」のみごとな見本である。「告白するが、この種の論文を読むことは、いつも、大変な努力がいる（……）。私がよく理解されているときには、付け加えるべきことはなにもない。しかし、私が理解されていないときには、いったいなにを付け加えることができよう」。ロベルト・スカーニョは、彼の論文において、エリアーデを〈鉄衛団〉に近づけすぎていたように思われる。

（7）ミルチャ・エリアーデの義理の姉（旧姓コテスク。クリスティネルとシビルの姉妹）、指揮者ヨネル・ペルレアの妻。

訳注

［1］アンティムやイエロニムは、エリアーデの小説『将軍の服』などの登場人物。

［2］カロル二世（在位一八九三—一九五三年）は、ルーマニア国王。ユダヤ人の愛人との関係清算を拒否して王位継承権を放棄し、一度パリに移住するが、一九三〇年に帰国して王位につく。鉄衛団とも一時提携するが、後にコドリャーヌらを殺害させ、君主独裁を進めた。しかし、一九四〇年ソ連のベッサラビア、北ブコヴィナ占領等により国外退去を余儀なくされた。その子ミハイ一世（一九二一年—）が後を継いだ。彼も一九四七年に共産党によって退位させられ、長くスペインに暮らしていたが、一九九七年以降はルーマニアに在住している。ちなみに、クリアーヌは、このミハイ一世を一九九一年にシカゴ大学で案内している。

［3］コルネリュー・ゼーリャ・コドリャーヌ（一八九九—一九三八年）は、ルーマリアのカリスマ的社会運動家。ヤシ大学卒業後、のちの「鉄衛団（Garda de Fier）」の名で呼ばれるようになる「大天使ミハイル軍団（Legiunea Arhangelului Mihai）」を創設する。ルーマニア正教に基づく民族再生を唱えつつ、時にテロ行為を厭わない激しい政治活動を行なった。一九三一年に国会議員となり、鉄衛団の勢力を拡大し、一時国王（前注のカロル二世）にも接近するが、独裁を成立させた国王の命により鉄衛団は厳しく弾圧され、コドリャーヌ自身も殺害された。その後、鉄衛団はいっそう暴力化し、反ユダヤ主義者のホリア・シマを指導者としてユダヤ人虐殺（ホロコースト）にも加担した。

［4］アナ・パウケル（一八九三—一九六〇年）は実在の人物で、第二次世界大戦以前から、ルーマニア共産主義政権成立（一九四七）後も、指導的な役割をはたした女性活動家である。一九四〇年—五〇年代には外相なども務めた。

42[1]

一九七八年二月一三日

親愛なるヨアン

20.XII.77 と消印が記された一二月一七日付けのあなたの手紙[2]を、数時間前に受け取りました。〈航空便（Via Air Mail = Luchtpost）〉で出されていますが、この手紙は、古きよき時代のように、ゆっくりと旅してきました……。

この手紙を読んで、この前の手紙の（五—六週間前には謎めいていた）暗示を理解しました。訂正することからはじめましょう。L・ブラガは、一九四一年二月一〇日に私がロンドンから到着したときには、すでにずっと以前に、おそらく一九四〇年かそこらに、リスボンの公使を辞めていました（*）。すでに言ったように、私の政治的意見（あるいは政治的意見の欠落）に関する「議論」を私は好みません——なぜなら、誠実に余すところなく語るためには、数百頁とはいいませんが、数十頁は必要になるからです——そして私には、そうするだけの時間も熱意もありません。くり返しましょう。スカーニョは、フーリオ・イェージとの論争にかかずらって、過ちを犯しています。私は、すでに一九三八年から、われわれの世代は（〔大ルーマニア〕をつくったわれわれの両親の世代がもっていたような）「政治的使命をもっていない」ことを理解していました（そして——友人たちだけにですが！——そう話していました……）。あなたがこの種の事柄にいつか関心をもつと予想できたなら、あなたがシカゴにいたときに、一九四六年から一九六〇年にかけて私が亡命者の刊行物に公表したすべての記事を、あなたが読めるように、差し上げていたでしょう。ほかの者たちと同じように、私は「政治参加」して、祖国の政府を攻撃していましたが——私のテーゼはつぎのようなものでした。亡命者は、政治的な次元においては、直接にはなにもなしえない。われわれの唯一の「政治的武器」は文化である。ルーマニア人による重要な創作は、いかなるものであれ、「民族の生き残り」のためのチャンスである。わが国では、（〔ミハイル・〕ローラー〔訳注1〕とロシア化の時代に）歴史、哲学、文学史などが歪曲されたので、「学問をする」ことがわれわれ（その頃生きていたN・I・ヘレスク、A・ブスイオチャーヌ、ガフェンク、G・ナンドリシュ、さらに、バルドヴィチャーヌ、トゥルデャーヌ、ロゾヴァン、アダメシュテャーヌなど(3)）の義務であり、祖国の学者たちがすでに自由に言えなくなっていたことを、言わなければなりませんでした。

しかし、これ以上引き延ばしたくないので、もうひとつの「話題」に、すなわちこの二編の小説にあなたが解読した政治的意味に移りましょう。とても正直にあなたに告白しますが、そんなことを考えたことはまったくありません。いずれにせよアドリアンは、詩人の（政治的）使命は、「狼や猪のあいだに降り立つ」こと、街頭や酒場で詩を吟唱することだと信じていました。アドリアンは、オルランドと話した際に、彼が「〔金を〕何百万ももっている」ことに関心を示さず、詩人が唯一の「政治的」希望であると、オルランドを説得しようと試みました。アルビニ〔に〕関しては、ここでもまた『ムントゥリャサ〔通りで〕』や『ケープ』と同じ技法を用いました。中立的、あるいは「かわいらしい」態度で警官を描いたのは、現実の恐怖の雰囲気を避け、強制収容所の〈世界〉［ママ！〔正しいルーマニア語はUniversurilorだが、Universelorとなっている〕］のべつの次元を開示するためです（なんと多くのルーマニア人が、「アナ・パウケル〔訳注2〕」の描き方で私を非難したことか！）。

そして今度は、一月二五日付けの手紙に手短に応えましょう。あなたが、ラヴァスティーヌ(4)に感謝することで罠にはまってしまったのは、とても残念です。彼の名がタブーであるとは思っていませんでした。イタリア人たちと（オランダ人たちとさえ）議論するのをさけ、自分の「中立性」を際立たせるように試みてください。あなたの使命と運命は、「べつの地平」に向かっています。どのような犠牲をはらってでも、あなたは博士論文を完成させ、それを出版しなければなりません。『宗教学雑誌』の論文の新しい版をまっています。そしてとりわけ、私も妻も四月にシカゴであなたにお会いしたいと望んでいます。私たちは、三週間（三月一三日―四月三日）チャペル・ヒル（ノース・カロライナ大学）に、チャック・ロングの招きで滞在します。

変わらぬ友情を込めて、あなたの、

ミルチャ・エリアーデ

＊ザハリア・スタンク〔訳注3〕は政治諜報機関《シグランツァ》（Siguranța）〔訳注4〕の工作員でした。ベニューク〔訳注5〕については、私はなにも知りません。

追伸――二月一四日。

〈補遺II〉(5)の解説を出版しなければならないとは思いません。もう一方〔学術作品〕に集中するために、あなたは私の文学作品を論じませんでした――なぜいまさら、『イフィジェニア』や『サラザール〔とポルトガルの革命〕』に触れなければならないのですか？（後者について、私は、ポルトガルのジャーナリズムで立場をよくするために書いたのです）。

（1） HISTORY OF RELIGIONS… とレターヘッドに記された便箋、定形封筒。一九七八年二月一四日付消印。Prof. Ioan P. Culianu, Instituut…宛。

（2） 前記、66頁〔書簡41〕、注2をみよ。

（3） ポルトガルからパリに到着してすぐに、政治〔的活動〕に替わるものとして、エリアーデが実際に亡命者たちの文化的統合を果たそうと試みたことが、戦後の回想録や日記などほかの多くの箇所同様、ここでも示されている。簡潔かつ図式的に示すと、エリアーデの計画は、（一九五三年にニューヨークで死亡した）ラデスク将軍〔訳注6〕を中心に一致しようというものであった。それは、「ミハイ・エミネスク文化協会」の設立をとおして、また、短期のあいだ、雑誌『明星（*Luceafărul*）』をとおして実現をみた（一九四八、一九四九年。前記、8頁〔書簡5〕、注2をみよ）。このふたつは、ラデスク将軍が経済的に支えていた。さらにエリアーデの計画は、ニコラエ公〔訳注7〕がパトロンであるパリの「ルーマニア研究センター」が、一九四九年に創設されたことで実現した。この書簡で名前が挙げられている学者や政治家たち――エミール・トゥルデャーヌやディヌ・アダメシュテャーヌのような歴史家、グリゴレ・ナンドリシュやエウジェン・ロゾヴァンのような文献学者、言語者、一九三八年から一九四〇年のあいだ外務大臣を務めたのちにモスクワ大使（一九四〇―一九四一年）となりその後亡命した外交官グリゴレ・ガフェンク、エリアーデのよき友人N・I・ヘレスクや高い評価を受けていたAl〔アレクサンドル〕・ブスイオチャーヌのような作家たち——は、こういった事業を実施する以前から、さらにその過程において「礎石」であり続けた。そしてエリアーデは、この計画を実現するためには、フランス、アメリカ合衆国、南アメリカ、ドイツ、スペインなどにいた亡命者たちの諸集団のなかにあった意見の相違を乗り越えなければならないと考えていた（ほかの人々もそのように考えることをエリアーデは切望していた）。しかしそれだけではなく、ルーマニア人亡命者が一致することのできた反共産主義という口実は、数少ない例外をのぞき、きわめて強い右派の土壌に支えられていた。鉄衛団員のグループの世界各地への広がりを正確に説明することは、おそらく、ルーマニア人亡命者の歴史を知るための格好の入り口となるだろう。

（4）　フィリップ・ラヴァスティーヌ（一九〇八—一九九九年）は東洋学者、伝統主義者、秘教主義者（エソテリスト）であり、宗教史やオカルトなどの注目すべき蔵書の所有者である。彼は、インドに五年間（一九五八から一九六三年）滞在した。エリアーデは彼と、戦後パリで知り合った。

（5）　クリアーヌの書簡がもっとも多く欠けているこの時期の文通の背景には、一九七七年から一九七八年にかけての冬に、若いクリアーヌがおそらく亡命中に経験したもっとも過酷な精神的危機がある（前記、66頁〔書簡41〕の注2もみよ）。それは、自らの祖国の歴史と一九四〇年代にエリアーデがそれをどのように経験したかを調べる過程で発見した事柄にかかわっている。クリアーヌはそういった発見によって、師の単純な主張に基づき、印刷中の本に性急かつ根拠のない見解（たとえば、「だが、エリアーデとC・Z・コドリャーヌの鉄衛団（レジオナール）運動とのあいだのいかなる直接的関係も否定されるべきである……」『ミルチャ・エリアーデ』ルーマニア語版、三三頁といったような見解）を述べるに至った。しかしクリアーヌが、エリアーデと〈鉄衛団（レジオナール）運動〉のかかわりに関してなにかを理解しはじめると（情報が隠されていたり、得ることのできた情報が傾向を帯びていたりしたために、その解読はゆっくりとしか進まず、理解は部分的で不完全だったと言わざるを得ないが）、さらに、師の言葉がそれまで自分が読み取っていた意味とは異なる意味をもっていることに気づきはじめると、彼はエリアーデに執拗に説明を求めた。そして、自分の著書に「補遺II」として数頁を加筆し、節度を保ちつつ、そのときまでに理解できた以下の事柄を示した。

すなわち、宗教史〔宗教学〕的観点からして大いに関心をそそられる人物であり運動であるのだが、コドリャーヌを中心とする神秘主義的-秘密結社的運動に加えて、暴力主義的（テロリスト）で、政治・経済的側面からする反ユダヤ主義の運動が展開された。後者の運動を、初期の運動の中核と区別することは往々にして困難である。そして、エリアーデ自身はそれらの運動の分岐点に位置し、そのような「苦しい」状況の痕跡が彼の戯曲『イフィジェニア』にはみられる。サラザールについての著作は、クリアーヌによれば、政治的により一貫性があって理解しやすいエリアーデの立場に関する資料となる。以下の書簡43、44、55をみよ。「補遺II」に関する簡明な考察は、前掲ソリン・アントヒ編集『ヨアン・ペトル・クリアーヌ——人と作品』に収録された、ダン・ペトレスク「ヨアン・ペトル・クリアーヌとミルチャ・エリアーデ——ダイナミックな関係の迷宮をとおして（Ioan Petre Culianu şi Mircea Eliade: prin labirintul unei relaţii dinamice）」、四四〇—四四一頁、注17をみよ。この原稿（「補遺二——ブルジョワと反ブルジョワのあいだのミルチャ・エリアーデ」）は、クリアーヌの専門研究書（モノグラフ）『ミルチャ・エリアーデ』ヤシ、ポリロム、二〇〇四年の第三版（改訂版）の三一七—三三五頁に翻訳のうえ出版されている。

訳注

〔1〕　ミハイル・ローラー（一九〇八—一九五八年）は、ルーマニア共産党の活動家。第二次世界大戦前はたびたび逮捕収監されたが、一九四〇年にソ連に移り歴史学を学ぶ。第二次世界大戦後は、ルーマニアの「公式」の歴史教科書編纂にたずさわり、共産党のイデオロギー宣伝につとめたが、一九五八年に謎の死を遂げた。

〔2〕　アドリアン、オルランドは、エリアーデの小説『ディオニスの宮

にて』の、アルビニなどは『19本の薔薇』の登場人物。しかし、アナ・パウケルは実在の女性であり、同じくエリアーデの小説『ムントゥリャサ通りで』の登場人物アンカ・フォーゲルのモデルではないかと勘ぐられた。書簡41の訳注〔4〕もみよ。

〔3〕ザハリア・スタンク（一九〇二―一九七四年）は、ルーマニアの詩人、小説家。一九四九年から一九五六年、一九六六―一九七四年まで、ルーマニア作家協会の会長を務めた。

〔4〕「シグランツァ（Siguranță）」は、ルーマニア王国時代の一九〇八年に創設された諜報機関ならびに秘密警察組織。社会主義共和国が成立した一九四八年以降、その機能は多くの人員とともに保安警察「セクリターテ（Securitate）」に吸収された。

〔5〕ミハイ・ベニューク（一九〇七―一九八八年）は、ルーマニアの社会主義リアリズムの詩人、劇作家、小説家。一九六二―一九六四年まで、ルーマニア作家協会の会長を務めた。

〔6〕ニコラエ・ラデスク（一八七四―一九五三年）は、ルーマニアの軍人・政治家で第二次世界大戦末期、共産主義政権が成立する直前の最後の首相（一九四四年一二月―一九四五年三月）である。

〔7〕ニコラエ公は、ルーマニア国王カロル一世（在位一八八一―一九一四年）を継いだフェルディナンド（Ferdinand）一世（在位一九一四―一九二七年）の次男。兄である国王カロル二世（在位一九三〇―一九四〇年）と自身の結婚問題をめぐって仲違いし、さらに鉄衛団の活動に資金や資材を提供し援助したため、王家から放逐され国外追放となり、亡命者として、スペインやスイスに滞在した。

43[1]

一九七八年三月一日

親愛なるヨアン

取り急ぎ、数行でお返事します。『言葉（*Cuvîntul*）』は、一九三八年までは順繰りに、民族―農本主義（一九二六―二九年）、カロル派（〔一九〕二九―三一年）、そして親鉄衛団《レジオナール》（一九三三―三四年――そのあと、非合法にされた）でした。〔一〕九三八年一月―三月に三ヵ月間だけ再刊されました。さらにもう一度、（私はロンドンにいたのですが）一九四〇年九月―一九四一年一月にかけて、アントネスク〔訳注1〕＝シマのもとで、P・P・パナイテスク〔訳注2〕を編集長として、再刊されました。そのときには、この新聞は一〇〇%鉄衛団《レジオナール》でした。

私は、反ユダヤ主義ではなかったし、ナチス支持者でもありませんでした。『二千年以来』をめぐる、Gh・ラコヴァーヌ〔訳注3〕との論争で、「ユダヤ教とキリスト教」という二編の記事を『時代（*Vremea*）』に書きました。そのほかもろもろ。しかし、そのような馬鹿げたことでどれほど不快な思いをしたかを思い出すと、もう我慢はできません（非難しろ、非難しろ、きっと［なにか］あるはずだ！（calomniez, calomniez, il en restera toujours [quelque] chose!）……）。私は反論しなかったし、これからも決してしないでしょう。イェージやドニーニやそのほかの人々に関して言えば、私は、一九四三年秋、パリの駅で列車が動きはじめたときにシオランに言われたつぎの言葉を思い出します。「サラザールにばかやろうと言っといてくれ……」。

タクはあなたの住所を知らないので、彼に手紙を書いてください。一冊受け取れると思います。

三月一三日から四月二日まで、私たちは以下の住所に滞在します。Department of Religion, The University of North Carolina at Chapel Hill, Chapel Hill, N.C. 27514.

友情を込めた抱擁をもって、

ミルチャ・エリアーデ

（1）　HISTORY OF RELIGIONS... とレターヘッドに記された便箋、定形封筒。一九七八年三月二日付シカゴの消印。Prof. I. P. Culianu, Instituut... 宛。

訳注

〔1〕　ホリア・シマ（一九〇七―一九九三年）は、ルーマニアの国家主義的政治家。一九三八年にコドリャーヌが殺されたことにより、鉄衛団運動を引きつぎ、ユダヤ人虐殺など、きわめて暴力的な活動を進めたため、当初協働したアントネスク将軍にも距離をおかれることになった。戦後スペインに亡命しマドリードで死去した。

〔2〕　ペトレ・P・パナイテスク（一九〇〇―一九六七年）は、ルーマニアの歴史家、文献学者。一九三四年以来ルーマニア・アカデミーの会員だった。

〔3〕　ギョルゲ・ラコヴァーヌ（一九〇〇―一九六七年）は、ジャーナリストで鉄衛団員。ナエ・ヨネスクの弟子で協力者だった。

44①

Straussln. 8　　フローニンゲン、一九七八年三月一七日

謹啓エリアーデ先生

今日、『レルネ』を受け取りました。心から嬉しく思います！　まことにすばらしく（インドの写真は比類なく、さまざまな郷愁を呼び覚ましてくれます……）。そして、私が読んだ先生に関する論文はきわめて興味深いものでした（とりわけ、S・ヴィエルヌとG・デュランの論文、そ

してキューブリック＝エリアーデ関係に関する論文——実は一九七四年に私もすでにそれについて分析したことがありました。おそらくまだその原稿を思い出してくださるでしょう。イェルンカ氏にその原稿を差し上げていましたが、彼はそれを「とくに民族的なもの」がないとみなしました。ヨン・バルのきわめて興味深い論文と、錬金術に関する先生のすばらしい論文のほかは、ごく「ありきたり」のものです）。印刷上のまちがいが少しばかり目立ち、私の論文は三分の一に縮められてしまいましたが、それは完全に理解してもらえるものですし、とくに問題はありません——それに、私の本がフランス語に翻訳されるなら、作家M・Eに関する章を書くつもりですから。

　数日前、もっぱらドニーニとその一味の問題で先生を苦しめてしまったことをとても悲しく思います。それに対する私の対応はきわめて不適切で、間際になって（in extremis）から付け加えた最終的補論[2]を削除してくれるように電話で依頼しました。その補論では、先生はサラザール主義者であったのだから、反ユダヤ主義ではまったくなく、ナチス支持者でもなかった、と論じました。しかし、幾人もの人たちから、最後の部分の論証がうまくいっていないと言われました[3]（*）。すでに申し上げましたように、電話をして、その本がすでに当該の補論なしで書店に出ていると知ったのは、（いい意味で）思いがけないことでした。私がそれを受け取りましたならば、すぐに、先生のお手もとにも届くことでしょう。最後にさらに——私の愚かな弁護の結果として——私がおかしくなって鉄衛団を擁護しようと試みたのではなく、また、共産党当局の報道のやり方を真似て先生の「名誉回復」を試みようとしたわけでもないと、モニカ・ロヴィネスクとヴィルジル・イェルンカを説得しなければなりません……。知らず知らずのうちに私は、イタリアの雰囲気に毒されて、少しばかりの不信が生来の素朴さにうわのせされていたのです（しかし、これには、ある種の不快さがともないました……）。

　まもなく（「休暇」のあと……）、「天の終末論」に関する論文の原稿をお受け取りになるでしょう。今回は、少しばかり衒学的すぎました。私はどこにも出かけないと思います。というのも、転居すると、どうしようもない面倒な役所の手続きに惑わされますし、現在もっているのが外国人用パスポートだからです。このパスポートでは、オランダから出国しようとするたびに、アムステルダムでビザを申請しなければなりません……。結局、このことも、おなじように、私が愚かで性急であることが原因です——毎年ミラノに行ったときに滞在許可を更新する必要がないというだけで、この解決方法を「選んだ」のですから。しかし私は、政治亡命者という資格がオランダでは効力を失うことを知りませんでした（オランダでは、しばらく前から国連の高等弁務官事務所がもはや力をもっていないのです）。とても悔やまれますが、できることはなにもありません。弁護士に相談すべきだったのですが、それほど込み入っているようには思えなかったのです……。現在、イタリアの混乱は表現しがたいものです。アルド・モーロが誘拐されました!!!　ますます黙示録的になってきています……。
　心からの敬愛の念を込めて、奥さまにも心からご挨拶申し上げます。すばらしい復活祭をおすごしください！

ヨアン

（＊）しかしながら私の考えでは、この論証は正しいのです。ようするに、サラザールは、ファシストとよばれるような人物ではなく、つまり、イデオロギーはもっていなかったと考えられます。しかし、もしかして私はまちがっており、馬鹿げたことを言っているのかもしれません……。

追伸　先生の昔の論文がついにフランス語に翻訳されたことを、私は大変嬉しく思います。率直に申しまして、『レルネ評論』は、予想していたよりもずっとすばらしく、喜ばしいものになっていると思います。いずれにしても、先生を知るためには、これは『神話と象徴』[4]よりもはるかに有益だと思います。今回の「錬金術の神話」は、すばらしく興味深いものです。

（1）個人的なレターヘッドのある便箋に手書きされた書簡。
（2）すなわち「補遺II」、前記、71頁〔書簡42〕、注5をみよ。
（3）パリのルーマニア人亡命者たちは、総じて、そしてとりわけこの時期に、エリアーデのこの話題全体にはかかわらない、というきわめて不適切な方針をとった。それによって、彼らは、その後長く続く破壊的な帰結をもたらす不幸な役割を果たすことになった。結果として、クリアーヌには、エリアーデの「デリケートな問題」については一切書いてならず、一切出版してもならない、という強い「友好的な」圧力がかけられたのである。パリの亡命者たちの中心メンバーは、ひとしなみに権威主義的であり、一九五〇年代以前にすでに、このことについて態度決定していたのである（アレクサンドラ・レニェル＝ラヴァスティーヌが『シオラン、エリアーデ、イオネスコ――ファシズムの忘却（*Cioran, Eliade, Ionesco: l'oubli de fascism*）』パリ、フランス大学出版、二〇〇二年、四一二―四一六頁で、ルーマニア語訳では四八三―四八九頁で、「亡命者の防護壁」と名づけたものをみよ）。そして、彼らは三〇年（さらに五〇年）経ってすら、非生産的で、融通のきかない変わらぬ姿勢を、程度の差はあれ取り続けているのである。
（4）ジョセフ・M・キタガワとチャールズ・H・ロングが一九六九年に編集した著書『神話と象徴――ミルチャ・エリアーデ記念論集（*Myths and Symbols: Studies in Honor of Mircea Eliade*）』（シカゴ、ロンドン、シカゴ大学出版局）である。

45[1]

一九七八年四月六日

親愛なるヨアン

昨日、私たちはノースカロライナから帰ってきました。とても春めいた楽園そのもの――森のなかにあるすばらしい家――で三週間すごしました（シカゴは雪と氷です）……。やっといまごろになって、シカゴの講座を引き受けたことでどれほどのものを失ってしまったかがわかります――しかし、後悔はしていません。おそらく私は、楽園そのものでも楽園じみたところでも、べつな倦怠を感じたことでしょう。そして、とりわけ、シカゴでの自由は、ほかの場所では手にできなかったということも確かです……。

　あなたの本[2]を受け取りましたが、二人ともとても気に入りました。まだ、すべてに目をとおしていませんが、すぐにそうします（同じく、「……における二元論的神話[3]」も興味深く読めることでしょう）。

　ルーマニア人が私について書いてくれたはじめての本があなたのものである、ということをどれほど嬉しく思っているかは、言うまでもありません！……。

　六月のはじめにはパリにいるので、お会いするのが待ちきれません。（秋に最終的に完成する）博士論文に関する知らせには、とても安心しました。お会いしたときに、四月一二日から一四日までノートルダム〔大学〕で開催されるシンポジウム「反対の一致――M・Eの学問的世界と文学的世界（Coincidentia oppositorum. The scholarly and literary Worlds of M. E.）[4]」のプログラムをおみせしましょう。残念なのは、最後の研究会にしか出席できないことです。『〔世界〕宗教史』第二巻のおよそ一〇節の研究状態（l'état des questions）〔邦訳における「文献解題」の部分〕を「整理」しなければなりません。

　シャルロッテンヴィルで、ネィサン・スコットにあなたのことを話しました。まもなく、宗教学者デニー（＊）のイスラム学者でジェネラリストである先生が退職します。それで、若いジェネラリストあたりを求めているそうです。すでに私は、二年前の履歴書の写しをもっています。しかし、最近の出版物のリストを送って欲しいのです（ようするに、あなたは宗教学者であり、宗教学ができる唯一

の場所はアメリカ合衆国だということを忘れないでください)。懐かしさを込めたわれわれふたりからの抱擁をもって、

ミルチャ・エリアーデ

(*) われわれのかつての教え子。

(1) The University of North Carolina at Chapel Hill, Department of Religion とレターヘッドに記された便箋、History of Religions... の定型封筒。一九七八年四月七日付のシカゴの消印。Ioan P. Culianu, Strausslaan 8, Groningen, Holland 宛。

(2) 〔クリアーヌの〕専門研究書（モノグラフ）『ミルチャ・エリアーデ』がまさしくイタリアで刊行されたばかりであった。本書、46頁〔書簡28〕、注2をみよ。しかし、エリアーデに近い人物によれば、エリアーデはクリアーヌのこの本をあまり歓迎していなかった。以前からエリアーデが論争の標的にされており、当時もその論争が続いていたイタリアにおいて、この本が、彼に対するさらに大きな関心をよび起こしていたからである（前掲、フロリン・ツルカヌ『ミルチャ・エリアーデ——歴史の囚人 (*Mircea Eliade. Le prisonnier de l'histoire*)』五〇六—五〇七頁、ルーマニア語訳は六二九頁に記されたチチェローネ・ポギルクの証言をみよ）。

(3) おそらく、『対話 (*Dialogue*)』誌の一九八〇年四—五月号の四五—五〇頁に掲載されることになるクリアーヌの小論「ルーマニア民間伝承における二元論的神話」のことであろう。

(4) インディアナ州のノートルダム大学でエリアーデの業績に捧げられたこのシンポジウムは、彼のかつての弟子で宗教学者のノーマン・ジラルドによって主催された。

46[1]

一九七八年六月一三日

親愛なるヨアン

信じられないことに、昨夜になってようやく、『〔世界〕宗教史』第二巻の最後の頁を書き上げ——今朝になってから、ようやく手紙への返事を書きはじめました（とても短いですが！……）。

先週、A・ギーヨモンに論文を送りました。彼に手紙を書いたので、パリで彼に会う予定です。

私たちは、六月一五日にニューヨークに飛び、二〇日にはパリに向かい、翌朝到着します。七月の大半は〔パリに〕滞在するつもりです。しかし、予定はまだ「流動的」です。

まもなく再会できることを楽しみにしています。

友情を込めた抱擁をもって、

あなたの［ ］

ミルチャ・エリアーデ

（1） HISTORY OF RELIGIONS... とレターヘッドに記された便箋、定形封筒。一九七八年六月一三日付シカゴの消印。Prof. Ioan Culianu, Instituut... 宛。

47[1]

一九七八年六月二六日

謹啓エリアーデ先生

シカゴからの先生のお手紙を受け取りました。一ヵ月ほど前から、先生宛ての手紙をパリに送っていました（そこで、四、五枚の他愛ない手紙をお受け取りになられるでしょう）。先生がようやく書き上げられたのが、『［世界］宗教史』第二巻の校正なのか原稿なのか、よくわかりませんでしたが、刊行がまち切れません。しかし、大変なご苦労であったろうとご推察いたします。

先日、母[2]がやってきました。私と母で一緒にパリに行くことを計画しておりました。しかし、手続きの煩雑さに驚き、断念しました。そのようなわけで、母が帰った（七月一七日より）あとに、先生にお会いすることができるならば、私はひとりで参ります。

母が先生によろしくお伝えするようにと申しておりました。母はエリアーデ夫人のことを覚えています。戦時中ペトロシャニ（ないしルペニ？）で奥さまをおみかけしたようです。（その時代にペトロシャニだけで一〇人ほどいた……）家族のなかで一番風変わりだったので、私の母の姉妹（マリオワーラ）のことだけをエリアーデ夫人が覚えておられる、ということを母に話しました。

パドヴァの私の親友パオロ・ロマナートのおかげで、私の本のはじめての書評（といっても、エリアーデに関する記事）が公になりました。これと同じ新聞に、［私のインタビュー、実際には］私がパオロと一緒に編集［した記事］も掲載される予定ですが、これはとっても「都会風」の面をもっています。

私の本は、販路がとてもまずいとはいえ、いくつかの地域では販売されています。もっとたくさんの本を出版できるように、どこかの出版社と安定したつながりをもちたいと模索しております。

　ギーヨモンに論文を送ってくださったことを、まことに感謝いたします。先日、いくつかの形式的なまちがい、ギリシャ語の引用の誤り、惑星の（「カルデア式」と「エジプト式」の）ふたつの順序に関する（訂正可能な）内容のまちがいをみつけました。現在は、J・フラマンの『マクロビウスとラテンの新プラトン主義……』という著作に関する少し長めの書評と、（九月に完成予定の）博士論文の一部となるイタリア語の論文「天球の秩序と無秩序——マクロビウス『「スキピオの夢」注解』一・一二、一三—一四について」[3]を執筆中です。しょうがないことですが、休暇はとらないことにしました。それでも、西欧の暮らしの面倒事（修理しなければならない車など）によって、時間を失っていきます。そして、雨、雨、雨……（どうやら悪夢をみたらしい母が、今日は洪水になっていると思い込んでしまったほどに……）。

　心からの敬愛の念を込めて、ご挨拶を申し上げます。ご健康と快適な休暇をおすごしになられますように祈っております。先生の『〔世界〕宗教史』第二巻をとても心待ちにしております。

ヨアン

（1）Rijksuniversiteit... とレターヘッドに記された便箋に手書きされた書簡。

（2）I・P・クリアーヌの母、エレナ・ボグダン＝クリアーヌは、一九七八年六—七月に、どうにかオランダに旅行することができた。

（3）以下の三つの論文が翌年以降出版されることになる。『宗教学雑誌』第九八号、一九七九年、三—四〇頁に掲載された「世界の悪魔化とグノーシス的二元論」『永遠』第五五号、一九八一年、九六—一一〇頁に掲載された「天球の秩序と無秩序……」。さらに、ジャック・フラマン『マクロビウスとラテンの新プラトン主義……（*Macrobe et le néo-platonisme latin...*）』に関する長めの書評は、『永遠』第五三号、一九七九年、一九〇—一九三頁に掲載された。

48[1]

パリ、一九七八年八月一〇日

親愛なるヨアン

　今日、（一週間、ヨアン・クシャとイレアナ・クシャの「農園」ですごした）プロヴァンスから帰ってくると、『永遠』の書評——だけ——を受け取りました。郵便は面倒きわまりないものだと、あらためて思いました。ようやくパりについた六月の終わりに、（この住所で）あなたに何行か書いて、私たちの夏の「予定」についてお知らせしました。そのあと七月の中頃に、あなたに大学の電話番号で、さらにご自宅に（正確にはクリスティネルが）電話をかけましたが、つながりませんでした。最後にいただいた手紙から、六月の後半に私たちのところにいらっしゃるものと思っていました。なにかあったのですか？

「想像的なもの（L'Imaginaire）」に関する〈セリジーの一〇日間〉に数日間、行ってきました。明日、ふたたび、〈イオネスコの一〇日間〉に三日間ほど出かけます。（二週間前と同じ「話」を――つまり幾度も話したことをくり返すのですが）私も「話し」てきます。

そのあと、九月一三日から一六日はストックホルム、九月二三日から二五日はフランクフルトです。残りの期間、一〇月二日まではパリです（八月一五日から十日から十二日間、かつての私の教え子ヤン・キム教授がきます）。

というわけで、いつお会いしましょうか？　変わらぬ友情を込めて、あなたの、

ミルチャ・エリアーデ

（1）　白無地の普通の便箋、同じような封筒。一九七八年八月一一日付パリの消印。Prof. Ioan P. Culianu, Instituut... 宛。差出人は、M. Eliade, 4 Place Charles Dullin, Paris 18e である。

49（1）

一九七八年八月一〇日、フローニンゲン

謹啓エリアーデ先生

博士論文の第三章をどうかお受け取りください（これは『永遠』(2)に投稿するイタリア語版です）。私がいままで書いた中で、もっともいいでき栄えではないかと思っています。

ご覧のとおり、博士論文は進展しております。一〇月までに完成したいと思っています（先生がみてくださったのと同じ形式で二〇〇―二五〇頁は超えないでしょう）。添削してくれる人もみつけました。

この手紙が届くときに先生がパリにいらっしゃるかどうかわかりません。いつお会いしにうかがえばいいのかを知

るために、ふたたびパリにいらっしゃる時期をお知らせくだされば幸いです。もう一年半も、すなわちオランダにきて以来、先生にお会いしていません。

母は、私と一緒に七週間すごしたあと、二週間前にオランダを発ちました。来年またきてもらえるといいのですが(3)。

フェルマセレン教授が、口頭試問のあとに博士論文をエプロ叢書(4)で刊行することに同意してくれた以外、とくに新しいことはありません。それ以外では、ほかの著作、とくに『反律法主義（*Antinomisumul*）』の出版社を探すのに苦労しています。いくつかの本を出版したいと思っています（エミネスクに関する論文を気にいっていただけるといいのですが。あるいは、〈狭い橋（Pons subtilis）〉に関する論文(5)に関心をもっていただきたいのですが。私は不思議な結論に達しました。〔アヴェスタの〕「ヴェンディダード」のチンワト橋は、ユダヤ・キリスト教の表象に由来する可能性があり、その逆ではないらしいということです）。

最近は、きわめて一所懸命に書いて読んでいます。このうえない平安を享受しています。

八月六日の朝、先生の夢をみました。それでこれを書いているのですが、『日記』をみていたもので……。

敬愛の念を込めて、とりわけ奥さまにもよろしくお伝えください。

ヨアン

（1）Rijksuniversiteit, Instituut voor Romaanse Talen とレターヘッドに記された便箋。タイプ打ちされた書簡で、最後の数行が手書きである。
（2）前述、79頁〔書簡47〕、注3をみよ。
（3）エレナ・ボグダン＝クリアーヌは、一九八五年にもう一度だけ息子に再会した。
（4）ライデンの出版社E・J・ブリルでフェルマセレンが監修した叢書「ローマ帝国における東方宗教の予備的研究（Études Préliminaires aux Religions Orientales dans l'Empire Romain）」。
（5）これは、研究論文「〈狭い橋〉、象徴の歴史と意味」『永遠』第五三号、一九七九年、三〇一―三一二頁となる。

50(1)

〔一九〕七八年九月一三日

ミルチャ・エリアーデ教授―パリ（Parijs）

謹啓エリアーデ先生

パリでお世話になったこと、読ませてくださった先生の物語の草稿（それについては、残念ながらそれほどお話しする時間がありませんでしたが、私の喜びをお察しください）、そして、先生に賞を授与された大使への返礼のお言葉について、心から感謝いたします。

先生が紹介してくださいましたので、トゥク氏[2]にM・Eに関するもっと長い本を書く考えを伝えました。先生が、せめて電話でひとことだけでも言ってくだされば、まったく事情が変わってくるのではないかという印象をもちました。私の望みどおりにはならないと言われました。すなわち、仕事が無駄にならないための事前の取り決めのことです。型にはまった申請書（！ルーマニアよりもひどい！）といっしょに、原稿を送らなければならず、それが、幾人かの「専門家」（ふたりのようですが）によって検討され、その後に返答が得られるというのです。明らかに、先生のお言葉によって、そしてきわめて好意的な書評[3]があれば、こういった官僚主義的な障壁をすべて取り除くことができるでしょう。手順がそのように提示されるなら、私の著書など生涯刊行されないでしょうし、M・Eに関する本も出版されず、ブリル社から刊行予定の著書も出版されることは「ない」でしょう、と今日彼に手紙を書きました。イタリアの出版社の評価によれば、M・Eに関する著作全般の販売数はとても満足すべきものであり、フランスにおける先生についての関心はよりいっそう大きいので、販売数もよりいっそう多くなると書きました。結局、（必ずしも契約でなくてもかまいませんが）原則的な取り決めなしでは、目下のところとてつもなく忙しいので、本の改訂に取りかかることなどまったくできません。ふたりの「専門家」がよいと判断してくれるだろう、などといった漠然とした見込みでは……。

（この種のものとしては最初で最後のものだと思いますが）、友人が書いてくれたインタビュー〔記事〕[4]をお送りします。気に入っていただけるところが少しでもあれば、幸いです。

エリアーデ夫人に、お世話になったことを心から感謝していると、ご挨拶とともにお伝えください。リゼット夫人にも、〈幻想交響曲〉のすばらしいレコードをいただいたお礼をお伝えください。私の好みに「ぴったり」合うところがありました。ジャクリーヌ嬢とジャンニーヌ嬢にもよろしくお伝えください。オアニ・ペルレア〔ヨネル・ペルレア〕氏とリリー・ペルレア〔リゼット・ペルレア〕夫人には、くれぐれもよろしくお伝えください。

敬愛の念を込めて、

ヨアン

追伸　「レジオン・ドヌール勲章」のレセプションで二年ぶりにマルゲスクと話し、途中でV・タナセも加わり、話し続けました。私がかつて彼についていろいろと言ったことは、立場をわきまえない振る舞いであったと、とても後悔しています。もっと自制することを学ばなければと思っておりますので、なにとぞおゆるしください。

（1）Rijksuniversiteit... とレターヘッドに記された便箋に手書きされた書簡。

（2）この綴り（Ticu）も、コンスタンティン・タク（Tacou）のことである。

（3）〔クリアーヌがエリアーデについて書いた〕イタリア語の専門研究書に関するきわめて好意的な最初のコメントには、ジャンパオロ・ロマナート（『人民（*Il Popolo*）』紙、ローマ、一九七八年、六月一〇日、三頁）、そして、アウグスト・ロマーノ（『全書（*Tutto Libri*）』紙、一九七八年六月二四日）のものがある。そのあと、ジョヴァンニ・フィロラーモの記事（『宗教史・宗教文学雑誌（*Rivista di Storia e Letteratura Religiosa*）』第二号、一九八〇年、二三三―二三四頁）、さらにパオロ・スカルピの記事（『パタヴィウム研究（*Studia Patavina*）』第二八輯、第二号、一九八一年、三九〇―三九四頁）が続いた。

（4）クリアーヌに対してジャンパオロ・ロマナートが行なったインタビューのことであり、日刊紙『人民』ローマ、一九七八年七月二九日に掲載された。ルーマニア語版は、ヨアン・ペトル・クリアーヌ『魂に抗する罪』ブカレスト、ネミラ、一九九九年、一七六―一八一頁をみよ。

51(1)

〔一九〕七八年九月一八日

ミルチャ・エリアーデ教授―パリ（Parijs）

謹啓エリアーデ先生

ご迷惑をふたたびおかけいたしますが、お願いがございます。細かいことは省きますが、ルネサンス哲学に関する一般向けの本(2)をフランスで出版できるかもしれません。それを、よりはやく進めるためにルーマニア語で書いています。

第一章をお送りいたします（そのほかの章は、三週間ほどで準備できると思いますので、シカゴでお受け取りになると思います）。それで、ご興味をもたれるかどうか、そしてもしご興味をもってくださるなら、紹介のお言葉を書いていただけるかどうか、お知らせくだされば幸いです。これは私の最初の「オリジナル」な著書なので、先生のお言葉はとても大切です（博士論文は先生に献呈するものですので、このようなことはお願いできません）。文献表が完全ではないと、お考えにならないでください。ルネサンスは自分の得意とするところであり、とてもたくさんの原典をあげることができます。とはいえ、文献という点でも、つぎの章にはもっとたくさんの情報があります。

本のことや、私のお願いについて、だれにも、とくにルーマニア人には、なにもお話しにならないでいただければありがたいです。

さらに、ギーヨモン氏に送った論文について、なにかお返事をいただければまことに幸いです。『宗教学研究（*RHR*）』には「不十分」ということであれば、翻訳してどこかほかのところに発表する可能性もあるのではないかと思います。

敬愛の念を込めて、とりわけ最大の感謝をもって、

ヨアン

エリアーデ夫人と、リゼット・ペルレア夫人によろしくお伝えください。

（1） Rijksuniversiteit... とレターヘッドに記された便箋にタイプ打ちされた書簡。

（2） 最初は『まじめに冗談――ルネサンス思想における学問と芸術』と題されたルネサンスに関する著作の構想が、ここではじめて明確に述べられている。この構想にかかわって引き続いておこる紆余曲折、変更、編集が、これ以降の書簡で語られることになる。『まじめに冗談…』は、クリアーヌの死後に出版される（ヤシ、ポリロム、二〇〇三年。これにはH＝R・パタピエヴィチの「あとがき」が付されている）。一方、『まじめに冗談…』で論じられなかった事柄は、『ルネサンスのエロスと魔術 一四八四年』（パリ、フラマリオン、一九八四年）として刊行されることになる。

52①

パリ、〔一〕九七八年九月二三日

親愛なるヨアン

帰宅してからようやく、あなたをピドゥ＝パヨーに紹介しなかったことに気づきました！ しかしかまいません。来年の春に紹介しましょう（とにかく、私は彼に、「今後の版の編集者」とし〔て〕あなたのことを話しておきました。目下、パヨーは、頼んだ訂正も無視して、どんどん増刷しています。『〔世界〕宗教史』第三巻の第三版などを参

照(2)。

一昨日の「レセプション」でA・ギーヨモンに会いました。彼は私に、（もちろん、文章の細かな変更は必要ですが）あなたの論文が気に入ったので、『宗教学雑誌』に掲載したいと言っていましたが、少々遅く、一八ヵ月後！のことです。「ふたりとも」同意する……と請け合っておきました。また彼に会って、手続きを確認します（『宗教学雑誌』では、あなたがだれに申請すればいいのか、など）。

メスランがあなたを褒めていました（パヨーと一緒の席で）。しかし（あなたもすでに私に言っていたように）フェルマセレンのシリーズなので、あなたの博士論文を「学問的に」しなければならないと彼は考えています。

C・タクとは、本〔の出版〕の問題をまだ話し合っていません。フランクフルトから帰ってきたら（つぎの木曜日に）話すことにします。とにかく、べつの可能性もあります。

ストックホルムでは〔訳注1〕、「大成功」でした。パリでも同様でしたが、ここでは、ピドゥ＝パヨー夫妻の魔法にかかってしまって、たくさんインタビューを受けました（〔ラジオの〕フランス・カルチャーだけで五回！）。おそらく、私は疲れきってしまうでしょう！　しかし、生き延びられたなら、もう二度とこのような「依頼」は受けないと誓いました。

『対談(3)』はいいものになるでしょう。この本はすばらしく、そして有益です。一〇月二五日頃にそれを受け取れるでしょう。友情を込めた抱擁をもって、

ミルチャ・エリアーデ

（1）HISTORY OF RELIGIONS... とレターヘッドに記された便箋、白無地の普通の封筒。一九七八年九月二四日付パリの消印。宛先は、Prof. Ioan P. Culianu, Rijksuniversiteit, Instituut voor Romaanse Talen, Grote Kruisstraat 2°, Groningen, Pays-Bas で、差出人は、M. Eliade, 4 Place Charles Dullin, Paris 18^{e} である。

（2）おそらく、一九七六年、一九七七年、一九七八年〔に刊行された〕『世界宗教史 I——石器時代からエレウシスの密儀まで』の第三版のことであろう。『世界宗教史』第三巻は一九八六年にようやく出版される。

（3）ミルチャ・エリアーデ（クロード＝アンリ・ロケ聞き手）『エリアーデ 自身を語る 迷宮の試煉』ベルフォン、一九七八年。

訳注

〔1〕エリアーデの『日記』によれば、一九七八年九月一三日―一五日にかけて、スエーデンの出版社 Coeckelberghs Bokförlag の招待により、彼はストックホルムを訪れ講演等を行なった。

53①

［一九七八年］九月二六日　エリアーデ先生―パリ(Parijs)

謹啓エリアーデ先生

パリにいらっしゃる先生に急いでふたたびお知らせいたします……。明日にでも、もっとも面白い章というわけではありませんが、〔私の〕著書の（およそ五〇頁の）第二章を同封したこの手紙を、発送したいと思います。第三章はもっとも面白い章で、シカゴにお送りいたします。

最近、『境界』を読みましたが、（そもそも、そのような値うちもないのに……）私について頁を割いてくださったことに対して、先生とイェルンカ氏には感謝の念に堪えません。結局……。（おそらく先生たちはお気づきでしょうが）私が青春時代になした数多くの愚行や誤り、熱狂をそのままにした状態で、仕事をしたり、その仕事によって名を成したいなどという望みをいだいたりすることなど、まったくお恥ずかしいのですが、あのように書いてくださったことにはいたく感動いたしました。ようするに、私がそうであったのですが、すべてに対して才能があったがとりわけ数学に秀でている完璧な知性をもつ、という一七歳の少年のまったくの妄想は、『棟梁マノーレ伝説の注解』を読んだことからはじまったのです。そして同じように、私のすべては、先生の著作、つぎに先生の著作で引用されている著作、そしていまは先生の歴史・物語《イストリア》のあとを追いかけることによって形づくられているのです。――そして、このことが、私をまだルーマニアに結びつけている唯一の事柄なのです。

『〔世界〕宗教史』第二巻の書評②は難航しておりますが、一〇月の末、これから三年間〔書くことになっている〕『永遠』の書評のつぎの締め切りの「山場」までには仕上げたいと思っています（楽観的ですが……ふたつ書きます）。『ディオニスの宮にて』の書評も書きなおしはじめましたが、〔クリアーヌの？　この本の？〕固有の形式から抜け出せません。そして、また、愚かなことを書かないようにするのが難しいほど、時間が少なすぎます。パリに博士論文を送り、ブリル社に本〔の原稿〕を送ったならば、ただちに、なんとかして「姿をくらまして」、数ヵ月のあいだ逃げまわりながら、とりわけ『反律法主義』の構想を練り、うまく書きたいと考えています。少なくともいまは、文学が書けない理由をよく理解しております。時間がありませんし、文学には丹念な作業が必要です。〔文学はいまの仕事が終わった」あとであらためて執筆し、いつか、印刷された最初の物語集、あるいは、印刷された最初の小説をお送りしたいと望んでおります。これほど時間がかかると思いませんでしたが、どうしようもありません。

　ルネサンスに関するこの本について、これを出版することにとてもこだわっている唯一の理由は、私の名前を売り出すということです。この仕事が私の興味を引くのは、ただひたすら、本を一冊出版した人間は、二冊目は容易に、さらにそのつぎはもっと容易に出版できるからだけ、なのです。おわかりになっていただけると思いますが、「大衆化」〔訳注1〕のこと、しかし十分に深刻な水準の「大衆化」のことです（第一章にみられる以上に深刻なものです）。もし私にひらめきがあれば、――フィチーノの愛やメランコリーなどに関する――第三章は、とても興味深いものになるはずです。レオナルドの章に関しては、いまのところとても学術的なもので、ブルーノの章だけが全体としてよくできています。先生に申し上げましたように、フランシス・イェーツには十分敬意を表しますが、ブルーノ研究はよりいっそう先へ進めることができると私は思っています。

　くり返しますが、この仕事がすべて先生に喜んでいただけるとは思っていません。しかし、ご不満でなければ、「序文」を書いていただけないでしょうか。先生が、ひとりの人間を目の前にしており、その人間がすでになしたことではなく、これからなそうと望んでいることによって判断してくださるのが、私にとってはきわめて重要なのです。

　エリアーデ夫人とリゼット夫人がローマからおもどりになったかどうかわかりませんが、いずれにせよ、くれぐれも、よろしくお伝えください。

　敬愛の念を込めて……。お気をつけてシカゴにお帰りください！

ヨアン

（1）Rijksuniversiteit... とレターヘッドに記された便箋に手書きされた書簡。

（2）『〔世界〕宗教史　第二巻「ゴータマ・ブッダからキリスト教の勝利まで」』についてのクリアーヌによる書評は、『歴史・宗教研究（*Studi storico-religiosi*）』第四輯、一九八〇年、第一号、一六七―一七八頁に掲載されることになる。

訳注

〔1〕ここでクリアーヌが言及している「本」とは、最終的に『ルネサンスのエロスと魔術　一四八四年』としてまとめられる彼自身によるルネサンス研究の初期段階『まじめに冗談』だと思われる。クリアーヌによれば、「大衆操作」の技術という面があった魔術は、今日の「マスコミ」にもつながるものである。魔術のいくつもの「機能」（あるいは願望）が、現代では、より「大衆化」され、あるいは、むしろ

「科学」によって装いを変えて実現されているというのである。

54(1)

一九七八年一〇月一日

親愛なるヨアン

『まじめに冗談』の第二章をさきほど読み終わりました。取り急ぎ簡単に書きます。原稿は、興味深く、面白く、示唆に富んでいました――いまから続きを読むのが楽しみです。一昨日の夜、V〔ヴィルジル・〕タナセと「出版戦略」について話し合いました。私も彼も、フラマリオン社のイヴ・ボヌフォワが監修しているシリーズのことを考えました。私が出かける（一〇月一一日の）前に、Y・B〔イヴ・ボヌフォワ〕と話して、私が序文を書くことを伝えましょう（私の「テーゼ」。この本は、イタリア・ルネサンスを、ヘレニズムとヘルメス主義の文脈とその地平におき直しただけでなく、あなたが宗教学をとおして接近した意味の世界にもおき直したという点で貴重なものである。私の知るかぎりでは、あなたはそうした研究方法をそなえた最初の著者です）。とはいえ、おそらく、Y・Bは私にフランス語訳の一部――あるいは数章――を求めてくるでしょう。その求めに応じられると請け合っておきます。残りのことはV・T〔ヴィルジル・タナセ〕がやってくれるでしょう。

夜の八時

電話で話したので、これ以上書く必要もないでしょう。話は決まりました。私がY・Bに手紙を書く、云々。かならず文献表を完成させてください。ともかく（九―一〇頁で）、あなたの手もとにW・B〔ヴァルター・ブルケルト〕（パラケルスス――グノーシス――ヘルメス主義――ヘレニズムの関係を丹念に調べた唯一の人物）のすばらしい専門研究書《モノグラフ》があるのに、（ホルミヤードの）シャーロックによる引用を介してパラケルススを示す必要はありません。同様に、あなたがどれほど愛情と関心をもって『知ある無知』の本文を研究したかを私は知っているので、カッシーラーによってそれを引用する必要もないと思います！（「カッシーラー――カッシーラー――の注解書も参照……」と付け加えれば十分です）。

友情を込めた抱擁もって、

クリスティネルとミルチャ・エリアーデ

（1）　HISTORY OF RELIGIONS... とレターヘッドに記された便箋、白無地の普通の封筒。一九七八年一〇月二日付パリの消印。Prof. Ioan P. Culianu, 9712 TS Groningen, Grote Kruisstraat 2°, Pays-Bas 宛。

55(1)

フローニンゲン、〔一九〕七八年一〇月一九日

謹啓エリアーデ先生

みなさまとともに無事にアメリカに帰国なさり……少しは落ち着かれたことと思います！　ここ二年間、先生に対する礼賛が、私が思うに、最高潮に達しているという事実を喜んで見守っておりますが（〔エリアーデの〕ノーベル賞受賞は当然だと思います）、それは、先生にとってあまり心地よいわけではないことをお察しいたします。レジオン・ドヌール勲章受章の際の先生のご対応を、私は生涯忘れません。

さて、本の原稿が整うまでにもう二週間ほどかかってしまうことをお詫び申し上げます。学期が再開してから、私のオランダ語がオランダ人にとってもまずまずであると思われていることを知る機会がありました。特別に〔参加者が〕厳選された研究会やグループに（なかでも、フェルマセレン氏やドライヴェルス氏、コルペ教授の弟子のキッペンベルク氏のおかげで宗教学のグループにも）いくつか招かれたからです。そのようなわけで、私は帰宅するとすぐに、疲れきってソファに倒れ、ここ数日は食事する時間もありませんでした。これはいいことでも悪いことでもあります。と申しますのも、念頭にある三つの章のうち、現在、ひとつだけしか完成しておらず、もうひとつの章はあと少しで終わります。三つ目の章（その場しのぎに (ad hoc) 差し込んだ、ルネサンス思想における月に関する章）のために、さらに（分厚い…）文献を読まなければなりません。また、明日の朝までに、論文をひとつ仕上げなければなりません。しかしそのためには、さらに二冊の本を読み、四冊の文献を再読しなければなりません。先生が第三

章をお読みくださり、せめて……その一部分だけでも気に入っていただけることを強く望んでいます。

そのほかに、不愉快なご報告をしなければなりません。つまり、先生やレオニド氏、イェルンカ氏、ソリン氏に対するスタマトゥ氏(2)の言いがかり、私が「政治的な」(!!!)動機によって彼をまさに「破滅」させようとしている、と私を非難している言いがかりについてです。氏は、私の論文の翻訳に二七頁におよぶ自分の注釈を添えたものをみんなに配っています！　翻訳は話にならないできばえです。注釈については読んでもおりません。その翻訳の「傑作」のなかから抜き出してみます。キノコ（mushrooms）はアリ（furnici）と訳されています（おそらく「アリ塚（musuroi）」との音の類似が理由でしょう……）。Carmelite Friar すなわちカルメル会の修道士、〔十字架の〕聖ヨハネは、「カルメリタ・フリアル（Carmelita Friar）（夫人）」と訳されています（そこから、H・S〔ホリア・スタマトゥ〕は、私が聖ヨハネのいくつかの詩を彼女のものとしていることに腹を立てているのです）、などなど。しかし、こんな状態だとしても、気が触れてでもいなければ、この翻訳から彼の思いついたつぎのような連想をすることなどできないでしょう。H・Sが断言するところによれば、彼が……「ファシスト」(3)であり、人々（あるいは、なにかを知っている者）を嫌悪しているなど、と証明するために私が論文を書いているというのです。

私は、H・Sを傷つけることがないように、いわば客観的な手段を選びました。H・Sは偉大な詩人ですが、私の意見では、私の感性に合わないのです。つまり彼の詩は、私の人格的弱みにさわるのです。しかしとにかく、私は、（印刷中だったので論文を引っ込めることはできませんでしたが）彼が気に入らない可能性のある箇所はすべて修正して、その代わりにいまだかつてだれに対しても書いたことのないような賛辞を書きました。その結果としての矛盾と不条理。つまり、私は先生について、（先生が）立派であるとかもっとも偉大である、などとあえて書くようなまねはしたことがありません。アカデミックな世界では、そのような賛辞は、疑いをもってみられてしまうからです。しかし、私がそのように思っていることを先生はご存知だと思います。H・Sについては、意に反して、彼が偉大な詩人だと書いてしまいました。しかしそれは、彼の人格を傷つけないためです……。修正を施したこのあらたな原稿まで気に入らないと言うのであれば、もはやつき合いきれませんので、H・Sのことは完全に忘れることにいたします。

詳しくご報告しなければならないことがもうひとつあり

ます。一九七七年に私は、ある論文を書きました。その最初の版は、一九七七年五月だったと思いますが、ソリンに受け取ってもらいました。その当時私は、〈鉄衛団〉については、H・S自身が高く評価した……スカーニョの論文（H・Sもそれを深く読んでいます）を読んだのみでした。それゆえ私は、〈鉄衛団〉について語るには、いわば「統覚」をもっていませんでした。私は以前に、親切心と愛をもってH・Sをつぎのように説得しようと試みました。つまり、政治上の所属はその人がそのことを利用しようとした場合にのみ利害が生じるものなのだから、私の立場からすると、彼がRAF〔訳注1〕のメンバーであったかもしれないということにはなんの興味も惹かれない、と説得しようとしました。納得してくれたように思えたのですが……。

結局、幸いなことにレオニドもイェルンカ氏も、H・Sの妄想のような解釈が私の論文に合っていないということをわかってくれました。レオニドが私にすばらしい助言をしてくれたので、私はそれにしたがいました。その助言というのは、H・S氏が屈辱を感じないように、一部分を書き換える、ということです。しかしすでに彼が受けた屈辱——過剰〔反応〕だったのですが——は、H・Sが私になにも書いてこない以上、そのままにしておきました。結果として、H・Sの対応のすべては、「社会主義」ルーマニアについて彼が常に公然と嘆いていたはずの……、密告の仕組みそのものとなったのです。しかし、いまとなっては、H・Sがルーマニアに残っていたとしても、彼のやることはそんなに変わっていなかったでしょう。

私はレオニドに手紙を書き、上述のH・Sのきわめて偏狭な対応とは対照的な先生のご配慮に深く感動したことを伝えました。それはまさしく、先生の作品に対して、私が少なくとも一部で政治的な解釈をしてしまったときに示してくださったご配慮のことです。後日やっと、先生をどのような連中と一括りにしてしまったのかを理解したときに、私は事態の恐ろしさを自覚しました。先生が万事を理解してくださり、ゆるしてくださるならいいのですが。この気持ちに偽りがないことだけ申し添えておきます。これは、私が後日知った事態をも把握している人の目からみれば、私の人生で最大の危機といえます。つまり、先生が私を愚か者とお考えになる（この場合はそれほど悪くはありませんが）か、卑怯者とお考えになる（この場合は致命的です）かもしれないということです。これらすべての出来事のあと、H・Sの考えは当初、イェルンカ氏の信用を得ました。それで、イェルンカ氏は私にとても冷淡な手紙を送ってきました。しかしイェルンカ氏が私の論文を読んでくださったので、唯一非難されるべきところは、〔論文に〕はっきりとした好意的記述がないことだと気づいてくださいました。これから出版される版は、とてもはっきりと好意的なものになっているでしょう！　これが、スタマトゥ氏の怒りを鎮めるために私ができたことのすべてです。

　敬愛を込めて、奥さまにもよろしくお伝えください。また、心からご健康をお祈り申し上げております。

ヨアン

（1）　Università Cattolica del Sacro Cuore, Dipartimento di Scienze Religiose とレターヘッドに記された便箋に手書きされた書簡。

（2）　クリアーヌはホリア・スタマトゥの詩に関する論文を『国際ルーマニア研究雑誌（*International Journal of Roumanian Studie*）』のために執筆することを依頼されていた。論文の初稿には、この書簡でも語られているように、一九七七年五月の日付が記されている。この論文は、数多くの助言や要請が記された書簡がパリやドイツ、スペインから届いた結果を受け、大幅に改訂されて「ホリア・スタマトゥの作品に関するいくつかの考察」というタイトルで同誌の一九八〇年、第二号、一二三―一三四頁に掲載された（実際の刊行は一九八三年）。〔クリアーヌの論文の〕数頁はH・Sに対する称讃が不十分だとみなされ、そのことをめぐって、うわさ話の応酬や書簡のやり取りの騒動が亡命者のあいだで生じた。この出来事は、際限ないほど嘆かわしく有害なものであり――さらに最後には、悲惨な結果をもたらすことになった。クリアーヌ本人は、『ルーマニアの自由な世界（*Lumea liberă românească*）』（一〇五号、一九九〇年一〇月六日）において、嘆かわしいエピソードとしてこの出来事について語っている。そこでクリアーヌは、この詩人をH・Sというイニシャルで示しているが、このイニシャルは偶然にも、あるほかの人物のものと一致する。その人物とは、同じく有害で犯罪にまで至る逸話にかかわっており、エリアーデが不幸にもよく知っている人物、すなわちホリア・シマである。一九九〇年から一九九一年の期間に、『〔ルーマニアの〕自由な世界』の編集部宛に届いた脅迫の手紙のなかには、クリアーヌのホリア・シマ批判を糾弾するものがあった。

（3）　ホリア・スタマトゥは、正確には「被害妄想」に陥っていたようである。「……長く落ち着いた夜、スタマトゥが鉄衛団員（レジオナール）……だとみなから責められているという固定観念に悩まされていなかったならば」――とモニカ・ロヴィネスクは、日記の一九八二年一〇月三〇日のくだりに記している（『日記　一九八一―一九八四年』ブカレスト、フマニタス、二〇〇二年、一四四―一四五頁をみよ）。さらに、日記の一九八三年四月二三日のくだりには、「彼〔スタマトゥ〕に対して少しでも罪を犯したときには、手紙や〔自分の〕金切り声を用いること」（同、一九六頁）が、ヴィルジル・イェルンカを攻撃するこの詩人の常套手段であると括弧でくくって書き加えられている。おそらくパリの亡命者のあいだでは周知の事実であったと思われるが、テオドール・カザバンの見解も記しておこう。「エウジェン・ヨネスクはスタマトゥの人格と姿について考えながら、『犀』を書いたのである」（テオドール・カザバン『自由世界に捕われて（*Captiv în lumea liberă*）』クルージュ＝ナポカ、エキノクス、二〇〇二年、一二五頁の、クリスティアン・バディリツァとの対話）。

訳注

〔1〕　ドイツ赤軍（Rote Armee Fraktion）のことであろう。

56（1）

一九七八年一一月一日

親愛なるヨアン

一〇月二三日付けの手紙に取り急ぎお返事いたします。パリでの最後の日々、私は、電話でイヴ・ボヌフォワをつかまえようとしましたが無駄でした（手紙を「節約」するためです！……）。シカゴに到着するとすぐに、地獄のようなサイクルに引きずり込まれました（とくに健康診断のためのビリングス〔病院〕での二日間。結果は、かつてないほどきわめて良好！……）。Y・Bにはこの数日中に手紙を書きます。あなたにはつぎのことを請け合います。著書について、私はなんのためらいもありません。さらに、〔すでに執筆済の〕三つの章については、出版する価値があると考えます。それも、できる限りはやく（〔『世界宗教史』の〕第三巻の第二部で参照とすることができるように！）。

「スタマトゥ事件」について、話してくれてありがたく思います（あの人間は病気で、どうしようもありません！……）。あなたの作家としての活動力は、すばらしく、またうらやましくもあります。しかしながら、あまり多くの方面に没頭しすぎない方がいいでしょう。少なくとも当面、博士論文を刊行するまでは（『永遠』の書評はなんとかできませんでしたか？）。A・ギーヨモンに手紙は書きましたか？　すでにお話ししたとおり、〔あなたの〕研究が一九七九年に掲載されることは確かです──いくつかの修正（文体？　内容？　文献目録？）を施したあとですが。タクの件について。（一〇月二三日に）著書〔の出版〕に関して彼と話し合いました。彼は同意すると私に返事しました。しかし、（原則として？）「みる」（なにを？　目次を？いくつかの章を？……）前に契約書に署名することはできないそうです。

ロケとの対談集の書評も書こうなどと考えなくてもけっこうです。しかしすでに書いてくれたのでしたら、ソリンに送ってみてください……。

友情を込めた抱擁をもって、あなたの、

ミルチャ・エリアーデ

（1）　HISTORY OF RELIGIONS... とレターヘッドに記された便箋、定形封筒。一九七八年一〇月一日付シカゴの消印（書簡の日付と一致しない。エリアーデは一〇月一日にはまだパリにいたのだから、ほかの書簡〔の封筒〕であるはずがない〔消印の間違いだろう〕)。Prof. Ioan P. Culianu, Instituut... 宛。

57[1]

一九七八年一一月二二日

親愛なるヨアン

(ようやく訪れることのできた)ニューオーリンズから帰宅して、一〇月一五日付けのお手紙を流感の「物語」と一緒に受け取りました。あなたが、その「試練」も克服したのならいいのですが。

イヴ・ボヌフォワ宛ての手紙は、一一月一一日に投函しておきました。

あなたはまもなく、『宗教学(*HR*)』の編集部から、近年(つまり)八年から一〇年の間にイタリアで刊行された宗教学〔宗教史学〕のもっとも重要な諸業績に関する書評論文[2]を書くようにという「公式の依頼」を受けるでしょう。長いものである必要はありません。タイプ原稿で一〇—一二〇頁ほど。多くのタイトルを挙げるだけでけっこうです。お好みの言語(伊、仏、英)で書いてください。まったく急ぎではありません。一九七九年一一月号の締め切りは、三月二日から五日です。一九八〇年三月号の締め切りは、六月のはじめです。博士論文と「ルネサンス〔の本〕」が終わったら、『宗教学』の論文のことを考えられるでしょう。わくわくさせるテーマを選ぶように!……。

『宗教学雑誌(*RHR*)』の論文が軌道に乗っていることは嬉しいのですが……。

帰ってきてから、大した仕事をしていません。『自伝』のフランス語訳(これはグリゴレスク[3]がとりかかる予定)の原稿と、『日〔記〕一九七〇—一九七七年』の一部(マリー゠フランス・ヨネスクに任せています)を準備しただけです。短編小説すら書き終えていません!……[4]。

妻と私、ふたりから、友情を込めた抱擁をもって、

ミルチャ・エリアーデ

(1) HISTORY OF RELIGINS... とレターヘッドに記された便箋、定形封筒。消えかかっているシカゴの消印がある。Prof. Ioan P. Culianu, Rijksuniversiteit, 9712 TS Groningen, Grote Kruisstraat 2°, Holland 宛。

（2）この論文は「イタリアにおける宗教学――芸術の国」として、『宗教学』第二〇号、一九八一年、二五三―二六二頁に掲載されることになる。そのあとには、「イタリアにおける宗教学――後記」同誌、第二二号、一九八二年、一九一―一九五頁が続いた。

（3）ミルチャ・エリアーデ『回想Ⅰ 一九〇七―一九三七年――秋分の誓い』ガリマール、一九八〇年のフランス語訳者であるコンスタンティン・N・グリゴレスコのことである。

（4）おそらく『19本の薔薇』のことである。前掲、『日記』第二巻、三三九頁の記述によれば、一九七八年一二月一六日には書き終えていなかった。

58(1)

謹啓エリアーデ先生

先日のお手紙、心より感謝いたします。このお手紙は、クリスマスのお祝いを申し上げる頃に届くと思いますので、ここでもそれを申し添えます。クリスマスの頃にここにいるイタリア人（パドヴァ）の友人たちと一緒に、先生ご夫妻のご健康をお祈りすることになるでしょう。

先生に「断片」をお送りするという習慣を、すっかりやめてしまうことができずに申し訳ございません。著書の「序文」や最終章をタイプ打ちするまでにはいきませんでした。そこで、四―六章だけを同封してお送りいたします。せめて五章と六章に先生が興味をもってくださることを望んでおりますが、おそらく一部は気に入っていただけることでしょう。

ついに、『宗教（*HR*）』の件が進展しはじめたことをたいへん嬉しく思います。読まなければならない著書（ご存知のように、少なくとも私が知らなかったふたりのイタリア人の著者がそうです）を数えて……驚きました！　なんとしても私はミラノに行きますが、それはつまり、六月前には先生に論文をお送りすることができない、ということです。

ビアンキがブリル社から、グノーシスと秘儀に関するきわめて興味深い論文集(2)を出版しましたが、一四四フラン！（七〇ドル！）……もします。今回は私も買いません……。サイズを考えると、私の本は一〇〇ドルくらいするでしょう。結局、私の商人根性をおゆるしください（ここ数年、実際に……。それは私の人生の前半の埋め合わせなのです）。

いつものようにうっかりしており、この秋にリゼット夫人の住所を教えていただくことを忘れてしまいました。わざわざ先生に住所を教えていただくには及びませんが、私の心からのクリスマスのお祝いの言葉をお伝えいただけるなら、感謝に堪えません。もしキタガワ氏が私をご記憶であれば、同じようにお伝えください（キタガワ氏にはまもなく、私が出版をずっと前から心待ちにしていた『時《カイロス》』(3)の抜き刷りをお送りするつもりです。その論文はシカゴで書いたものです……）。

あのふたつのフランス語訳に関してお知らせくださったことをとても嬉しく思います。くり返しになりますが、一九七八年以来のM・Eの「ブーム」は、必然的にノーベル賞へと続くのではないかと想像しております。先生がこのことにご興味をおもちになるとはあまり思いませんが、しかしながら、人々に認められるというこの「最終的な勝利」には、きわめて大きな意味があります――一九四六年のヘルマン・ヘッセ、さまざまなことがらについて真実を語る勇気をもっていたあのヘッセの受賞を凌ぐほどのことです。

しかし、書店の店員だったヘッセとの関連で、私は自分の「未来」について心に決めたことを先生にお話ししたいと思います。一〇年ほどのうちに、まだ生きていたなら、したがって「歩み半ばに（in mezzo del cammin）」して、大学の仕事はやめるつもりです（おそらく幾年かは商売かなにかをします。結局、いつか先生にこの計画とその動機をお話しいたします。とにかく、その前に、「名を成し」たいのです）。こういったことすべては漠然としておりますが、そうでなければならないと思っています。いつかはそうなるでしょう。

本題にもどります。この世に対する私の「適応」は、私を害そうとしているようには思えませんが、グノーシス的眠りのかたちをとっているように感じます。私はきわめて頻繁に、一定の短いあいだ覚醒します。それは小さいものですが、悟り（satori）に比べられます。なぜなら、それらの性質や効果が、きわめて多く読まれたり考察されたりしてきた悟りの「描写」と完璧に似ているからです。しかし、よりいっそう根本的で十全な仕方で、真正なものが私を占有する瞬間が訪れると信じています。それは、死に瀕するほど真正なもので、二三歳になるまで私はそれをもっておりました。しかしその後、人間的な段階で何事かを実現できるよう「適応する」ために、それを失ってしまったのです。それゆえ、その瞬間には、私はなんらかの仕方でこの世から退くことになると予想していますが、それがどのようになのかはまだわかりません。これらすべてのことが、妄想［のよう］にきこえることは心得ています。しかし、もし――かつて何年も想像のなかで先生に話していたように、現実にも今までまともに話すことができていたと考えて——相応しい力をもっていないのに、それにもかかわらず、ブカレストとシカゴの距離を（どのようにしてかはわかりませんが）いつかとおり抜けることに成功するだろう、と先生に話していたなら、先生はそのようなことは不可能だとおっしゃったでしょう。同じように、私が出会ったすべての人々は、私が学ばなかった教訓を私にくり返していました。私が行なったことのすべてが不可能だということです（私は大したことをなしたわけではありません。しかし、不可能なものだったのです）。それゆえ、私は、不可能なほかの仕事も、モルドバ人の悠長さをもってすれば実現できると期待しています。しかしながら……。

　私がもっとも気がかりで不快なことは、大学の環境、とりわけこの三年間ミラノですごしたことで慣れてしまった、過度に批判的な態度（hipercriticismul）です。なぜなら、そのような態度は、周りの人々のことも、とりわけ私自身のことも、もはやなにも救ってくれないという意味で、破壊的なものだからです。そのような態度をできるかぎり矯正するように努めます。しかし、人々に対する先生の豊かな忍耐力をみると、私がエゴイズムをもつようになってしまったことをとても恥ずかしく思います。結局、この「魂の戦い（psychomachie）」のすべてが、肯定的なものへ向かうなんらかの平衡を結果としてもたらしてくれることを望んでいます。

　結局のところ、「くつろいだ時」のように先生のお邪魔をしてしまったのでは……と感じます。いつか、先生にお送りした手紙をすべて火にくべてくださるように、あるいは、私にそうさせてくださるようにお願いすると思います。

（1）個人的なレターヘッドが記された便箋に手書きされた書簡の下書き。日付もなく未完成であるが、一九七八年一一月二二日付エリアーデ書簡に直接応える返事となっている。このすぐあとの書簡〔59〕で明らかになるように、クリアーヌもまったく同じ日付でエリアーデに書簡を送っている。

（2）ウーゴ・ビアンキ『グノーシス主義、二元論、神秘智学論文選集（*Selected Essays on Gnosticism, Dualism and Mysteriosophy*）』（『ヌーメン』補遺、第三八巻、ライデン、ブリル、一九七八年）のことである。

（3）前述、59頁〔書簡36〕、注2をみよ。

59[1]

一九七八年一二月九日

親愛なるヨアン

とても遅くなりましたが、一一月二二日の手紙にお返事します。というのも、その手紙は、私が読んだ（そしてクリスティネルも読んだ）あと、書類に紛れてしまい――みつけることができなくなっていました。少し前に、恒例の九本の薔薇をクリスティネルに贈るために、花屋の電話番号を探していたときにみつけました。手紙を読み返し、ある程度詳細な事柄を思い出すまでは返事を書きたくありませんでした。

　率直に言って、「白い車」の脚本全体には、とても感心するとともに当惑しています――というのも、深い意味が、「向こう側への移行」というシンボリズムの直接的な感覚を容易に超えてしまうと確信するからです。しかし、どのような方向を探るべきなのかわかりません。とりわけ、手紙を読んだ夜に、つぎのような夢をみました。私はブリュッセルであなたに会い（そこであなたは教授だった）、F・キュモンの膨大な蔵書をあなたがもらいうけたことを知ります（夢のなかでは、その蔵書がローマにあるフランツ・キュモン・ベルギー研究所に贈与されたことを忘れている）。私はこのような得難い幸運を喜んで、あなたにつぎのように言います。「いまやあなたは、フローニンゲンで、宗教学の、そしてまさしくあなたの専門のもっとも豊かな情報を自由にできるのです」。あなたは私をみることなく（あなたがべつの方向をみていたという漠然とした印象があります）、そして、まるで「私に反論する」ことを少し恥ずかしがるように、つぎのように言いました。「いえ、この蔵書は祖国に、ブカレストに送るつもりです……」。私は、その知らせに大変喜んだことを憶えていますが、あなたがそのようにした理由を忘れました（もし万が一、あなたがその理由を私に言っていたのなら……）。

　あなたがブカレストで運転している白い車の「共時性」が私の夢にまで及んでいることが、おわかりでしょう。おそらく、まさしくあなたは、F・C〔キュモン〕の蔵書をルーマニアにもって行く……と私に言ったのでしょう。

　妻と私、ふたりから、友情を込めた抱擁をもって、

ミルチャ・エリアーデ

追伸　Y・B〔ボヌフォワ〕からきわめて肯定的な手紙。

（1）HISTORY OF RELIGIONS... とレターヘッドに記された便箋、定型封筒だが右上の消印がない（切手が切り取られている）。Prof. Ioan Culianu, Rijksuniversiteit... 宛。

60[1]

一九七九年一月一八日

親愛なるヨアン

一二月一八日付けの手紙に遅ればせながらお返事いたします。およそ一〇日前、ユカタン半島（より正確にはグアテマラ）から帰った際に、その手紙をこちら〔シカゴ〕で受け取りました。（事情通のジャーナリスト風に書けば）「マヤ文明の遺跡」を散策しながら、リクール夫妻とともに三週間ほどすごしました。あなたが、チチェン・イトゥザ、ティカルとコバン（あるいはチチカステナンゴ、もはや覚えていませんが……）からの絵葉書を受け取ってくださっているといいのですが。そうは言うものの、あなたが中央郵便局で直接、受け取るのでなければ、それらのメッセージは届かない、とあとになってからわかりました[2]（切手が剝がされるそうです）。

とりあえず、なによりも、よき新年であることを心から願っています。最初に言っておきますが、あなたの「敗北主義」には賛成しかねます。しかしあなたは、「謙虚」であることは嬉しく思います。あなたが「第二のキュモンやM・E」を志す必要はないのです。わかりますね？　あなたは、彼らに追いつき、彼らを凌ぐあらゆる潜在能力をもっているのです。さらに必要なのは、わずかばかりの幸運です（研究に専念するために、落ち着いて生活できること）。あなたのこれまでの経歴から判断するに、幸運があなたを見捨てることはないと確信しています……。

新たに仕上がった三つの章を読み、嬉しく思いました（しかしフィチーノに関する原稿ほどではなかったかもしれません。実のところ、私はフィチーノに弱いのです……）。G・ブルーノに関する考察は、私を夢中にさせます（文献一覧と注はこれから整理されるのでしょう。しかしながら、細かい点を指摘します。一一四頁、注四〇など……。メスランはそれほど斬新ではありません。ほぼすべては、G・ヴィデングレンとM・Eによってすでに論じられたことです。『ザルモクシス〔からジンギスカンへ〕』三七、三八頁〔訳注1〕の文献一覧、『悪〔魔〕と両性〔具有〕』六〇、六一頁〔訳注2〕以下をみてください。祠《ほこら》における光はすでに仏教の伝説にあります。『悪〔魔〕と両性〔具有〕』三九頁以下〔訳注3〕を参照。さらに、『〔世界〕宗教史』第二巻、文献解題、四八七頁〔訳注4〕。「文献一覧」に関して。あなたは、クリステラーと彼の「学派」〔を〕ほとんど引用していないようにみえますが、私の勘違いですか？（一九七七年に刊行された三巻の『O〔オスカー〕・クリス〔テラー〕献呈論文〔集〕』は、彼の著作の現代性を示していると思います）。ところで、この本を完成させるのはいつごろになりそうですか？ V・T[3]は、原稿の一部〔の翻訳〕を仕上げて、まもなくイヴ・ボヌフォワ〔に〕提出すると手紙で書いていました。多くの章とは言いませんが、少なくとも三つか四つの章を提出した方がいいと思います。だいたい八〇―一〇〇頁あたりでこの本の「目的」が明らかになります（注意点。同時代の著者の文献を引用しすぎている、つまり翻訳しすぎているとは思いませんか。それに、幾人か――たとえば、アガンベン――は、一般にはまだほとんど知られていない人物です）。

一部の学者たちが、われわれの（そして彼らの……）分野を「科学」に変換しようと作り上げてしまった「モデル」に対するあなたの嫌気は、理解し共感できるものです。また、あなたがコルペの研究を好むのも当然のことです。いったいなぜ、自然科学的、または社会科学的な「モデル」に倣う必要があるのでしょうか？ 最終的に、解釈学こそがもっとも可能性を秘めた研究方法（approach）だと思います。つまり、分析対象とする精神的資料の「意味」や「メッセージ」を解読することに専心するのです。この作業は決して完結することがなく、われわれ各人が到達する結果は、「決定的」なものではありません。しかしこのことは、あらゆる文化――とりわけ二〇世紀の終わりにおけるわれわれの文化――の条件であり、宿命でもあると思います。どうしてもモデルをもたなければならないとしたら、私はニーチェを選びます。彼は偉大な文献学者でした（全集の『文献学編（*Philologica*）』読んだことはあるでしょうか？ あるいは、E・ローデとの往復書簡を読んだことはありますか？ それは青春時代の郷愁を感じさせるもので、そこでニーチェは論文を書くために、ギリシャ語写本を校合してくれないかとこの友人に頼んでいます）。F・N〔フリードリヒ・ニーチェ〕の「解釈」は、『悲劇の誕生』から『この人を見よ』まで、近代人の危機全体を予期しており、さらに、近代人を「創造する」ことにも貢献したのです……。

友情を込めた抱擁をもって、

クリスティネルとミルチャ・エリアーデ

追伸　「序文」の執筆のために、パリにおいてきた一―二章も必要になるでしょう。後日、V・Tの翻訳でもかまわないので、写しを送ってもらえますか？

追追伸　ダグラス・アレンが、ロンドンから、〔イタリアの〕『商業出版カタログ一九七六年』にレオ・ルガリーニ『聖とアルカイックな心性という主題――R・オットーとM・エリアーデ』ヤパドレ（?!）〔訳注5〕が掲載されていると手紙で知らせてくれました。もっと詳しい情報を知らせてもらえますか？

（1）HISTORY OF RELIGIONS... とレターヘッドに記された便箋、定形封筒。Prof. Ioan Culianu, Rijksuniversiteit... 宛。

（2）実際、それらの絵葉書は、〔クリアーヌの保存していた〕エリアーデの書簡のなかには見当たらないので、宛先に届かなかったようである。

（3）ヴィルジル・タナセ。

訳注

〔1〕邦訳『エリアーデ著作集　第一一巻　ザルモクシスからジンギスカンへ①』、六六―六九頁。

〔2〕邦訳『エリアーデ著作集　第六巻　悪魔と両性具有』五七―五八頁。

〔3〕同三八、三九頁。

〔4〕邦訳『世界宗教史　II』「文献解題」一二一―一二二頁。

〔5〕原文は Leo Lugarini, *Tema del sacro e la mentalità arcaica. R. Otto e M. Eliade*, Japadre (?!)。

61（1）

一九七九年二月一四日

親愛なるヨアン

私たち夫婦は、「諸民族の天使」（2）のすばらしい原稿のことで、あなたを抱擁したくなります！……。

取り急ぎ、手短に書きます。というのも、私はこの夏に書き始めた小説（＝物語）に（言うなれば）「囚われてしまっている」からです。それは、（手書き原稿で）二〇〇頁に達しており、そろそろ終わりにしたいと思っています（しかし、その目処はたっていません……）。

あなたに手紙を書いたのは、とくに、ルネサンスに関する本の執筆を中断しないように勧めるためです。なんとしてもこの本は出版しなければなりません（たとえフラマリオン社がだめでもパヨー社から）。文章の推敲や文献一覧の補完など――これらは後日行なえばいいのです（つまり、あなたが本を完成したあとに）。なぜ、タナセは翻訳にそれほど時間がかかっているのでしょう。

P・O・クリステラーのあの三つの記念論文集については、『思想史雑誌』〔訳注1〕第三九巻、一〇月―一二月号、一九七八年、六七七頁以下、で読むことができます。

あなたにとっては面白いでしょうから、『ニューヨーク・タイムズ』紙からの記事を同封いたします。最初の一〇行に、アメリカ合衆国における神話的創造性の再活性化を伝える（外典的とでも言うべき）逸話が載っています。

抱擁をもって、

ミルチャ・エリアーデ

（1）　A4判サイズの大きな封筒、The University of Chicago, History of Religions とレターヘッドに記されている。一九七九年二月一四日付シカゴの消印、Professor Ioan Culianu, Instituut voor Romaanse Talen... 宛。

（2）　これは、研究論文「諸民族の天使とグノーシス的二元論の起源（Les anges des peuples et la question des origines du dualisme gnostigue）」のことであり、クリアーヌがもともと「ユダヤ教の二神論におけるグノーシス的二元論の起源」というテーマで、一九八〇年三月のルーヴァン＝ラ＝ヌーヴのコロキウムにおいて最初は口頭発表として報告したものである。まず、研究論文の英語版が、R・ファン・デン・ブルーク、M・J・フェルマセレン編集『グノーシス主義とヘレニズム諸宗教に関するギレス・クィスペル献呈論文集（*Studies in Gnosticism and Hellenistic Religions presented to Gille Quispel*）』ライデン、ブリル、一九八一年、七八―九一頁に掲載され、つぎに、がんらいのフランス語版が、ジュリアン・リース編集『グノーシス主義とヘレニズム世界――ルーヴァン＝ラ＝ヌーヴ・シンポジウム報告（*Gnosticisme et Monde hellénistique. Actes du Colloque de Louvain-la-Neuve*）』ルーヴァン＝ラ＝ヌーヴ、ペータース、一九八二年、一三一―一四五頁に収録された。「諸民族の天使とグノーシス的二元論の起源」は、ダン・ペトレスクの翻訳で、エドゥアルト・イリチンスキによる序説的な研究論文が付された刊行準備中の『森の道 II――グノーシスと魔術』に収録されている〔これは二〇一三年にヤシのポリロム社から出版された〕。

訳注

〔1〕 *J[ourna]l of the History of Ideas* と補われている。

62①

親愛なるヨアン

一九七九年三月八日

三月九日のお祝いと（『ルーマ〔ニア〕研究雑〔誌〕』[2]の）ふたつの書評に感謝します。お返事がこれほど遅れてしまったのは、数日前にようやく小説『19本の薔薇』を完成させたからです。書きはじめた八月に予想していたよりも、分量がかなり増えました。二〇〇頁ほどのタイプ原稿。あなたにその写しをまもなく送ります。

〔あなたの〕著書の序文と終章の考えは、とても気に入りました。しかし残念ながら、終章は『ヒュプネロトマキア』からの引用文を長く、「大量」に「詰め込み」すぎています（私にはそのように思えます）。あなたが急いで、あるいは「いらいらして」、この本からさっさと「逃れよう」としたという印象を受けました（同じようなことはヨルガの多くの本にも確認できるのですが……）。あなたが到達した結論は、きわめて重要なものなので、省略なしの（in extenso）ふたつの引用がある頁で、読者を「離れ」させてはいけません。簡潔にまとめ、それからいくつかの文章や表現などを引用し、よりドラマティックなものに、つまり、あらたな短めのものにしたらどうでしょう？　『ヒュプネ〔ロトマキア〕』が、一般にはあまり知られておらず、難解なものであることはそのとおりです。しかし、長すぎる引用文は煩わしいものです。とくに読み手が、あなたの主張しようとしていることに「引き込まれ」なければならない箇所では、なおさらのことです。いまその気になれないのであれば、後日、この六頁は書き直した方がいいでしょう。重要なのは、この本を完成させて、イヴ・Bに提出することです。

国籍の問題が解決されなかったことはとても残念に思います。あなたはいつでもパリにくることができるものと思っていました……。『宗教学』[3]の「書評論文」に関しては、この八年から一〇年の間に発表されたすべてのものに言及する必要はありません。厳選して、それ以外のものは（価値があれば）、文献一覧に載せてください。

クリスティネルと私から、友情を込めた抱擁をもって、

ミルチャ・エリアーデ

追伸　A・マリノに一二月一四日に手紙を書き、ふたつの原稿を送ったことを伝えてください。ソリン気付けであらためて手紙を書きます。

「文献一覧」（*）、第七章に関する追伸

あなたが引用で使ったのは、E・ウィントの『〔ルネサンスの〕異教秘儀〔訳注1〕』のどの版ですか？　一九六八年の「改訂・増補版」（ペーパーバック、ニューヨーク、ノートン）を使う必要があるでしょう。ウィントの一三一頁を指

示している注三（〔ピーコ・デッラ・ミランドラの『ジローラモ・ベニヴィエーニ――「愛の歌」〕注解』）を確認してみたところ、最新版では一五五頁〔訳注2〕、脚注七となっていました。さらに、注六、ウィントの一三〇―一三一頁で引用されているヴァレリアーノは、一五四頁〔訳注3〕にあります。

きわめて重要とはいえ、省略なしに『ヒュプネロトマキア』を多く引用しすぎていると思います。簡潔にまとめ、必要なくだりのみ引用すべきだとは思いませんか？　あなたが使用しているフランス語訳は、読むのに骨が折れます（文体のみの問題ではありません！）。有益で鋭い解説が載っているクロード・ポプラン（**）の『ポリフィリオスの夢』（一巻・二巻、パリ、一八八三年）を使わなかったのはなぜですか？（私はブカレストでそれをもっていました）。エリク・イヴェルセンの『ヨーロッパの伝統におけるエジプトの神話とそのヒエログリフ』〔訳注4〕（コペンハーゲン、一九六八年――著者が私に送ってくれました！）の六七頁以下には、いくつかの図版が載っており、とりわけ〔一説に『ヒュプネロトマキア』の著者〕コロンナがどれほど「成功して」いたか、どれほど多くの模倣があったのかということなどを示しています（そして有益な文献情報も）。

愛国的な詳細。昨年の秋、われらの「同胞女史」（***）エマニュエラ・クレズレスクによって、（すばらしいイラストなどが載っている）豪華な本が、ベル・レットル社から刊行されました（正確なタイトルは思い出せません。『…「ポリフィリオスの夢」…』とかなんとか）。彼女はマルタ・ビベスコ〔訳注5〕の孫娘で、伯爵夫人マドレーヌ・クマンタの娘です。彼女は、およそ一〇―一五年かけてこの分厚い本を書き上げたのです。図像と情報に関して参照するには有益です。その仮説は、彼女の夫で数学者のクレズレスクによって提案されたものです。ロジェ・カイヨワ、マルセル・ブリオンなどが〔それに〕感激していました。

* この追伸は、本文を書く数日前に書きました。三月八日に書いた本文と重複していると思います。

** 最近の批判的研究（E・イヴェルセン参照）に引用されている唯一のフランス語訳です。忘れてはいけません！　あなたの最終章、すなわち結論はとても独創的です。なぜ、六頁もの引用文で読者を煩わせるのですか？

*** 実は、彼女はイタリア人ですが。

（1）　HISTORY OF RELIGIONS… と記されている便箋、定形封筒。一九七九年三月八日付シカゴの消印、Prof. Ioan P. Culianu, Rijksuniversiteit… 宛。

〔2〕省略部分の推測は不確かである。

〔3〕前述、95頁〔書簡57〕、注2をみよ。

訳注

〔1〕邦訳『ルネサンスの異教秘儀』。

〔2〕前掲書、三四二頁。

〔3〕前掲書、三四二頁。

〔4〕Erik Iversen, *The Myth of Egypt & its Hieroglyphes in European Tradition*, Copenhagen: Gec Gad Pablishers, 1961.

〔5〕マルタ・ビバスコ（ビベスクとも）（一八八六—一九七三年）は、おもにフランス語で著述したルーマニア人作家。父は王国時代のルーマニアの駐仏大使、外務大臣を務めた。母はオスマン帝国で重要な働きをなした貴族の出である。一九五八年以降はパリのホテルで亡命生活をおくる。

63①

一九七九年三月二一日

親愛なるヨアン

三月一四日に受け取った手紙に対して手短に。

一、あなたが小旅行しやすくなり、五月二一日から二二日以降にパリでお会いできることを嬉しく思います。

二、『宗教学』の書評論文に関して、同意します。より網羅的に、そして簡潔にできれば、もっといいでしょう！

三、私が読んだ原稿が最終章ではないことがわかり、よかったと思っています。

四、私は、やはり引用が長すぎると思います。引用文を少なくするということなので嬉しく思います。

五、「文献補遺」に関して、それを過度に深刻に受け取る必要はありません。この章を読みながら、青春時代の研究や細事を思い出しました。いつものようにそのことをなにか〈日記帳〉に記すかわりに、あなたに伝えました。

六、（あなたがパリで私に言ったように）文献一覧は後日整理されるということはよくわかっています。それは重要なことではありません——しかし、あなたが「ルネサンス」を位置づける展望は違います。それは独創的であるだけでなく、刺激的なものですらあると私には思われます。

七、ただし……（七二歳ともなると、「老婆心」が高じてしまうことをあなたもわかってくださるでしょうが……）、印刷にまわすために、原稿を準備しておくのがよいと私は強く思います。つまり、すでに執筆済の六—七章を翻訳してもらうためにV・T〔ヴィルジル・タナセ〕——あるいは、あなたが見つけられるほかのだれでもよいのですが――に催促すべきだということです。そうすれば、最終章と結論ができあがったときには、フランス語版もほとんど完成していることになります。Y・B〔イヴ・ボヌフォワ〕がその本を出版するつもりがなければ、パヨーに打診してみましょう。

あなたの健康と幸運を願って、抱擁をもって、

ミルチャ・エリアーデ

追伸　『宗教学』で私たちがなしとげたことに、ある詩人（＝作家！）が示してくれたすばらしい反応を、三月一日付けの『ラ・クィンゼーヌ・リテレール（*La Quinzaine Littéraire*）』（ル・クレジオの書評）で読んでみてください。

（1）　HISTORY OF RELIGIONS... とレターヘッドに記された便箋、定形封筒。一九七九年三月二一日付シカゴの消印、Prof. Ioan Culianu, Instituut... 宛。

64①

〔一九〕七九年四月二五日

謹啓エリアーデ先生

まずなによりも、先生ご夫妻に心から復活祭のお祝いを申し上げます！

パリに五日間滞在してもどって参りましたが、お話ししたいことがたくさんございます。先生を飽き飽きさせることがないように、ごく手短にするように心がけます。

(1)拙著（ルネサンス）。やっとのことでひとつの章が翻訳されました。昨日（四月二四日）、ようやくそれはボヌフォワの手に渡りました。と言いますのも、Y・Bは三週間ほどアメリカ合衆国に行っていたからです。彼は先生に連絡をつけようとしましたが、うまくいかなかったようです。そのため、Y・B〔イヴ・ボヌフォワ〕はまだ決定することができませんでした。

もし彼が私の本に関心を示してくれるのであれば、ようやく第一歩が踏み出せたことになります。フラマリオンと彼の息子は、彼らだけが選集に関する決定権をもっている

のですが、ふたりとも重病をわずらっており、そのため接触できないでおります。

アメリカ合衆国から帰ってきたばかりのY・Bに私は会っていません。〔会ったとしても〕しょうがなかったでしょう。先生がパリにいらっしゃったとき、可能であればわれわれ三人全員が顔を合わせてはどうかと、彼はV・T〔ヴィルジル・タナセ〕に提案していました。先生もしくはV・Tが、そのような会見に都合のよい時期をお知らせくださるのをお待ちしております。

べつの可能性も残されています。私の本がY・Bの選集から出版されないという可能性ですが、そこが唯一というわけではありません。この選集を選んだのは私の考えですが、とても息苦しいので、失敗だったように思います。

ともかく、先生がパリに到着なさるときまでに、あるいはその直後に、最終章と結論をお渡ししたいと望んでおります。

(2)博士論文。メスランと話しましたが、先生が審査に参加なさりたいということをおききしました。先生の多大なご援助にとても感謝いたします。結局、先生が私に対してなさってくださったことの一部に対してだけでも、将来、ほかの人に「報いる」ことができるかどうかさえわかりません。

一〇日ほど前に、はじめて白髪をみつけました……。青春時代はすぎ去ったので、もっと賢くなりたいものだと思っております。しかし、この発見はショックでした……。

博士論文に話をもどします。博士論文の口述試験は、先生のご都合しだいとなっております。メスランによれば、決定稿の提出が九月一日頃になると、先生のアメリカご帰国（いつもですと、一〇月前半）までに口述試験を開くことが不可能になります。そのため、口述試験は、来年、先生がいらっしゃるときまで延期されることになります。

A・ブレリチを記念する論集のための新しい原稿[2]を、べつの封筒で先生にお送りいたします。イタリアの宗教学に関する（短い）論文もまもなく（おそらく一ヵ月以内に）お受け取りになられるはずです。

最後にお伺いしたいのですが、階段状にLATERAと書いてある丸いかたちのお守りの由来やそれが意味することについて、先生はなにかご存知ではないでしょうか。その右上には六つ（七つ？）の輻《や》をもった輪とふたつの翼が描かれており、左下には白いハツカネズミが描かれています。私にはこれがなんなのかよくわからず、その象徴が意味するところもはっきりいたしません。

敬愛と感謝の念を込めて、

奥さまにもよろしくお伝えください。とりわけ、ご健康をお祈り申しあげます、

ヨアン

（1） Rijksuniversiteit... とレターヘッドに記された便箋に手書きされた書簡。

（2） これは、クリアーヌの研究領域における重要な業績、『永続――A・ブレリチ記念論集（*Perennitas. Studi in onore de A. Brelich*）』ローマ、アテネオ出版、一九七九年、一四九―一七二頁の「月と地の間…プルタルコスにおける、籠り、強梗症、脱魂」（その別版？）のことである。この研究は、前掲〔イタリア語版〕ヨアン・ペトル・クリアーヌ『森の道 I…』五三―七七頁に収録されることになる（九二―一二〇頁におけるルーマニア語訳を参照）。

65[1]

フローニンゲン、一九七九年五月一一日

謹啓エリアーデ先生

先生にこのお手紙を書くにあたり、とても躊躇いたしました。しかし、この悲しく愚かしい出来事について、先生がご承知の方が、そうでないよりはましであると思います。先生にそれをお知らせしなければならないのがこの私であることが、とりわけ恨めしく思えます。

ついに、フーリオ・イェージが本性をあらわしました。彼の著作『右翼の文化』〔ミラノ〕、ガルザンティ、全一七六頁、四五〇〇リラ、においてもっぱら槍玉にあげられているのは先生です。

このことは、イタリアでもっとも読まれている日刊紙『ラ・レプッブリカ（*La Repubblicc*）』に、今月四日に掲載されたエンリコ・フィリッピーニの書評「リアラがユリウス・エヴォラに出会うとき」（この書評は〔イェージの〕本[2]が書店に出るよりも先に発表されました）から推測できました。行間から読み取れるのですが、著者はどうやら、イタリアのテロリズムが「右翼の文化」の発現であると考えているようです。先生のことを論じている箇所から判断するならば、この「文化」において、先生はエヴォラよりはるかに「破壊的な」役割を果たしているということです。

この学者のなんとも言いようのない馬鹿げた考察を要約することはいたしません。本は読むつもりです。しかし著者は、有無を言わせず、「M・E教授は、きわめて学術的

な宗教学の基本文献を書きながら、ルーマニア系ユダヤ人たちをナチスの親衛隊に引き渡していた」と断言しているのです！　この人物は、先生の一九三七年（！）の論文からの（まちがいなく偽作の）引用を根拠にして、そのように主張しています！　とにかく、それを書き写すことはやめておきます。しかし腑に落ちないのですが、彼は、どこからこの（確実に誤った）情報を得たのでしょうか？(3)

それに続く考察は、政治的論争から離れて、宗教学の領域に入っていきます。原初宗教からグノーシス主義者たちにいたるまでの「神々の退去」という問題は、先生も『「宗教学」概論』のなかのひとつの章で、実際にきわめて重要なものとして取り上げておられますが、著者イェージは、先生がイシュ（？）アク・ルリア（Yish(?)ak Luria）の弟子であろう……と断言しているのです！（彼は先生のことを「神話の盗人」とさえ書いています……）。彼の解釈にしたがうならば、先生は過激主義のカバリストのように、「殺せ、殺されよ」という格言を宣言するのを目標としていたというのです（しかし彼は、「とにかく殺せ！」と付け加えています）。そのあと、イェージはアウシュヴィッツなどについても取り上げています。

もしこの本がこれほどまでに愚かしく悪意のあるものでなければ、私は熱心な勉強家として、「彼は先生をなんと大した人物の弟子にしたものだ！」とおどけて応じてみせたところです。私は［イツハク・］ルリアをとても尊敬していますし、彼はまちがいなく近代ニヒリズムの最大の祖であり、彼の思想はまちがいなく（意識せずとも）近代西欧の礎となっています。しかし私は、ルリアと先生のあいだに関連性があるとはとても思えません！　イェージは、よくもこれほどのでたらめをでっちあげられたものです！　と言いますのも、先生が（イェージによれば）「反ユダヤ主義」であると前提されているからというより、反対に、先生の思想が深く生気論的だとされているからです(4)。これ以上、この著者の惨めで害のある考察を付け加えません。この本がこれほどまでに身の毛のよだつものでなければ、笑いのネタになっていたかもしれません。

反駁することを考えましたが、それは無駄でしょう。新聞は掲載してくれません（それに、あまりに「右翼じみた」ことは好きではないので、そのようなことはしたくありません）。

もはや付け加えるべきことはなにもありません。ただ、おそらく著者は、柔和で教養があり敬虔な、一五七二年にペストで死んだルリアと、さきの大戦を引き起こした連中との関係について、もっとよく考えるべきでした。しかし、この関係は、時期がよくないので、長きにわたって、ルリアの教義そのものよりも、もっと秘密めいたものであり続けるでしょう。イェージはそれについてなにかを耳にしたように思えます（私も耳にしましたが、それについては一九〇八年の論文が一編あるのみです）。

敬愛の念を込めて、この妄想のイメージが私のイメージに重ならないように、この妄想を逐一先生にご報告したのが私であるのを忘れてくださることを願いつつ、また、奥さまにもどうかよろしくお伝えください。

ヨアン

（1）　Rijksuniversiteit... とレターヘッドに記された便箋に手書きされた書簡。

（2）　フーリオ・イェージ自身も、この本の刊行の準備を進めながら、明らかに宣伝目的で、エリアーデを攻撃する論文「困惑させる出来事（Un caso imbarazzante）」をかなり以前の一九七九年四月二一日の『全書（*Tutto Libri*）』紙に掲載していた。

（3）　情報源は、一九七二年一月から三月にただ一度だけ刊行されたイスラエルの機関誌『系譜（*Toladot*）』である。それには「ミルチャ・エリアーデの文書」（二一―二七頁）が掲載されている。それには、ミハイル・セバスティアンの『日記』（当時は未公刊）からのいくつかの文章が引用されていた。この書簡を書いた当時、クリアーヌはこの刊行物の存在を知らず、それについて言及しているイェージの著書も読んでいなかった。『系譜』事件に関する詳細な議論については、ロベルト・スカーニョ「戦間期ルーマニアにおけるエリアーデの政治参加に関する根本的考察（Cîteva considerații fundamentale privind angajarea politică a lui Mircea Eliade în România interbelică）」『文化展望（*Observator cultural*）』第二〇四号、二〇〇四年、六―一二頁をみよ。

（4）　フーリオ・イェージは、（一九五九年一一月八日の）エリアーデの『日記』の一文を引いている。そこで、この宗教学者〔エリアーデ〕は、自分の『概論』、すなわち『宗教学概論』における天空神の章について論じながら、「この著書における秘密のメッセージ、宗教学に暗に含まれている「神学」は適切に理解されたであろうか」と自問している。「しかしながら、そこ〔『宗教学概論』〕から出てくる意味は明白である。すなわち、全体として多様な神話と「宗教」は、神が退去すること、暇な神（deus otiosus）に変容すること、宗教的現実から消えることによって、世界に残された空虚の産物なのである。（中略）しかし、「真の」宗教は神が世界から退去したあとでなければはじまらないということが、はたして理解されたであろうか？　神の「超越性」が、神の食と混同されたり、同一視されたりしているということが理解されたであろうか？」（ミルチャ・エリアーデ、前掲『日記』第一巻、三三九頁〔訳注1〕）。ここで重要なのは、明らかに最後の問いかけである。なぜならそれは、エリアーデによる聖と俗の一致という考えや、聖の「認識不可能性」という考えに通じるからである。しかしフーリオ・イェージは、『概論』で語られているこの最高神の現世からの退去を、ツィムツゥム（ṭimṭum）、すなわちカバリストのイツハク・ルリアの理論にそくした、創造に場所を与えるための神のみずからのうちへの退去、と同一視したのである（フーリオ・イェージ『右翼の文化（*Cultura di destra*）』、ミラノ、ガルザンティ、一九七九年、四四―四五頁以下をみよ）。この仮説にはかなり無理がある。なぜなら、それらは創造をなしとげる上でのまったく異なるふたつの契機を取り上げているからである。すなわち、ルリアでは、退去はまさに創造に場所を与えるためになされるのに対して、エリアーデでは、退去はすでに世界の本質的な部分が形成されたずっとあとになってからなされるのである。イェージの残りの考察は、シャブタイ・ツヴィとヤコブ・フランクの無律法主義と、鉄衛団〔レジオナール」の無律法主義との比較に基づくものであり、もはや神の「退去」のふたつの概念とはまったく関係がなく、そもそもこのふたつの概念をひとつのものに混同してしまっている。

訳注

〔1〕邦訳『エリアーデ日記（下）——旅と思索と人』、四三—四四頁。ただし、このルーマニア語原文は邦訳と異なる。

66[1]

〔一九〕七九年五月一七日

謹啓エリアーデ先生

今日、私は大学に「よび寄せられた」気分でした。午前中に、すでに〔大学に〕行っていたので、とくになにか用事があったわけではありません。また、H・レヴィの本『カル〔デアの〕託〔宣〕と降神術』を急いで読み終えなければなりませんでした。『19本の薔薇』をみつけたとき、よび寄せられた理由がわかりました。一息で草稿を読みました。思考と感情が揺さぶられました。それは、先生の最新のご本の再々読とは部分的に矛盾します。結局私は、先生をとてもよく理解しているが、完全にではないということです。

私は先生に私の当惑をお伝えしてきました（実際には、もはやよくわからないのですが、情緒的なときに書いた先生宛てのお手紙のほとんどは、お送りしていないからです——何年も前からそうでした）。しかし、私が理解していることと理解していないことを先生にお話ししなければなりません。

残念ながらいかなる錯覚でもなく、現代における「自由」は、どこであろうと、純粋な妄想であると私は理解します。先生は、お見受けしたところ、現代ルーマニアの社会主義政権がまさに避けがたく呪われたものであるとみなしていると理解します。社会主義政権は変わることはできない、唯一の希望は内側の変容であると先生はみなしておられます。しかし私は、きわめて興味深い現象に、現在、居合わせていると感じています。それは、ヴェーバーなら「ある状態の高まり」と呼ぶようなものを数多くの人々にもたらすことができる現象です。ルーマニアの歴史全体が外からのみ決定されてきた、というのは本当です。〔一八五九年に〕国土統一がなされたことしかり、一八七七年〔の露土戦争参戦による列強からの独立承認〕もしかり、ブフテアにおける〔一九一八年のブカレスト講和条約による〕事実上の平和締結後の、一九一九年〔のベッサラビアとブコヴィナ獲得〕もしかりです（いかなる価値判断もなしで！）。唯一の強力な「ある状態の高まり」は、あのふたつの戦争のあいだ、実際には決して「権力」を掌握しませんでした！　それゆえ、ルーマニアは、内部の力によってみずからの状況を変えることができないと言えます。いまとなっては、外部の力によってもますます〔できない〕……。私は考えが混乱しはじめており、それゆえつぎのように言いたくなります。形式的な自由はどこでも過去のものになっていると理解する、と。しかし、「絶対的な自由」とはなんでしょうか？　とりわけそれは、スペクタクルと正確にはどのような結びつきをもっているのでしょうか？〔訳注1〕　貧弱な解釈者として、いくつかの仮説に悩まされます。

(1)自由は、人為的な空間においてのみ可能である。しかしその場合、それは絶対的な自由ではあり得ない。

(2)自由は、意識のひとつのあたらしい領域の発見をとおしてのみ可能である。しかしこれは、アメリカの多くの集団のテーゼ（それらの理論家たちによれば〈意識Ⅲ〉）である。そのテーゼはエッセネ派とほとんど同じようなものであり、「邪悪な者たち」が自分たちを「食い」にやってきたとき、神秘主義的な力によってのみその「戦い」に勝てると信じるものである。

(3)自由は、特定の想像的領域が活性化する場合にのみ可能である。その領域は、生存の遊戯的なもろもろの根拠を生み出す（イエロニムの「フィルム」の場面のことです）。この三つ目の仮説は、最初のふたつを混ぜ合わせたものです。

(4)絶対的自由というのは、それが偶発的ではない計画によってのみ可能であることを意味する。しかしその際、そうした自由は、（伝統的宗教のひとつにおいてであれ、あるいは超自然的な教義の類であれ）ある信仰の行為をとおしてのみ獲得することができる。

〔これらの仮説は〕おそろしく退屈なものだとしても、実際には生死にかかわる問題だと思います。しかし、私は、先生がおっしゃることを理解したいのです。と言いますのも、先生はきわめて多くのことを、私などよりもはるかに多くのことをご存知であると私は信じているからです！

ある点において、すなわち先生が「秘密」は想起にあると言われるとき、私は先生を理解しています。この点で、私は先生をまさしくとてもよく理解できるのです。と言いますのも、私はつぎのことを確信しているからです。つまり、私が何事かをうまくなしとげたときはいつでも、自分の存在が断片的ではなく完全に知的なものであったという状況を思いおこしながらそうしたのです。しかし、そのような「秘密」を理解する人はきわめて少ないと思いますし、むしろそのことを私はとても恐れています。私の人生のなかで唯一の人格を知ったことを、まさしく恐れているのです。その人格についてお話ししたことはありません。その人格は、「秘密」を応用することができるのですが、その人格の出現は病的な限界にまで達しました。このことは、「秘密」がこの人格によっては伝えられないということを純粋かつ単純に意味します。この人格は、独我論に還元されてしまったということです。

ようするに、よく理解しているのかどうかはわかりませんが、やはり先生を理解しているように思います。私がなにかを理解しているということが重要なのです。悩ましいのは、スペクタクルとの結びつきです。おそらく、これもいつか理解できるでしょう。

このような謎めいたことに時間を割いてくださり、ありがとうございます。いずれあらためてこのことについて考えるようにいたします。

＊＊＊

すべて先生にお書きしますので、不快な著作の話もお知らせしなければなりません。F・イェージの本『右翼の文化』は、すでに最大の部数を誇るイタリアの日刊紙『ラ・レプッブリカ』に書評が掲載されました。〔本が〕市場に出る前に、書評から確認できるかぎりですが、嫌悪をもよおすほど中傷のひどい章を先生に差し上げます[2]。私は動けません。だれか（どこかの新聞）が私に反論の機会をあたえてくれるとは思えません。お送りした箇所をお読みくだされば、ここ数年のあいだ、「〔先生に対する〕攻撃」の大きさを私が誇張してきたわけではなく、むしろ過小評価していたことがご理解いただけるでしょう。

A・マリノが、彼の本から二編の短い論文を送ってきました。残念ながら、そのうちの一編には、先生に関する私の本からのほとんど逐語的な翻訳が含まれています。私を引用できないことはわかっているはずですが、そんなに急がなくてもよかったでしょうし、せめて言い回しを変えることくらいできたでしょうに！　いずれにせよ、この事実についてまったく憤慨してはおりませんが、彼を過大評価していたという思いはあります……。

およそ二週間後に「イタリアにおける宗教学」に関する論文がお手もとに届くでしょう。

エミネスクとグノーシス主義に関する最初の論文を先生にお送りいたします（後者は、ドイツで出したいので[3]、現在準備中です）。それらの続きはよりいっそう面白いものです。

ルネサンスに関する本についての文献一覧は大幅に補完いたしました。しかし残念ながら、状況は、この前の手紙で先生にお伝えしたままです。先生の存在だけが状況を「動かせ」ます。六月終わりまでには、最終章も完成させる予定です。

パリで先生にお会いするために、いつ頃いらっしゃるのかをお教えいただければ、まことに幸いです。

心からの敬愛の念と感謝を込めて、奥さまにもお別れのご挨拶を申し上げます。

ヨアン

（1）普通の便箋に手書きされた書簡。

（2）この書簡に先立つ五月一一日付書簡で、クリアーヌはイェージの『右翼の文化』の悪意のある箇所についてかなり詳細に触れていたが、その書簡は、エリアーデ夫妻がニューヨークとパリに出発したあとにシカゴに届いた。その書簡は、エリアーデに転送されることになるが、彼は、『日記』の六月六日のくだりで、イェージの奇妙な態度、ありきたりだが執拗な自分に対する攻撃、そして同時に、イェージがしきりにイタリアで〔エリアーデの〕著書を刊行したがっていることに触れている（イェージは、イタリアの出版社リッツォーリで宗教学の選集を監修しており、個人的には『〔世界〕宗教史』のイタリア語への翻訳に携わっていた——前掲『日記』第二巻、三八三頁をみよ）。一九七九年六月から七月にパリでクリアーヌとエリアーデが面会したときには、エリアーデに対する攻撃の問題について大いに話し合ったと考えられる。

（3）これら二編の研究論文は、「ミハイ・エミネスクにおける非宇宙的ロマン主義」『ネオフィロローグス（*Neophilologus*）』第一巻、一九七九年、七四—八三頁と、「ミハイ・エミネスクにおけるニヒリズムの幻想」『ロマンス語文学史雑誌（*Romanistische Zeitschrift für Literaturgeschichte*）』第四号、一九八〇年、四二一—四三三頁である（これらの論文のルーマニア語訳は、前掲『ルーマニア研究 I』二〇〇〇年、三五—六六頁をみよ）。

訳注

〔1〕「スペクタクル」とは、エリアーデの小説『19本の薔薇』などに頻出するキーワードである。この小説の訳者住谷春也によれば、それは「本質認識の、記憶回復の手掛かりになる」「言葉、踊り、音楽を総合した」（住谷春也訳「訳者あとがき」『19本の薔薇』二二八頁）なにかである。しかし、「スペクタクル」とは、本来はたとえばイエス・キリストの生誕劇のような「野外劇」を表わす。

67(1)

一九七九年七月一二日

謹啓エリアーデ先生

ふたたび先生のお邪魔にならないように、数冊の本について手短にまとめてお伝えします。本日、ついに！『世界』宗教史』第一巻の書評を受け取りました。ビアンキやフラマン、スカルピ、さらに（多かれ少なかれ）ほかのご友人のお名前も目にされるはずですので、ほかの書評も先生にお送りいたします。そして、先生はS・リュネの著書(2)をすでにお読みになったでしょうか（あまりいいできばえではありませんが、有益なところがないわけではありません）。

（当面は）博士論文の執筆を進めることに必死で努めたいと思います。順調に進むといいのですが。しかしながら、確かにこの時期は、どこかの砂浜を走りたくなってしまいます。残された時間はごくわずかですので（もっとも運がいい場合でも、数十年です）、急ぐ必要を強く感じています。

先生が、まもなく休暇に入られるか、あるいはすでに休暇中でおられるといいのですが。先生にはどれほどたくさんの休養と太陽が必要なことでしょう。もし先生が当地で休暇をおすごしになられる場合は、その旨お知らせくだされば幸いです。もちろん先生にお時間がある場合ですが。しかし、お忙しいのでは……。いずれにしても、コリナ夫人がフランスと当地で快適に滞在なさることを祈っております。

敬愛の念を込めて。そして、あらためて、みなさまにとってすばらしい休暇であることを祈っております。

ヨアン

（1）　Rijksuniversiteit... とレターヘッドに記された便箋に手書きされた書簡。

（2）　S・リュネ『月の探究 I (*Recherches sur la Lune, I*)』、ライデン、一九七八年は、クリアーヌによって『永遠』第五三号、一九七九年において紹介された。その号では、エリアーデの『世界宗教史』第一巻（一六五—一六八頁）や宗教学の領域におけるほかの最新の著書、すなわちF・E・ブレンクの『装われた霧のなかで (*In Mist Apparelled*)』〔ブリル、一九七七年〕、ジャック・フラマンの専門研究書『マクロビウス (*Macrobe*)』〔ブリル、一九七七年〕、ウーゴ・ビアンキの『プロメテウス、オルフェウス、アダム (*Prometeo, Orfeo, Adamo*)』〔アテネオ&ビッザーリ出版、一九七七年〕、ルネ・ネッリの『カタリ派の哲学 (*Philosophie du catharisme*)』、パオロ・スカルピの『古代ギリシャ・ローマ宗教講義（*Letture sulla religione classica*）』〔オルスキ、一九七六年〕などが書評されている。

68[1]

一九七九年八月三日

謹啓エリアーデ先生

『〔世界〕宗教史』第一巻の書評を同封したお手紙を、すでに受け取ってくださっているといいのですが。それは、三年前に手渡した原稿が印刷されたものです！　昨日、ようやく、四年越しで……刊行された論文の抜き刷りを受け取りました！（その原稿は、シカゴに滞在していた忘れがたい時期に書いたものです！）[2]。

実は、先生にお願いしたいことがございます。すでに八月末まで残り少なくなってしまいましたが、私はボヌフォワ氏の住所を知りません。もし、先生が大変なご厚意によって書いてくださる紹介文の原稿に、同封した私からの補足説明も加えてくださるならば、感謝に堪えません。私は、わかりやすいように、本の表紙に記される名前はクリアーノ（Culiano）としてきましたが……、出版社との全般的な関係においては、私の名前はクリアーヌであると契約で明示するようにお願いしたいのです。

先生にご報告することが沢山あり、九月にふたたびお会いできることをひたすらまち望んでおります。その際に、博士論文の原稿をお渡しいたします（フェルマセレンはますます好意的になってきていると思います。出版したいものです）。とにかく、先生と奥さまのご迷惑にならなければ、さらに、お時間がございましたならば、喜んでどなたかをご紹介いたします。

最後に、博士論文の口述試験（来年、先生がヨーロッパにいらっしゃるとき。引き続きメスランと話し合います）までに、先生に二〇〇頁ほどの、「ルーマニアの神話体系」という（仮）題のあたらしい原稿をお渡ししたいと思っております。おそらくパヨーは、この主題にある程度の関心をもってくれるものと考えています。

終わりに、みなさまが快適な休暇をおすごしになられることを心より願っております。

奥さまがたにくれぐれもよろしくお伝えください。感謝を込めて、お別れのご挨拶を申し上げます。

ヨアン

追伸　まことに情けないことですが、ヨアナ・アンドレエスクとコスティン・ミェリャーヌの住所を（もっていたのだとしたら！）紛失してしまいました。ヨアナには論文の抜き刷りをいくつか送りたかったので、また、先生のご厚意と庇護のもとではじまったとても興味深い議論も続けたかったので、残念に思います。

（1）　Rijksuniversiteit… とレターヘッドに記された便箋に手書きされた書簡。
（2）　おそらく、「〈真珠の歌〉における物語と神話」（前出、36頁〔書簡23〕、注3と、59頁〔書簡36〕、注2をみよ）。

69(1)

パリ、一九七九年八月三日

親愛なるヨアン

あなたに手紙を書くことをずっと我慢していました。一方で、『〔世界〕宗教史』第一巻の行き届いたすばらしい書評に感謝します。(2) 他方で、とても残念だと言わなければならないのは、あれこれとりあげながら、『19本の薔薇』について「議論し」なかったことです。最近もそれを再読しましたが、いくつかの不注意と不手際をのぞけば（それらを直せるといいのですが）、私はこの小説が気に入っています。他方、いままでに読んでくれたほぼすべての人々（マテイ・カリネスク、イェルンカたち、パリュイ）が称賛してくれる部分もあります（決して〔みな〕同じというわけではありません！……）が、躊躇したり留保したりしているところもあります。なぜか、どこかが、なにかがおかしい！……といったところです。しかし、このなにかがいまだに理解できません……。いずれにせよ、これからは、長い物語を書くことの誘惑に耐えることにします。

「幻想短編小説」にもどるつもりです。

奇妙なことに、「文学」におけるこのような簡潔さや簡潔主義とすら言える要求が、『〔世界〕宗教史』の場合でも課題となっています。（私の知り合いのなかで）ほとんどだれも、この本を中断なしに、一息で読んでくれていないという事実にはうんざりします。明らかに彼らは、膨大な頁数にたじろいでいます。しかし、この場合は、私の「計画」が失敗でした（今時の読者は、もはやギボンの読者ではないということを理解しなければなりませんでした！……）。それゆえに、作品の完成をまつかわりに、いまは三〇〇―三五〇頁の例の短縮版を用意しようという気になっています……。

要約をありがとう。明日、ボヌフォワに手紙を書きます。明後日から、私たちは二週間ほど、プロヴァンスのヨアン・クシャのところに行ってきます。（八月の終わりか九月のはじめに）帰ってきたらすぐに、オランダに向かいます――そして、今回は、フローニンゲンにあなたを訪ねようと思います……（コリナは昨日アムステルダムに発ちました）。もちろん、はやめにあなたに連絡します。

グリゴレスクは、『回想』（単数！）の第一巻、一九〇七―一九三七年をガリマール社に渡しました。タイトル（ないし副題）は、第三部（一九三二―一九三七年）のタイトル「秋分の誓い」になるでしょう。そのかわり、マリー＝フランスの翻訳（『日〔記〕』一九七〇―〔一九〕七七年）の進み具合がはかばかしくありません……。

真の休暇をすごされますように、抱擁をもって、

クリスティネルとミルチャ・エリアーデ

（1）白無地の便箋、普通の封筒。一九七九年八月四日付パリの消印、Prof. Ioan P. Culianu, Instituut... 宛。

（2）前掲、115頁〔書簡67〕、注2をみよ。

70[1]

フローニンゲン、〔一九七九年〕八月一一日

拝啓エリアーデ先生

お手紙に心から感謝いたします。

書評に先生がご不満だったわけではないことは幸いです

が、いくぶん「分析的」すぎました。『〔世界〕宗教史』第二巻の書評も、引き続き数ヵ月のうちにお手元に届くことと思います。

先生が当地にお立ち寄りくださることを嬉しく思います。先生が快適におすごしになれるように、できるかぎりのことをさせていただきたいと思います。いつ先生をア〔ムステル〕ダムにお迎えに向かうべきかを、どうかお電話ででもお知らせください。

『19本の薔薇』に関して。とても夢中になったことはすでにお話しいたしました。私は、それ以上のことを申し上げることはできません。と言いますのも、先生がお書きになったものすべてに対する私の立場は、いくぶん特殊なものだからです。第一に、それは、ひとりの歴史家の立場です。この歴史家にとって、先生がお書きになるものすべては、（ひとつの）歴史・物語《イストリエ》へと書きなおされるのです。この場合、「価値判断」は意味をもちません。それどころか、そういった「価値判断」が現われてくるところでは、私の妨げになるので、できるかぎりすみやかにそれを打ち捨てます。

第二に、先生がお書きになるものは、なによりも、文学としてではなく、ほかのものの表現として、すなわち、偶然そのようにして伝えられたメッセージとして私にとってなにより興味深いのです。私は、このメッセージが読み手にとって個人的な性質をもつと思っています。ずっと以前に私は、その理解に失敗しましたが、理解することを諦めませんでした。これがもっとも重要なことだと考えています。

博士論文は、私の集中力がさらに重要な仕事によって多少妨げられることもありますが、進展しています。今月末までには完成させたいと思います。それほど馬鹿げたものにはならないと思いますし、いまのところ、それほど恥ずかしいものにもなっていないと思います。

心からの敬愛の念を込めて、お別れのご挨拶を申し上げます。

ヨアン

（1）普通の便箋に手書きされた書簡。

71⑴

フローニンゲン、一九七九年九月三日

敬愛する奥さまと先生

お電話をいただいたことに心から感謝いたします。今週、先生に再会できることをとても楽しみにしております。

お電話で先生にお話しする前に、手紙を書かせていただきます。お電話では話しきれないほどたくさんのことがあるので……。いつものように、私の話はやや感傷的にきこえることでしょう……。私には、せいぜい話がくどくなるのを避けることくらいしかできません。一ヵ月半ほど前の七月一九日に、一五歳の頃一度だけ会ったことのある女性に再会しました。⑵ そのとき、私は彼女に好意をもちました。しかし、（七月一九日に）会ったときには、彼女はオランダ人と結婚していました。いまはもう離婚して、先週の木曜日（八月三〇日）から私たちは一緒に住んでおります。

先生がパリにおられたときには、あまりお手紙を書くことができませんでした。と言いますのも、すべてが急展開したからです。先生ご夫妻が彼女と懇意にしてくださるならば、さらに申し上げれば、私とともに懇意にしてくださるならば、まことに幸いです。

この出来事にもかかわらず、博士論文は仕上げの段階にさしかかっており――三〇〇―三五〇頁のタイプ打ちを残すのみです。完成したものが、先生の気に入らないなどということがないといいのですが。

先生がこの手紙を受け取られたあと、まもなくお話しできると思いますので、もはやあまり付け加えることはいたしません。しかし、奥さまがお電話で、少しがっかりしているとおっしゃっていたので、不安になり、このような「予想外の出来事」を先生にご説明しようと考えました。先生もご存知のように、日程があわただしくて、もっと早いうちにこのことについてお話しすることができませんでした。加えて、この変化は大きくていいものなのですが、少なくとも当面は、どこの国の法律にせよ、いわば「正式でない」ものです。今回の事態について、私が性急だったといって、先生が私を咎めたりなさらないとは思いますが……。

心からの敬愛の念を込めて、ご健康と、当地でのご滞在が快適なものになることをお祈り申し上げ、お別れのご挨拶とさせていただきます。

ヨアン

（1）普通の便箋に手書きされた書簡。
（2）I・P・クリアーヌとカルメン（・ゾエ）・ジョルジェスクは、ふたりが高校生のとき、ヤシの物理オリンピックで出会っていた。

72[1]

一九七九年一〇月二一日

親愛なるヨアン

前回の手紙に対するお礼のお手紙を書くために、原因不明で長引いている時差ボケからの回復をずっとまっていました。今日は、手短に思いついたことを書き、来週にでもあらためて詳しく連絡したいと思います。

以下箇条書きで。

(1)イヴ・ボヌフォワからは、まったく音沙汰がありません。また、私のテクストを受けとったことの確認もありません。クリスティネルが電話で幾度も〔連絡をつけようと〕試みていますが、返事はありません。もしかしたら、彼はアメリカにいるのでしょうか？

(2)ローマの大会[2]でのあなたの「成功」を大変嬉しく思います。これからもさらに！……。そして「イタリアの話」ということで、A・マリノが私に教えてくれた本、ルイージ・アルフィエリ、『歴史と神話――エリアーデ批判（*Storia e mito: una critica a Eliade*）』（テクニコ・シエンティフィコ出版、ピサ、一九七八年、二五〇〇〇リラ）を入手すること（そして航空便で送ること）をお願いできますか。前もってお礼を言っておきます。

(3)A・M〔アドリアン・マリノ〕の本（『〔エリアーデの〕解釈学（*Hermeneutica*）〔*lui Mircea Eliade*〕』）は中断されました（その旨を〔彼の〕妻が九月一五日に電話してきました）。その代わりに、ミルチャ・ハンドカが、（自費による！）本『M・Eの伝記＝文献目録（*Bio-bibliografia M.E.*）』（というようなタイトルだった）の初稿を受け取ったと連絡してきました。どうなっているのか理解しようとしても無駄です……。

(4)回復したらすぐにメスランに手紙を書きます（彼は私

に、『宗教学』のための年代記を約束していました)。その際に、五月末から六月のはじめに「試験」を行なうのはどうかと彼に尋ねてみましょう。

最後になりましたが、カルメンとの結婚については、私たちの喜びと心からのお祝いの気持ちをお伝えします。私たちふたりの大いなる愛をこめた抱擁をもって——そして、とりわけここしばらくは、健康と幸運があることを願っています!……。

クリスティネルとミルチャ・エリアーデ

(1) HISTORY OF RELIGIONS… とレターヘッドに記された便箋、定形封筒。一九七九年一〇月二二日付シカゴの消印、Prof. Ioan P. Culianu, Instituut… 宛。

(2) クリアーヌは一九七九年九月に、パリに行き、そこでエリアーデ夫妻と会った。そして、九月二四日から二八日にかけて「ローマ帝国における東方祭儀の救済論(Soteriologia cultelor orientale in Imperiul Roman)」というテーマのもとにローマで開催された宗教史学会に参加し、「密儀宗教内外における「魂の上昇」(L'«Ascension de l'âme» dans les mystères et hors de mystères)」という研究報告を行ない、反響をよんだ。そのあと、その報告は(それに関してなされた議論の一部とともに)ウーゴ・ビアンキとマールテン・J・フェルマセレンが監修した『ローマ帝国における東方祭儀の救済論(*La soteriologia dei culti orientali nell'Impero Romano*)』ライデン、E・J・ブリル、一九八二年に収録された。そのルーマニア語訳が、ポリロムから刊行予定の『森の道 II …』に収録されている。

73①

一九七九年一二月六日

親愛なるクリアーヌ

前回あなたに手紙を書いてからどのくらい経ったでしょうか(*)。そのあいだに私は、徹底的な検査をするために、ビリングス病院に四日間入院しました。その結果、過度のアスピリン(ここ二ヵ月は一日に八錠ほど!……)によって引き起こされた十二指腸潰瘍が発見されました。関節炎の痛みを和らげるために飲んでいたものです。そのため、一月一日までは厳しい管理下におかれます……(珈琲やアルコールは禁止。タバコも厳しく制限……)。明らかに、仕事に影響します。そして、まさに今は、私は、(ウェンディ・オフラハティとともに行なっているゼミで)とても多くの学生をもっています。『[世界]宗教史』第三巻にふたたび着手できるように、一九八〇—八一年[の学期]

は、講義をもったり学生をみたりしないつもりです……。

クリスティネルは私とともに、目前に迫ったあなたの結婚を喜んでおり、いまからお祝いしています。博士論文を献呈してくださったことに感謝します〔クリスマス休暇にフロリダで読ませていただきます〕。それをフラマンに推薦するつもりで、たったいまメスランに手紙を書きました。五月終わりから六月はじめには、確実にパリにいます。離れているために、博士論文の口述試験を延期しなければならないことが、残念に思われます。しかし、いまから印刷に回すことはできないのですか？

『〔世界〕宗教史』第二巻の書評に感謝します〔後日、時間があるときに、私が参照していないドイツ語の重要文献について教えてくれませんか。次の版で使いたいと思います〕。

ボヌフォワからは、なんの連絡もありません。V・タナセは、Y・B〔イヴ・ボヌフォワ〕がまだアメリカにいると言っていました。おそらく翻訳は滞っているのでしょう。しかしあなたは、ある章を推敲したいと言っていましたね。確認すると、いまのところあなたは、仕上がった二冊の本と一編の小説〔の原稿〕を抱えており、状況により刊行できないでいます。いずれにせよ、『ルーマニアの神話体系（*Mitologia românească*）』が進んでいることは喜ばしいことです。

ギーヨモンはなにか言っていましたか？　彼は、『宗教学雑誌』〔訳注1〕に〔あなたの〕論文を掲載すると約束していました。しかし、いつ？

別便で、『宗教学（*HR*）』のために寄稿された研究文献表の校正・編集された原稿を送ります。ほかの「編集委員たち」は、ある頁〔イタリアにおける宗教学の教育制度に関する頁〕を削除することを提案しています。

前の手紙でお伝えした本（ルイージ・アルフィエリ『歴史と神話――エリアーデ批判』〔テクニコ・シエンティフィコ出版、ピサ、一九七八年〕）はみつけられましたか？

ブルース・リンカンが、ローマであなたに再会できたことがどれほど嬉しかったかと書いていました。われわれの分野の希望である、ふたりのリーダーの象徴的な出会い！……。

クリスティネルと私はともに、あなたたちの幸運を祈りながら、愛と友情を込めた抱擁をもって――そして、時にかなった幸せがありますように。

ミルチャ・エリアーデ

（＊）一〇月二一日以来！……。

（1）HISTORY OF RELIGIONS… とレターヘッドに記されている便箋、定形封筒。一九七九年一二月七日付シカゴの消印、Prof. Ioan Culianu, Instituut… 宛。

訳注

〔1〕*[Revue de l'] H[istoire des] R[eligions]* と編者により補なわれている。

74(1)

一九七九年一二月二二日

親愛なるヨアン

明日にはニューヨークに発ち、一二月二七日にはリゼットとともにパーム・ビーチ（太陽！　太陽！……）に向かうので、きわめて手短に。イェールが、宗教学の「上級」講座に関する提案を求めてきました。私は三人の名前を挙げました。ジラルド（六月からポストをもっていないからです）とリンカン、そしてあなたです。私は、あなたが（「終身在職権」をもっている）フローニンゲンを去り、アメリカに定住するように説得することをイェールに請け合いました。メスランにも（イェールだとは明言せずに）、六月にあなたの試験を実施するのは遅すぎないかと尋ねながら、あなたがこちら〔アメリカ〕にくる可能性があることを伝えました。ようするに、あなたの言うとおりかもしれません。フェルマセレンは、あなたの本を刊行しない理由を探しているのかもしれません。だから、急ぐ必要があります。

たしかに、イェールは確実ではありません。通例、候補者は数時間の「面接」を受けることになります。しかしとにかく、あなたの名前はすでに「ファイル」に載っています。

文献目録を知らせてくれてありがとう。いずれ『〔世界〕宗教史』第二巻の新版を準備したいと思います。やや多すぎる誤植と単純な誤りが紛れ込んでいました。

おふたりでよい新年を迎えられることを願っています。

友情を込めた抱擁をもって、

ミルチャ・エリアーデ

（1）HISTORY OF RELIGIONS… とレターヘッドに記された便箋、定形封筒。一九七九年一二月二三日付シカゴの消印、Pro. Ioan P. Culianu, Instituut… 宛。

75[1]

一九八〇年一月二五日

親愛なるヨアン

大至急あなたに「推薦書」[2]を送ります。ご要望に沿う内容であればいいのですが……。

近日中に、もう少し長い手紙——そして、二週間ほど前に書き上げた小説の写しを送ります。[3]

そしてとりわけ、あなたがなにを手に入れ、なにが失われたのか、もはやわかりませんので——あらためて、心からあなたの幸せとたくさんの幸運を願っております。

おふたりに抱擁をもって、

クリスティネルとミルチャ・エリアーデ

（1）　HISTORY OF RELIGIONS... とレターヘッドに記された便箋、定形封筒。消印は明瞭でない。Professor Ioan P. Culianu, Strausslaan 8, 9722 KS Groningen, Holland 宛。

（2）　ここに［英語による］推薦書をそのままのかたちで記しておく。それは手書きによるもので、書簡に同封されていた。「一九八〇年一月二五日、シカゴ、関係各位。ヨアン・P・クリアーヌ教授は、きわめて資質に恵まれた宗教学者です。氏は、刊行された数多くの学識豊かで独創的な学問的貢献により、専門家のあいだでその名が知られています。まだ若い学生であったときに、クリアーヌ氏は比較宗教学や宗教現象学、宗教［史］学の研究に魅せられました。しかしながらルーマニアでは、宗教学の講座がありません。実際のところ、この研究領域は正式な学問分野として認められてすらいないのです。さらに、大学の図書館は、比較宗教学に関する資料や二次文献の面できわめて貧弱です。クリアーヌが彼の天命にしたがい、学殖ある宗教学者になる唯一の道は、祖国ルーマニアを離れて西ヨーロッパの研究拠点に落ち着く以外にありませんでした。ミルチャ・エリアーデ、スウェル・L・エイヴェリ顕著業績宗教学教授、神学部・社会思想委員会、シカゴ大学」。

（3）　短編小説『ダヤン』のことである。前掲『日記』第二巻、四〇二頁（一九八〇年一月一二日、一四日のくだり）をみよ。

76(1)

一九八〇年二月一九日

親愛なるヨアン

教会でのセレモニーやレストランでのシナリオをくわしくお話しいただくために、そしてとりわけ、くたびれた（しかしくたびれていない……）私たち、遊戯の達人（magister ludi）を真似てもらうために、お会いすることを楽しみにしています。

あなたがルネサンスに関する本をふたたび書きはじめられたことを嬉しく思います（ボヌフォワからはなんの知らせもありません――しかし慌てなくてもいいでしょう……）。

論文に関して。私は、L・サリヴァンにはじめの部分（イタリアの学説史に関する部分）を要約するように頼みました。あなたがこれ以上時間を無駄にすることがないようにするためです（私はジョナサンがどれほど「偉い」のかわかりませんが、見かけません。彼は、「『宗教学（*HR*）』編集部」におよそ二年間、出てきていません）。論文は一九八〇年中に掲載されます。校正刷りを受け取ることになるでしょう。いまから、（あなたが十分丹念に目をとおした「分野」のひとつに関する）つぎの研究について考えておいてください。〔『宗教学』第二〇巻の〕〈二〇周年記念号〉一―二号（頁数が二倍で、一九六頁です）のために、とりわけルーマニアの事例を用いて、「宗教学と〈大衆文化〉」という論考を書きました。

……そのほか、「自分のやり方」を取りもどすために、とにかく、ジョイント・セミナー（三月一五日）と、不朽のルース・ナンダ・アンシェンに約束した原稿を片づけてしまいたいと思っています（とはいえ、情熱が湧かないことが心配です……）。

『ディオニスの宮にて』の書評は(2)、大変興味深いものでした。感謝します。そして最新の小説『ダヤン』を（ソリンが受け取ったあとに）彼から受け取ってください。

おふたりに心からの友情を込めた抱擁をもって、

クリスティネルとミルチャ・エリアーデ

（1）　HISTORY OF RELIGIONS... とレターヘッドに記された便箋、定形封筒。一九八九年二月一九日付シカゴの消印、Prof. I. P. Culianu, Instituut... 宛。

（2）　おそらく、「ミルチャ・エリアーデの変容」と題されたクリアーヌの論文（『ディオニスの宮にて』について書いた三本のなかの一編）のことである。それは、『境界（*Limite*）』一九七九年、三五—三六頁に掲載された（前掲『ルーマニア研究 I』二九三—二九八頁をみよ）。

77[1]

〔一九〕八〇年二月二九日

謹啓エリアーデ先生

今月一九日付けの先生のお手紙、大変嬉しく思いました。最初に、心からの敬愛とともに、日々のご健康と精力的なご活躍を心からお祈り申し上げます（それを別ルートにてもお届けいたします）。

先生にふたたびお目にかかり、写真や「文書」……をおみせしながらさらにたくさんお話しできることを楽しみにしております。論文についてお知らせくださり、まことにありがとうございます。私はB・L〔ブルース・リンカン〕から（ローマで話した際に）、すべての「おおもと」は、難事を引き起こす……J・S〔ジョナサン・スミス〕の態度にあることをききました。愚者に出会うのははじめてではありませんが……。

つぎの研究の主題に関して、論文を思い切って同封させていただきました。この論文は、H・G・キッペンベルクが編集する選集[2]に収録されるもので、当地で長く（興味深い）論争を巻き起こしました。先生は、ある特定の主題をふたたび取り上げて深く研究した方がいいとお考えでしょうか？　先生のご論考「宗教学と〈大衆文化〉」を読むことができるのを楽しみにしております！

さらに私は、ふたつの仕事、すなわちG・クィスペルの献呈論文集とルーヴァン大会[3]を片づけるために、作業を中断しました。ルーヴァン大会では、午後の議論（「ユダヤ教の前‐二元論（Le pré-dualisme juif）」）で「司会」を務めることにもなっています。ユダヤ学者ではないので、私の図々しさが少々すぎることは明らかです。しかし、資料と議論をみるかぎり、私には参加する権利があると思います。そうでなくとも、「私の」仮説はたくさんの関心を集め、すぐに多くの賛同を得るように感じます。

博士論文に関して、M・J・V〔フェルマセレン〕が、まったく思いがけないことを言い出しました。ふたたび推敲し、論を深め……英語の四巻本で出版したいということです。第一巻は、一〇月には印刷に入るそうです。第一巻の出版後には、博士論文の実際のテクストも出版することを心に決めました。M・J・Vの計画はあまりに文献学的なので、二〇年しても終わらないでしょうから……。審査員会の三人目のメンバーがJ・フラマンになるということを、感謝を込めてお伝えいたします。

ポギルク氏が当地を訪問してくださり、氏は「われわれの仲間」になりました。氏はボッフムで故O・ブホチウ氏〔訳注1〕のポストについています。彼を当地にお招きしたいものです。

先生の「情熱が湧かない」ということがなにを意味しておられるのか、よくわかりません。『〈世界〉宗教史』第三巻に対してのことでしょうか？　この「情熱が湧かない」ことがなにに起因するのかわかりませんが、このような記念碑的な本は、どれほど大きな困難があろうとも、いいやまさにそれゆえにこそ刊行しなければならないと思います。

ソリンから小説が届くのを、いまかいまかとまっています。

終わりに、イタリアの日刊紙『ラ・レプッブリカ』に、一九八〇年一月二一日付けでG＝C・マルモリ〔訳注2〕の署名で記事が掲載されたことをご報告いたします。その記事は、『〈世界〉宗教史』第一巻の翻訳に対する賛辞に溢れた書評で、「エリアーデと彼のモザイク」と題されています。(4) 少し前にF・イェージが発表した、意地の悪い当てこすりの影響はまったくありません（なによりも、〔イェージの記事が掲載されたのと〕同じ日刊紙においてです）。

われわれふたりから心からの敬愛の念を込めて、お別れのご挨拶を申し上げ、幸せとご健康をお祈りしております。

カルメンとヨアン

（1）　Rijksuniversiteit… とレターヘッドに記された便箋に手書きされた書簡。

（2）　クリアーヌの研究論文「男性対女性――ソフィア神話とフェミニズムの起源」は、H・G・キッペンベルク編集の『神々の葛藤（*Struggles of Gods*）』（ベルリン、ニューヨーク、ハーグ、ムートン、一九八四年、六五―九八頁）に掲載されることになる。

（3）　これらの原稿に関しては、前掲、102頁〔書簡61〕、注2もみよ。オリエント研究所とルーヴァンのカトリック大学が主催したルーヴァン＝ラ＝ヌーヴの学会は、一九八〇年三月一一日から一四日の期間に開催された。ユダヤ教二神論とユダヤ教前二元論に関するクリアーヌの報告は、前掲『グノーシス主義とヘレニズム世界…』に掲載された。

（4）　ジャンカルロ・マルモリによる『ラ・レプッブリカ』紙の「エリアーデと彼のモザイク（Eliade e il suo mosaico）」は、実際には一九八〇年一月二日の記事で、頁は定かではないが文化欄に掲載された。

訳注

〔1〕　オクタヴィアン・ブホチウ（一九一九—一九七八年）は、ルーマニア生まれの民族誌・民俗学者。ブカレスト大学を卒業後、フランスへ亡命し、ソルボンヌで学位取得後、パリで多数の雑誌の編集などに関わり、ドイツのボッフムやドルトムントの大学でルーマニア語を教えた。

〔2〕　クリアーヌはG.-C.と記しているが、正しくはGiancarloである。

78[1]

〔一九〕八〇年四月一八日

親愛なる奥さまと先生

先生が視力についてお悩みであるということを知りました——私たちはとてもショックを受けました。［症状が］深刻なものではなく、できるかぎりはやくご快復されることを願っております。

同様に、できるだけはやく先生にお会いできると幸いです。

ソリンとリリアナから届く小説を読ませていただけることを楽しみにしております！

マリノとハンドカの本を受け取りました——前者について、私は（長い）書評[2]を書きました。優れた有益な本です。

先生のご負担にこれ以上ならないように、筆を置くことにいたします。

心より敬愛の念を込めてお別れのご挨拶を申し上げ、健康をお祈りしております。

カルメンとヨアン

（1）　Rijksuniversiteit... とレターヘッドに記された便箋に手書きされた書簡。大きな字で行間が広く、読みやすくしてある。

（2）　「アドリアン・マリノの『ミルチャ・エリアーデの解釈学』」『永遠（*Aevum*）』第五四号、一九八〇年、五四一—五四三頁。

79(1)

一九八〇年四月二五日

親愛なるヨアン

このあいだの手紙（四月一八日付けのもの）を受け取ったので、あなたを安心させたく思います。両目が白内障で、夏には（ドイツで）手術をする必要があるということです。その時まで、読書や、とりわけ手紙を書くことは控えなければなりません（読める文字を書くために「集中すること」は、目を疲れさせます。自分のためにと〔る〕〔一語欠落〕メモや、何気なく「紙に書きなぐる」原稿さえも）。

メスランが手紙をくれました。日にちは六月一七日になったと。おそらくあなたは、ガリマール社から『回想』の第一巻を、そして『宗教学（*HR*）』から「編集された」原稿を（さまざまな質問と一緒に）受け取ったことでしょう。

とても遅くなりましたが、ソリンに『ダヤン』を送りました。そういうわけで、あなたにはまだ送られていないのです。

私たちのあいだで言うところの、「疾病の形態論」は興味深いものです。最初に、関節炎（書くことができなくなりました）と十二指腸潰瘍（関節炎の痛みを和らげるための過度のアスピリンによって引き起こされました）。続いて視力（書き取らせることで補なうことができます——しかし私はペンを手にしていないと「集中」できないのです……）。〈王は退場（Exit the King）〉？　ロディカとエウジェン・ヨネスク〔イオネスコ〕が五月一六から二三日にかけて当地にやってきます）。

あなたとパリで再会できることを楽しみにしています！　クリスティネルも私とともに、ふたりに抱擁をもって、

ミルチャ・エリアーデ

（1）　HISTORY OF RELGIONS... とレターヘッドに記された便箋、定形封筒。一九八〇年四月二五日付シカゴの消印、Prof. Ioan Culianu, Instituut... 宛。

80[1]

八〇年七月五日

謹啓エリアーデ先生

なによりも最初に、パリでの心のこもったおもてなしについて、先生と奥さまに心から感謝いたします。さらに、先生が私のために大変ご尽力くださったおかげで、ついに夢がかなえられたことに感謝いたします。先生の前で博士号が与えられました[2]。

目標に沿って、最後までやり遂げたいと思います。それゆえ、急いでM・メスランに手紙を書き、「国家博士号」の〔課程への登録〕を認めてくれるようにお願いいたしました。彼が思うように動いてくれなければ、ほかを当たってみるつもりです。ご存知のように、私は転居のために忙しい日々を送っております——そのため、同封いたしました論文の注釈に、もっとはやい時期からとりかかることができませんでした。もう一方は、ずっと短く、帰ってからすぐに仕上げたもので、ギーヨモン氏に送りましたが、その際、先生が（この論文を）好意的に評価してくださったことにも触れておきました。

博士論文において、「宗教史学派」の代表者たちによってなされた「過ち」に対する私の執着が、先生を苛立たせたことは残念に思います。常々私は、原典や歴史的起源の問題は先生のご関心をあまり引かないと思っておりました。私に関して言えば、ユダヤ教に強い関心をそそられるのですが、それは、なによりもそこに、ハイデガーに倣えば「西洋文化の運命」をあらわすニヒリズムの起源を見出すからです。したがって私は、「西洋文明の理論」の一部のために、資料を収集するのです——そうはいっても、このような言い方はややうわべだけのようにきこえます。いままでのところその作業はおよそ一〇本の論文で具体化しましたが、その大部分はまだ印刷中です。

ルネサンスについての本に関しては、他人や不確かな約束をこれ以上あてにせず、できるかぎりすみやかに（そしていいものになるように！）仕上げるつもりです。とはいえ、いまは、（まだ書き終えていない）イタリア語の本〔の原稿〕を送らなければならず[3]、さらに、一〇月までに、推敲して編集した英語の本の原稿をフェルマセレン氏に手渡さなければなりません[4]。そのほか、数ヵ月以内に、イタリア語で発表した論文の一部も一冊の本にまとめるつもりです。残念ながら、文学のための時間はまったくもてません。しかし、いつかその機会を必ずつくります。

　あたらしい家については、昨日、その建設もほぼ終わりました。先生にはこの家で、十分快適に滞在していただけると思います。ご面倒だとは思いますが、オランダまでお越しくださればまことに幸いです。下記は、住所と新しい電話番号です。

　ゾエとヨアンから、奥さまにもお別れのご挨拶を申し上げ、感謝してご健康をお祈りいたします。

Kometenstraat 14
NL-9742 ED GRONINGEN
Tel. (050)-7178 87

（1）Rijksuniversiteit... とレターヘッドに記された便箋に手書きされた書簡。

（2）クリアーヌは、一九八〇年六月一七日にソルボンヌで、「ヘレニズムからイスラムまでの脱魂の経験と魂の上昇の象徴」という題目の博士論文の審査を受けた。審査委員は、L〔Rの間違いと思われる〕・アルナルデズとミルチャ・エリアーデ（名誉委員）、ジャック・フラマン、ミシェル・メスラン（報告者）の各教授によって構成された。博士論文はのちに刊行される『サイカノディア〔魂の上への道行〕I 魂の上昇やそれに相当するものに関する証拠の概観』（ライデン、ブリル、一九八三年）と『脱魂の経験――ヘレニズムから中世までの脱魂、上昇、幻視物語』（パリ、パヨー、一九八四年）の基礎となった。

（3）G・ロマナートとM・G・ロンバルド、そしてI・P・クリアーヌは、イタリア語の著書『宗教と権力』の刊行を準備していた。ジャンパオロ・ロマナート、前掲「友人ヨアン・ペトル・クリアーヌの想い出」に収録された、この時期のロマナートに宛てたクリアーヌの書簡をみよ。

（4）宗教学者M・J・フェルマセレンが企画した選集「ローマ帝国における東方諸宗教の予備的研究」『サイカノディア…I』のことである。前記、注2をみよ。

81[1]

フローニンゲン、一九八〇年八月二九日

謹啓エリアーデ先生

　お約束していた小説[2]を、先生にオランダで直接お渡しできないのが残念ですが、お送りいたします。私たちは先生を心よりおまち申し上げており、すでにお迎えする準備も万全です。

　前置きはさておき、先生に是非ともお願いしたいことがございます。もし、先生がこの小説をつまらないとお考えでなければ、どこかの出版社をご紹介くださらないでしょうか。辛抱強く何トンもの紙の山にタイプで打ち続けて、いまや一五年ほど経ちました。たとえば、ルネサンスに関する本です。一〇年間でおよそ一〇〇〇頁も書きましたが、現在までにそこから五頁の論文が刊行されたのみです。確かに、多く〔の頁〕は場当たり的なものであり、残りは全体との整合性に欠けるものです。しかしながら、私の研究はあまりひろまらず、あまり機会に恵まれていないと言えます。文学については、言うまでもありません。一九七〇年以降、私はなにひとつ発表していません。と言いましても、私は十分にかなりの分量を書いてきました。亡命してからの作品のなかでは、少なくとも、四作品は誇れるものであると自負しております。長編小説は、おそらくそれほどではありませんが、ママリガ氏に手渡したものは確かに出版できる出来栄えでした。私は、なぜある文章について……反ユダヤ主義だという印象を抱いた人がいるのかわかりません!!!

あたらしい小説をだれに送るべきか、教えていただければ幸いです。先生とタナセ、バルバニャーグラ[訳注1]、ママリガ、そしてパリュイのために、コピーを五部作りました。アラン・パリュイの住所を教えてくだされば、まことに幸いです。彼の住所を知りません。先生は小説の原稿を、さらにだれかに送るべきだとお考えでしょうか?

時間が少しあるときに、自分自身でイタリア語の翻訳を行ないたいと思います。しかしはたして、フランス語に翻訳する必要があるようなテクストにだれが関心を示すでしょうか？　タナセには望めません。彼は時間がない上に、文学の夢想主義と構造主義以外はなにも評価しません。おそらくパリュイは、この種のテクストに取り組むためには、翻訳の作業をたくさん抱えすぎています。サイエンス・フィクションなので、彼が気に入るとも思えません。レオニド・ママリガは、ほかの人々のように、スタマトゥのヒステリーと、マリノの反対運動に神経質になっています。マリノが、偶然にも、まさしく私を好意的に引用しているからです！　ママリガにも望みはありません。モニカ・ロヴィネスクとヴィルジル・イェルンカには、彼らの趣味を知っているので、送りませんでした。彼らが気に入るとは思えません。

長編小説についてはだいたいこのような状況です。

さらに、先生が編集なさっている『〔宗教〕百科事典』[3]について、私に担当できそうな題目のリストを同封させていただきました。私のことを考えてくださり、まことにありがとうございます。なんとか作成できそうな項目には黒で印をつけ、比較的事情に明るい項目には赤で、よりいっそう精通していると思われる項目は余白に＝で印をつけました。うまく書けると思われる項目の番号は、赤で囲みました。合計で、四五項目です。私に担当できそうなものを選択し、また、私がさらにやらなければならないと思われることをお知らせください。誠心誠意、責任をもってしっかりと務めさせていただきます。

ルネサンスに関する本について、来週、イタリアの雑誌のためにそこからかなり長い部分を引用します。「ルネサンスの気息魔術と神霊魔術」(4)というタイトルです。数ヵ月のうちに終わらせて、シカゴにお送りしたいと思っています。

最近になってようやく、一〇月三〇日までに仕上げる予定の『宗教と権力』[訳注2]に関する契約を受け取りました。

EPROのための本について、いまのところ計画全体が暗礁に乗り上げたままです。フェルマセレン氏(5)が重病だったからです（そうは言っても、ただの風邪のようにもみえましたが）。しかし急いでそれを仕上げたいと思います。

ご存知のように、三〇歳をすぎて、それ以前にやるべきであったが運に恵まれずにできなかったことのせめて一部だけでも実現できれば、と望んでいます。

カルメンについて、彼女は試験のために大急ぎで勉強しています。

先生が電話でおっしゃっていたように、白内障が進行していないことを私たちふたりは嬉しく思っています。しかし、歯の手術が終わっていないために、お約束してくださったご訪問が妨げられていることをとても残念に思います。来年には、是非とも先生をお迎えしたいものです（もちろん無理にと言うことではありません。お望みの場合のみです！）。

海で好天を満喫なさったことは、当地の私たちにとっては奇跡のように思えます……。

私たちの唯一の活動といったら、自分たちと先生のご到着に備えて買出しをするために、幾度かドイツに短時間の遠出をしたことでした（なによりも先生に、ルーマニア産のワインを準備いたしました——信じがたいことに！——本当にすばらしい代物です！）。

先生に再会することを楽しみにしつつ、おふたりのご健康を心よりお祈りしております。そして心からの敬愛を込めて、お別れのご挨拶を申し上げます、

カルメンとヨアン

追伸

私がひとりで出版社に出向いた方がいい、あるいはその必要があるとお考えの場合は、この時期、日程の調整が難しいとはいえ、パリまで出向きます。

（1）普通の便箋に手書きされた書簡。
（2）この書簡とつぎの書簡で言及されている小説は、『ヘスペルス』である。
（3）ミルチャ・エリアーデが監修した学問的、編集的にも大掛かりなこの企画『宗教百科事典』と、I・P・クリアーヌと署名された項目については、ヨアン・ペトル・クリアーヌの著書『崇拝（カルト）、魔術、異端』（ヤシ、ポリロム、二〇〇三年）、さらに、エドゥアルト・イリチンスキによる（未発表の資料も含めて）よく跡づけられた適切なあとがき「諸宗教の普遍的知識の探究において——ミルチャ・エリアーデ、ヨアン・ペトル・クリアーヌと『宗教百科事典』」（一九九—二六二頁）をみよ。
（4）「ルネサンスの気息魔術と神霊魔術」は、『宗教史・宗教文学雑誌』第一七号、一九八一年、三六〇—四〇八頁に掲載された。
（5）前述、132頁〔書簡80〕、注2、4をみよ。英語で書かれた著書『サイカノディア…』のことである。

訳注
〔1〕パウル・バルバニャーグラ（一九二九—二〇〇九年）は、ルーマニア生まれのフランスで活躍した映画監督。はじめブカレストで活動していたが、一九六四年に亡命し、フランスの映像メディアなどでも活躍した。
〔2〕フェルマセレン監修のブリル社の叢書「ローマ帝国における東方諸宗教の予備的研究（Études préliminaires aux religions orientales dans l'Empire romain）」のことである。

82(1)

一九八〇年九月二五日

敬愛する奥さまと先生

奥さまと電話でお話しできたことはとても嬉しく思いましたが、先生のご健康が思わしくないのは残念です。天気が変化してやまないので、私たちもインフルエンザにかかりかけました。

パリに行くことができず、先生のご出発前にお会いできる機会を逃してしまったことを残念に思います。しかし〔パリまでの〕距離は近いわけでなく、その上、私たちは山ほど仕事を抱えています。カルメンは、「重要な」試験を一〇月にひかえています。私の方は、フェルマセレン教授がまもなく活動を再開してくれることを期待しつつ、ブリル社の本のことがあります。さらに、不安定な状況のなかで「ストレス」に対処する唯一の薬は、仕事だと思っているのです。あとは、なるようになるでしょう……。

（五〇頁の）長い論文を書き終え、ルネサンスの魔術に関するいくつかの問題を明らかにしました[2]。この論文は、目下の仕事が終わりしだい、ただちに着手する著作の準備的なものです。

小説は、大急ぎで書いたにもかかわらず、満足していただけないものではなかったと思います。それについて、ママリガ氏やタナセからは、まだなんの便りもありませんが。もしパリュイの住所がおわかりになりましたら、ご都合のよいときにお知らせいただければ幸いです。タナセは、パリュイと喧嘩しているので、彼には頼みたくないのです。ママリガ氏にも頼みたくありません。いまだに彼の考えはよくわかりません。

そのほか、家の問題について、後悔しはじめています。少し大きすぎる（すなわち(ergo)、暖房が難点です）ので、慎ましい大きさの別の家を探そうかとすでに考えています。とにかく、当地の状況（大学の全般的な再編成）がはっきりとしないうちは、どうすべきかよくわかりません。どこを目指したらいいのかわからないのです。イェールには、予想されたことですが、受け入れられず、面接もされませんでした。フランスには望みはありません。ドイツも同様です。イタリアは……。オランダでは、事態はさらに悪化しています。それゆえ、いまのところ、研究機関を変えることは考えられません。これらすべては、悪い面といい面をもっているので、安易に決めることはできません。ですから、当面、現実味のないこの問題で先生を退屈させてしまうようなことはいたしません。

あとはカルメンが、彼女の考えを伝え、先生に心からのご挨拶をしたいそうなので、私は筆をおくことにいたします。先生のご健康と……シカゴまで無事お帰りになられますよう、心からお祈りしております。

来年はお会いできることを願って。心からのお別れのご挨拶を申し上げます。

ヨアン

追伸　ルネサンスに関する本が完成しましたら、その原稿をお送りいたしましょうか？

敬愛する奥さまと先生

この夏に先生にお越しいただけなかったことが、とてもとても残念でなりません。しかし、来年は是非ともお越しいただき、先生をお迎えできることを心から願っています。あらゆる面で先生に「楽しんで」いただけるように努力いたします。それまで——徐々にですが——家を整理して、夫の学問的「スパルタ式」の家にお泊まりになることなどないようにしたいと思います。ヨアンの本を喜んでくださったとうかがい、本当に嬉しく思いました。私も、原稿を整理したり、「産みの苦しみ」に立ち会ったりすることで、その執筆にほんの少しだけかかわりました(*)。「バーバリズム」に関して〔ママ!〕〔文法の乱れがある〕、先生のご批判はごもっともだと思います。西洋の印刷〔術の発明〕後における、意識的にせよ無意識的にせよ、私たちの言語の乱れとその歪みには、とても落胆いたします（しかも、それは小規模な事例でしかありません）。この本が成功をおさめ、とりわけヨアンの執筆活動上の転機になることを強く願っています。私がこの本をとても気に入ったのは、読み終わってからも頭に残ることが描かれていると言えるからです。私の主観的な評価でなければいいと強く願っています。愛を込めて、

カルメン

(*) 実際に、カルメン＝ゾエは、まとまりの悪い章を削除してくれたり、文章の推敲をしてくれたり（まだまだ手直しの余地はありますが）、そして——時間を割いて——著書の細かい計画について議論してくれたりして、手伝ってくれました。このようにずっと見ていてくれなければ、この本はよりいっそう不出来な（どうしようもなくひどいとすら言えるような）ものになっていたでしょう。私の文体は、壮大な詰めの甘さによって有名になったでしょうけれども。

追伸　万一、M・メスランとお話しされる機会がありましたら、〔メスラン氏が〕私の国家博士号の論文指導を正式に引き受けてくださったことに触れていただけないでしょうか。いまのところ、氏からは（登録などに関して）なんの連絡もありません。

〔ヨアン〕

追追伸　ヨアンへの称讃や感謝は、彼の身に余るものだと思います。私が、彼のこれまでの（私が読んだかぎりの！）文学作品に対するもっとも手厳しい批判者であるという事実は本当です。と申しますのも、それらは、彼の水準以下、著者の可能性以下のものだと思えるからです。

このような「まだらな」手紙になってしまったことをおゆるしください。そして、先生には是が非でもお越しいただきたいこと、とりわけ、私の能力の及ぶ範囲でですが、奥さまのお好きな料理のリストを送っていただきたいことを、あらためて申し添えておきます。

［カルメン］

（1）個人的なレターヘッドのある便箋に手書きされた書簡。
（2）前述、135頁〔書簡81〕、注4。

83(1)

パリ、一九八〇年一〇月二日

親愛なるヨアン

健康の不安は続いています。ご存知のように、書くことは困難です。明後日にニューヨークへ発ちますが、一〇月八日にはシカゴにもどります。一〇月一一日の最初の「ジョイント・セミナー」のあと、ビリングス病院に入院します。なんとしても、関節炎（＝痛風）と十二指腸潰瘍の問題を「解決」しなければなりません。

〈小説〉。L・ママリガは、面白かったけれどたくさんの注意点もあると言っていました（文体など）。パリュイの住所は以下のとおりです。34 rue Clisson, Paris 70013. Tel.: 584-8429.

「経歴」。二冊の本に集中してください。すなわちブリル社と『ルネサンス』（もしY・B〔イヴ・ボヌフォワ〕が躊躇したならば、パヨーに出しましょう。私が序文を書くので、原稿をシカゴまで送ってください）。できるかぎりフローニンゲンにとどまるようになさい。著書が二、三冊、論文が一〇〇本ほどあれば、かならずやアメリカのどこかでポストをみつけられるでしょう。

M・M〔ミシェル・メスラン〕とは、（電話で）まだ話ができていません。今晩か明日にでも。

結婚式に行けなかったことは残念です。「いまは幸せだが、火中に投げ込まれることもある」という諺は本当ですよ。「ノルマンディー」を小船で五時間ほど、一〇〇人分ほどのシャンパンと夜食、セーヌの河中からみた「パリの夜景」……。

カルメンとあなた、ヨアンへ、なつかしさを込めた抱擁をもって、

クリスティネルとミルチャ・エリアーデ

（1）白無地の普通の便箋、白無地の普通の封筒。一九八〇年一〇月三日付パリの消印、Pro. Ioan P. Culianu, Kometenstr.14, Groningen, Pays-Bas宛。差出人は、M. Eliade, 4 Place Ch. Dullin, Paris 18 である。

84(1)

一九八〇年一一月一四日

親愛なるヨアン

「慢性関節リウマチ」の治療をもどってからすぐにはじめました。少しは好転しましたが、まだ書くことは困難で、〔文字は〕判読できるものではありません。数週間のうちに、手がせめて通常の六〇パーセントの機能を回復しなければ、金製剤を用いた（……発見された）「最新の」治療をはじめます。ある種の金飲(aurum potabile)への回帰……。

あなたがご想像のように、私はほとんど創作していません。

論文「イタリアにおける宗教学」は、一九八一年二月、第三号に掲載されます。もう一方は(2)、「編集者たち」（J・スミス、ベッツ）のあいだを「巡回して」います。それについては、あらためてお知らせします。

フェルマ〔セレン〕は、なぜ、本を英訳することに固執するのでしょうか。その本を理解できる人間なら、フランス語でも読めるはずです。さらに時間を無駄にして、一年、もしくは二年、三年とすぎるのではないですか？　あなたは十分に完成した原稿をもっているのです！　おふたりに抱擁をもって、

クリスティネルとミルチャ・エリアーデ

追伸　ヨーロッパの選りすぐりの本に関する短い書評が必要です（タイプ打ちで二―四頁ほど）。あらたになにかを書いてくれますか？　フランス語でも英語でも結構です。

（1）HISTORY OF RELIGIONS... とレターヘッドに記された便箋、定形封筒。一九八〇年一一月一六日付シカゴの消印、Prof. Ioan Culianu, Instituut... 宛。
（2）エリアーデが言及している「もう一方」の論文とは、おそらく『宗教学（*History of Religions*）』第二二号（一九八二年、一九六一—一九八頁）に掲載されることになる「エコロジーとインド＝イランの再構築」のことであろう。

85[1]

一九八一年三月二四日

親愛なるヨアン

お手紙とイースター・カードに感謝いたします（三月九日は、慢性関節リウマチと、とりわけ飲んでいる薬のせいで、相当に鬱な状態でした——実際には効き目がないのに！）。手紙を送るのが遅くなりました——「意気地がない」ためです（肉体的に、一〇分から一五分以上は堪えられないのです。一〇分から一五分経ったら、一時間ほど手を「休め」なければなりません）。そして、『宗教学（*HR*）』の論文[2]に関して、ベッツからの注意を伝えることもしたかったのですが、いまは手元にないので、後ほどあなたにお送りします（B［ベッツ］の指摘は、原稿は論文ではなく本として、もっと多くの章にした方がいいということのようです……。しかし、これは馬鹿げています）。

パリュイが小説を喜んでくれたことはなによりでした（常々私は、彼をほかの多くの人々、ルーマニア人の作家や批評家たちよりも聡明だと考えていました）。喜んで紹介文——そして序文——を書かせてもらいます。いまのところ、以下のものが必要です。タイトル（忘れてしまいました！）と数行に要約した原稿。ギューに宛てた手紙を書きますが、それをパリュイに送り、彼から原稿と一緒にその手紙を直接渡してもらいます（彼の印象も口頭で伝えられるでしょう）。

『ルネサンス［のエロスと魔術　一四八四年］』の原稿に関しては、四分の三ほどが書きあがったらすぐに、（六月のはじめに）パヨーまでもっていきます。もちろん——最終的に——Y・Bに手紙を書いたあとは、先方が関心をもつかどうか確実になるでしょう。唯一のことが重要です。できるかぎりはやく、最初の四から五章を仕上げてください。

アドリアン・マリノに関する話は、おそらく、ネオ・リアリストで幻想に惑わされる若い小説家にインスピレーションを与えるでしょう！……。

〈ノーベル賞〉の伝説はけっこう単純です。いつも言っていることですが、もし私がその「栄誉」を受けたならば、ブカレストに飛んで、自分がルーマニア人の小説家であることを宣言するでしょう。私がブカレストでしたいことはだれにもはっきり言っていません。あなただけに話しておきます。ベル墓地へ行って、父や母や兄弟たち、ナエ・ヨネスクの墓を、彼らの好きな花々で覆い尽くすのです……。

この夏にふたたびお会いできることを強く願っています。解決策がみつかるでしょう。話すことが山ほどあります――『〔宗教〕百科事典』やほかの構想について。（いまのところ、私は「項目」を整理しました［…］[3]。あなたには、「トラキア人」（と「ゲタエ人」）の記事を、タイプ原稿で二〇頁ほど書いてもらいましょう）。

クリスティネルとともに、おふたりに抱擁をもって、そして、論文や書評の誘惑からあなたを護り、（魔法によって）本に集中させてくれるように、カルメンに心からお願いします！　変わらぬ友情を込めて、

M・E

（1）HISTORY OF RELIGIONS... とレターヘッドに記された便箋、定形封筒。一九八一年三月二五日付シカゴの消印、Prof. Ioan Culianu, Rijksuniversiteit... 宛。

（2）前述、140頁〔書簡84〕、注2をみよ。

（3）この書簡には、判読不可能な言葉が三、四語ある。それは、まちがいなく、『宗教百科事典』の「Bの項目」と「制度、儀礼、宗教の概念」に関する記事のことである。それらのリストは、一九八一年の初頭にエリアーデが決定した。エドゥアルト・イリチンスキ、前掲〔ヨアン・ペトル・クリアーヌ『崇拝（カルト）、魔術、異端』所収の〕「諸宗教の普遍的知識の探究において」二一九頁と、前掲ミルチャ・エリアーデ『日記』第二巻、四〇八頁をみよ。

86[1]

一九八一年五月一二日

親愛なるヨアン

『…の道』[2]について、感謝と祝福！

参列できない旨をニョーリに手紙で伝えました。金製剤のせいで「知性のレベル」が一〇パーセントにまで低下し、手もきわめて鈍くなっています！……。

『宗教学（*HR*）』の論文は、一九八二年五月に「予定されて」います。点検のために、あなたに翻訳が届きます。

フラマリオンが本〔の原稿〕を受け取ってくれたことを嬉しく思います（V・T〔ヴィルジル・タナセ〕は変わった人物です……）。出版の期日を大幅にすぎているのでなければ、原稿を撤回するべきではないと助言します。パヨーがあなたの本を出すことはまちがいないと思います。しかし、あなたはフラマリオンで随分またされたので、パヨーのところでさらにまつことのないようにしましょう。

パリに着いたら、ただちに『ヘスペルス』をギユーに渡すことにします。

関節炎は（金製剤の注射を二〇本も打ったあとでさえ！）甚だ痛み、力（とくに「知力」）が抜けるように感じます。第三巻をどうしたら「救える」かということを、ゆっくり話し合わなければなりません。

おふたりに友情を込めた抱擁をもって、

クリスティネルとミルチャ・エリアーデ

（1）HISTORY OF RELIGIONS... とレターヘッドに記された便箋、定形封筒。一九八一年五月一三日付シカゴの消印、Pro. Ioan P. Culianu, Rijksuniversiteit... 宛。

（2）I・P・クリアーヌの著書『森の道 I——グノーシスその他の研究論文選集』メッシーナ、アントーニオ・スファメーニ博士出版、一九八一年のことである。

87[1]

一九八一年一二月三日

親愛なるヨアン

一〇月二七日と一一月一二日の手紙と本（まだ読んでいませんが）に感謝します。イタリアの「状況を明らかにしてくれたこと」[2]に対して、心からあなたに感謝しています。ご存知のように、その種の批判や中傷に応える努力を私はまったく払ってきませんでした。なぜなら、当面はなにもできませんし、腹を立てる権利もないということをよく理解しているからです。あの六〇〇万の焼死体のあとでは、いかなるユダヤ人の作家に対しても「客観的」であれと要求することなどできません。火葬場のトラウマがいまだにきわめて強烈なので、どのような「情報」にも彼らが納得することはありません。『自伝』の下巻（*）が出版されたなら、いくつかの事柄がおそらく明らかになるでしょう。

……ところで、長く書きすぎてしまったので、右手を休めなければならなくなりました（一日に三―四頁、半分は判読不可能）。それゆえに大急ぎで、ほかの事柄について書きます（あなたに話したいことがとてもたくさんあるのです！）。二二三頁で私は、とりわけ（一九五七年から六〇年の私の学生たち）ヘンリー・ペルネとコルネリウス・ボレについて言及しました。この点で、あなたは独自です！ あなたが留保したのは正しいことでした。あなたの本はすばらしいものです。唯一批判するとすれば、（私がいままで読んできたあなたのほかのものと同様に）引用が長いということです（とは言うものの、いま、自分が正しかったのか否かと自問しています。読み手が直接情報を与えられるのでいい……）。

最近、『〔世界〕宗教史』第三巻の一の（悲惨な！）状況について、パヨーに手紙で知らせました。この夏すでに、あなたが、刊行されているものであろうとあるまいと、私の著作全般に関して全責任をもつ遺志執行者であるとパヨーに伝えておきました。『〔ルネサンスの〕エロス〔と魔術一四八四年〕』の最終章を受け取ったら、序文を添えて彼に手紙を書きます。

ブルース〔に〕『宗〔教〕と権力』（**）を送ってください。彼に『宗教学』への書評を書いてくれるように頼みます。グロッタネッリと知り合いました。彼はブルースが主宰したシンポジウムのあと、声をかけてくれたのです。

アル＝ジョルジェの死には、とても心を痛めています。――五九歳で、ベナレス大会のあと……。

健康については、かんばしくありません。私の思考力を鈍らせる金製剤の注射を再開しました。はやく終わるといいのですが!!

クリスティネルとともに、懐かしさを込めた抱擁をもって！ カルメンに一言もないことをおゆるしください……。

ミルチャとクリスティネル

* フランス語訳においても『自伝』という表題にすべきでした。一〇月に刊行されたアメリカ版[3]は、（六千部を）完売して、批評も上々です。

** 彼に『〔森の〕道』を送ってください！ 彼はそれについても〔書評を〕書いてくれるでしょう。

クリスティネルが放射線治療を開始して、私たちは（どのような副作用があるのか）とても心配していました。しかし、いまは安心しています。意味深いエピソード。C〔クリスティネル〕が入院した日、私は結婚指輪をなくしてしまいました。一週間後、まさしく彼女が家に帰ってきたときに、それはみつかったのです！……。

あなたたちふたりに、たくさんの愛を込めた抱擁をもって、

クリスティネルとミルチャ・エリアーデ

追伸　数週間のうちに、フリー・プレス＝マクミラン（〔宗教〕百科事典）から、ゲタエ＝トラキアの宗教、グノーシス主義の部分など、最初の寄稿の依頼を受け取るでしょう。

（1）　HISTORY OF RELIGIONS... とレターヘッドに記された便箋、定形封筒。一九八一年一二月六日付シカゴの消印、Prof. Ioan Culianu, Instituut... 宛。

（2）　おそらく、この書簡集に欠けている一〇月二七日と一一月一二日付のクリアーヌの二通の書簡で語られた経緯——あらたな展開、刊行状況？　個別の話題？——のことである。

（3）　ミルチャ・エリアーデ『自伝』ニューヨーク、サンフランシスコ、ハーパー・コリンズ・アンド・ロウ、一九八一年、翻訳者はマック・リンスコット・リケッツ。

88[1]

一九八二年一月二六日

親愛なるヨアン

原稿を受け取ったこと、さらに、数章を再読したらすぐに序文を書くつもりであることだけお伝えしておきます。ガリマール社からの（思いがけない！）手紙を同封します。

ノーメンのために小論を書こうと思っています。

（1）　HISTORY OF RELIGIONS... とレターヘッドに記された便箋、定形封筒。一九八二年一月二六日付シカゴの消印、Prof. Ioan P. Culianu, 9712 TS Groningen, Grote Kruisstraat 2^{0}, Instituut.. 宛。

なければならないので、どうなるのか尋ねてみましょう。そして、彼に（私のことだけではなく！）あなたのことも伝えておきます。

いままでのところ、クリスティネルは、（まだ五週から六週間は続く）放射線治療によく堪えています。

あなたたちおふたりに、懐かしさを込めた抱擁をもって、

クリスティネルとミルチャ・エリアーデ

89(1)

一九八二年二月五日

親愛なるヨアン

一月二六日の手紙に取り急ぎお応えします（フローニンゲンからシカゴまで一〇日間！……）。昨夜、『〔ルネサンスの〕エロスと魔術　一四八四年』を読み終えました。最終章にはとくに夢中になりました！ あなたはセンセーショナルな結論に到達したのです！……。近日中に序文を書き、直接（二部）お送りします。〔序文は〕つまらないものになるおそれがありますが、それは重要ではありません。本はできるかぎり迅速に刊行しなければなりません（つまらないもの——時間が足りないなどということではなく、金製剤治療のせいで私の思考力が鈍っているだけのことです。「元にもどる」には時間がかかるのではないかと、非常に危惧しています……）。

このあとすぐ、小説への序文を仕上げます（今日中に、パリュイに伝えます。あなたが彼にも原稿の複写を送ると）。結局、いずれにせよ、ピドゥ＝パヨーに手紙を書か

（1）　HISTORY OF RELIGIONS... とレターヘッドに記された便箋、定形封筒。一九八二年二月五日付シカゴの消印、Prof. Ioan P. Culianu, Instituut... 宛。

90[1]

親愛なるヨアン

一九八二年二月一一日

お約束していたふたつの序文です。両方とも不出来です——しかし、「魔術」の役割を果たし、本の出版が早まることを望んでいます。

いまのところ、クリスティネルはとてもよく治療に堪えています。

あなたたちふたりに、懐かしさを込めた抱擁をもって、

ミルチャ・エリアーデ

追伸　パリュイに「カーボン〔コピー〕」を送っていません。しかし、つぎに送る手紙で、いわゆる〈序文〉が存在していないことを伝えておきます。

（1）The University of Chicago とレターヘッドに記された便箋、Ａ４判の定形封筒。一九八二年二月一一日付シカゴの消印、Prof. Ioan P. Culianu, Rijksuniversiteit… 宛。この封筒には、書簡のほかに、クリアーヌの『ルネサンスのエロスと魔術 一四八四年』と『ヘスペルス』のためにエリアーデがフランス語で書いた序文が同封されていた。

91[1]

〔一九〕八二年九月七日

親愛なる奥さまと先生

お電話でお話しできたことを大変嬉しく思いました。また、奥さまのご容態が日々改善に向かっておられることを心から喜んでおります。

ウンゼルト[2]がはっきりしてくれることをまち焦がれています。すなわち、まったくべつな仕方で、Ｍ・Ｅに関する本をふたたび執筆し、加筆したり、イタリアの状況においてのみ意味をもっている多くの要素を削除したりしたいと長いあいだ欲しております。

別便で、先生宛てに、奥さまのためのルーマニア語・フ

ランス語辞典とフランス語・ルーマニア語辞典をお送りいたしました。〔それに〕同封して、「グノーシスと政治」学術大会[3]の私の原稿もお送りいたしました。興味をもっていただけるといいのですが。この大会には、シオラン氏も参加される予定です。彼と知り合いになりたいと望んでおります。

この夏は、ずっと先延ばしにしてきた仕事をやることで、椅子に座りっぱなしでした。残念ながら、文学を書くための「インスピレーション」はわいてきませんでした。放置していた小説を再開してみましたが、二週間経っても七〇頁を超えないので、諦めてしまいました。

ヴィルジル・T〔タナセ〕の冒険がいい結果に終わったことがわかり、安心しました。彼が生きているのか否かと考えるとしばしば眠れなくなる夜もあり、「事件」にはとても苦しい思いをさせられました……〔訳注1〕。彼がこれほど長いあいだ姿を消していたので、楽天的な考えは捨てていました。しかし、彼は生きているのです！

私はこの夏、「宿泊所」できわめて簡素にすごしました。と申しますのは、家ではたえず数多くの問題で心が悩まされるからです（今年は、外壁を塗装しなければなりませんでした）。先生ご夫妻にお越しいただいて、去年とは比較にならないようなおもてなしをさせていただくことができないのが残念です[4]。

一〇月一日からは、『宗教百科事典』の項目の執筆のみに専念します。そのために夏のあいだ、資料を集めておりましたが、グノーシス文書をひとつ読んでは、すぐに打ちのめされ、またつぎに移るといった具合でした。「出版準備中」の本に関しては、いいニュースがありません。フラマリオン社でもブリル社でも、状況はまったく進展していません。Y・ボヌフォワ氏から、『詩学辞典』の四つほどの項目に協力してくれないかと話をもちかけられましたが、テーマにとても興味をそそられています[5]。

カルメンが、先生に心から敬意を込めてご挨拶申し上げ、ご健康をお祈りしているとのことです。私からは、奥さまと先生にお別れのご挨拶を申し上げます。

ヨアン

（1）Rijksuniversiteit... とレターヘッドに記された便箋に手書きされた書簡。これに先立つ書簡、すなわちエリアーデからの一九八二年二月一一日付の書簡とこの書簡のあいだの時期には、クリアーヌだけでなくエリアーデの書簡も少なくとも一、二通が失われていると思われる。この間、六月に、ふたりはいつもどおりパリで会っていた。

（2）ドイツの研究者でズーアカンプ社の編集者であるジークフリート・ウンゼルトは、エリアーデに関するクリアーヌの本をドイツ語に翻訳する提案をしていた。この計画は実現しなかった。

（3）一九八二年九月にバート・ホンブルクで開催されたグノーシスに関する学術大会におけるクリアーヌの発表は、「グノーシス主義の復讐」と題され、ヤコプ・タウベス編集『グノーシスと政治（*Gnosis und Politik*）』パーダーボーン、シェーニング、一九八四年、二九〇―三〇六頁に掲載された。ルーマニア語版については、前掲、ヨアン・ペトル・クリアーヌ『ルーマニア研究 I』一六二―二〇八頁を、一六二頁からの説明の注とともにみよ。

（4）クリスティネルとミルチャ・エリアーデは、一九八一年の夏にフローニンゲンを訪れていた。

（5）ルネサンスにおける呪術、錬金術、ヘルメス主義に関するこれらの項目は、現在、前掲書『崇拝（カルト）、魔術、異端』に掲載されている。

訳注

〔1〕ヴィルジル・タナセが、ルーマニアの秘密警察（セクリターテ）によって暗殺されかけた事件をさすと思われる。

92[1]

一九八二年一一月二九日

親愛なるヨアン

最近いただいた心のこもったお手紙に対する返事がこれほど遅れてしまったことをおゆるしください。辛い時間をすごしていました（関節炎が痛むので、金製剤による治療を再開しました。結果は、意気消沈、意識朦朧、ほかにもいろいろ……）。

ゴマから頼まれていた本に関して、『対話』（おそらく「中断された」という副題が付く）というタイトルを提案しています[2]。その本には、私たちふたりの名前がM・E＝I・P・Cと記されるでしょう。私の「信仰と思想」について話すので、あなたも自分の考えを述べてください。最初の長い導入部のあとには、「対話」が続き、そこではあなたの関心あるテーマを取りあげます。ここ数年間の私たちのたくさんの会話を思い出すでしょうから、重要な「生の資料」を扱うことになります。残念ながら五月の終わりと六月のはじめ以外には、パリに行くことができません。

あらたにご報告することは格別ありません（いずれにせよ、よくありません）。『〔世界〕宗教史』第三巻のあの厄介な章はまだ完成していませんし、その章も最後から二番目のものにすぎません。残りの章は集まりました。私が「ゆったりと」仕事をしていることがおわかりになるでしょう（一日に二、三時間、週に四、五日）。『〔宗教〕百科〔事典〕』には飽き飽きしています。とても時間がかかるのです——しかし、私の「編集長」としての仕事がまもなく終わることも確かです。

おふたりに、クリスティネルとともに懐かしさを込めた抱擁をもって、

ミルチャ・エリアーデ

追伸　アメリカにきたらいつでもシカゴ大学を訪ねてください。

［追］追伸　三つの告知を受け取りました。しかし、論文「幸福な死者の島《エウタナシウス》(3) (Insula lui Euthanasius)」を私が寄稿する話ではなかったのですか？

（1）　HISTORY OF RELIGIONS… とレターヘッドに記されている便箋、封筒はない。

（2）　パウル・ゴマはアシェット社で「東西」という表題の選集を企画していた。その選集は、シオランの著書あるいはエリアーデ＝クリアーヌの対話を収めた巻から始められる予定だった。クリアーヌはパウル・ゴマとアシェット社からの提案を、エリアーデを主題とした一九七八年のイタリア語の専門研究書（モノグラフ）を手直しして深める機会とみなした。それは彼の以前からの願いであり、そのことについてクリアーヌは書簡で告白していた（前掲の一九八二年九月七日の書簡91をみよ）。実際には、エリアーデとの対話として計画されていたテクストのうち、クリアーヌが序文として執筆した最初の部分「知られざるミルチャ・エリアーデ」のみが具体化された。それが、クリアーヌの死後に〔ルーマニア語の〕翻訳で出版された『ミルチャ・エリアーデ』ネミラ、一九九五年（第三版、増補改訂版、ヤシ、ポリロム、二〇〇四年）である。

（3）　『天秤宮——ヴィレム・ノーメン六〇歳記念ルーマニア研究 (*Libra. Études roumaines offertes à Willem Noomen à l'occasion de son soixantième anniversaire*)』フローニンゲン、大学出版、一九八三年へのミルチャ・エリアーデの寄稿のことである。I・P・クリアーヌはそれを手助けし、この書簡で言及されているエリアーデの一九三九年の研究論文をフランス語に翻訳した。

93(1)

一九八三年三月三日

親愛なるヨアン

返事がこれほど遅れたことをおゆるしください！　一方で、金製剤の注射によって気分が沈んでいました。他方で、『〔世界〕宗教史』第三巻の一の最終章をなんとしてでも完成させる必要がありました——これらのことによって、多くの仕事の可能性が失われてしまいました。（「思考する

こと」は言うまでもなく）書くことは、どんなものでも苦痛です。あなたとゆっくり話し合うためにも――終わりにしたいものです。しかし、章の終わりがずっと引き伸ばされています。つまり簡単にいうと、状況はつぎのようです。

(1)本（序文－またはあとがき）は、あなたと見解が一致しないとき（たとえば「正教会」）でさえも、きわめて興味深いものです。私にそれほど有益だと思われないものは……[2]。

三月二八日

親愛なるヨアンへ、あなたの天使のような寛大さで、長いあいだ返事を出さなかったことをゆるしてください。私の状態（すなわち健康のこと）についてあなたに伝えますが、それはここだけの話にしてください。鬱状態が続いており、それから逃れるためには、「私が責任をもっているすべての活動を中止させる」治療をはじめる必要があります。やりかけの仕事を片づける前に、この治療を開始するわけにはいきません。やっとのことで『〔世界〕宗教史』第三巻を完成させました（全然よくありません）。残っているのは、以下の仕事です。二頁の序文を書くこと（しかし長すぎはしないか?!）。最後の三章と〈研究状況〔邦訳における文献解題の部分〕〉の校正刷りを修正すること。五月八日の大会を急いで按配すること（シカゴでの研究大会で、メスランやビアンキらがきます）[3]。より正確に言うと、なんとなく立ち消えになっていた数年前のふたつの大会の抄録を編集すること[4]。四月の終わりには『〔宗教〕百科事典』のあらたな会合があり、アンヌマリ・シメルが同席します。彼女は編集委員会のメンバーになることを承諾してくれました。研究会が終わった五月一〇日のあとには、自由に治療がはじめられるようになるでしょう。

はじめに告白したように、そしてあなたもよく理解してくれているように、書くことに非常に大きな困難をともないます。解決策は、口述筆記ではなく、「暗号文」です。それは、私の手助けによってクリスティネルだけが理解できるものです。

（一月）にパヨーへ送った手紙〔の〕数頁をコピーして同封してあります。あなたにお願いもせずに、あなたを私の遺志執行者と宣言しました。六月に、私の考えを説明します。さらに六月には、本〔の出版〕について話し合うこともできるでしょう。あなたは、私がナエ・ヨネスクに対する行きすぎた愛着によって、二、三年だけ関心をもった政治的事柄にこだわりすぎているように思います。しかもあなたは、（たとえば「政治」と比較すると）文学についてはほとんど論じていません。私は以下のような解決策を考えました。(1)五月に、私は原稿を再読して注を付けます。(2)あなたにいくつかの質問事項を提案します。それらに対して私は、（『日記』からの文を用いて）「集中的に」答えます。あなたはそれらの返答を（話し合うことなどで）自由にふくらませます。あなたがよく知っていることだからです。こうして六月はじめには、対話のための生の資料ができあがるでしょう。それは、私たちふたりにとって納得のいくものになると確信しています。

くり返しになりますが、〔返事が遅れて〕申し訳ありません。変わらぬ友情を込めて。そして、クリスティネルとともに懐かしさを込めた抱擁をもって——また近いうちに、

ミルチャ・エリアーデ

追伸　履歴書と文献目録を早く送ってくれませんか？　そして『〔森の〕道』も。

（1）HISTORY OF RELIGIONS... とレターヘッドに記されている便箋、定形封筒。一九八三年三月三一日付シカゴの消印、Prof. Ioan P. Culianu, Instituut... 宛。

（2）書簡はここで中断されており、裏に三月二八日の日付で再開されている。

（3）〔「立ち消えになっていた」にあたる語を〕読み取るのが難しい。

（4）実際、封筒には、エリアーデが一九八三年二月三日にジャン＝リュック・パヨーに送った〔仏文の〕書簡から二ページが同封されていた。以下はその引用である。「私の健康、そして気力は、もはやあてにならないので、私は、I・P・クリアーノ（Couliano）と古くからの弟子たちに〔『〔世界〕宗教史』の〕第四巻の作成を担当させることに決めました。（中略）。I・P・クリアーノ教授は、一〇年以内に、当代のもっとも重要な宗教学者の一人とみなされるようになるでしょう。彼は私の包括的な遺志執行者でもあり、私は、出版されたものであれ未刊行のものであれ、書いたものすべての整理を彼に託すことにしました」。『〔世界〕宗教史』第四巻のその後については、これ以降の書簡と、前掲の、ヨアン・ペトル・クリアーヌ『崇拝（カルト）、魔術、異端』所収のエドゥアルト・イリチンスキ「諸宗教の普遍的知識の探究において」とくに、二四〇頁、注3をみよ。

94（1）

一九八三年一二月二一日

親愛なるヨアン

二回ほどあなたに電話をかけましたが、つながりませんでした。あなたの声をきく喜び以外に話すことがそれほどあるわけではないのですが〔訳注1〕（とても多くのことについて話したり質問したり〔ママ！〕したい唯一の友人と、一年のうち一〇―一一ヵ月も会えないとは、まったくばかばかしく、我慢ならないことです！）。関節炎がよくならないので、たくさんのいろいろな「問題」について、順不同で、手短に書くことにします。

一、『天秤宮』について感謝します（唯一の問題点。タイトルを背表紙に印刷していません。本棚に並べるとノートのようにみえてしまう恐れがあります……）。あなたの論文は大変興味深いものでした。[2] この問題（とりわけ「方法論」の扱いについての批判）は、いつか一冊の著著においてふたたび考えてみなければならないでしょう。たくさんの本文の翻訳によって苦労なさったと思います。しかしあなたは情熱的な記念論文をつくりました（W・ノーメンがとても心のこもった感謝状を送ってきました）。いまはソリン〔・アレクサンドレスク〕の論文を読んでいます。[3] すでに四、五本の論文を読みましたが、そのうちのいくつか（A・ドゥツゥやメツェルティンのもの）は「刺激的」です。

二、H・ヴィッテの原稿を興味深く読みました。しかし、彼は宗教学特有の問題（主要な神的存在の形態論や機能、神話の構造、儀礼のシステム……など）に焦点を絞って、三〇―三五頁ほどの「まとまったもの」（さらに、パヨー版の〈研究状況（Etat des Questions）〉八―一二頁）を書いてくれると思いますか？『〔世界〕宗教史』の統一性を（とにかく）維持するためです……。

三、コピーの件は忘れていません。（この夏に第三版を校正した）『フーリガン』は、パリにあります。A・パリュイが取り急ぎの需要がないと知らせてくれたらすぐに、ギザ〔に〕あなた宛てに送るように頼んでおきます（自宅がいいですか？　あるいは、大学がいいですか？　いずれにしても書留で）。幾度も言ったと思いますが、『光……』は判読不可能でした。（一九四五年の夏に）原稿の「校正」をはじめたのですが——諦めなければなりませんでした。あなたがどうしても必要だというのなら、その原稿を（航空便の書留で）送ります。コピーをとったら（古くよごれた）紙は駄目になってしまうでしょうから、あなたに差し上げます。

四、急ぎではない質問。およそ三百頁の選集『小品集（*Scripta minora*）』〕をまとめたいと思います（「南アメリカの高神」と「宗教学と〈大衆文化〉」、そのほか短い論文をいくつか、『宗教学』に掲載した「書評」など。さらに、『クリティーク』誌と、おそらく『ザルモクシス〔からジンギスカンへ〕』からの二編の論文を加筆修正したもの）。ブリル社は、原則的に、『小品集』を受諾してくれるでしょうが、論文の写真版で出すと言ってくると思います。すべてが『宗教学』に掲載されていたならば、私も承諾したでしょう。しかし、『クリティーク』や『ザルモクシス〔からジンギスカンへ〕』などは？　そのうえ、いくつかの論文にはふたたび目をとおさなければなりません。あなたの考え、そしてだれに連絡すればいいかをきかせてください（くり返しますが、急ぎではありません）。

五、ふたたび『〔宗教〕百科事典』について。「魔術――中世とルネサンス」、二五〇〇字に関する依頼状を受け取ってくれたと思います。一緒に執筆することになっている「セクシャリティ」（五〇〇〇字）も。（コピーを同封しておきました。[4] 締め切りは考えなくて結構です）。おひとりで書いてくれるのなら、それが一層望ましい！　そうすれば、私の担当は、私が行き着いた問題のあるくだりだけになり、あなたはそれを利用し、要約し、修正などしてください。

六、幸いなことに、この最後の件は計画だけです。しかし、話し合っておいた方がいいと思います。八年から一〇年も前の『宗教学事典』〔『エリアーデ世界宗教事典』〕（こんな題名だったでしょうか）に関する私たちの計画を思い出してください。『〔世界〕宗教史』と『〔宗教〕百科事典』に忙殺されて、話が進んでいませんでした。しかし、つぎに述べる理由で、この小事典を完全に諦めてしまうわけにはいきません。パヨー版だと、四百頁から六百頁になるでしょう。「観念、形態、構造」と（地中海、インド、オセアニア等の）大きなまとまりに集中します。フランツ・ケーニヒ版のようなものを。しかし、〔ケーニヒ版より〕三〇年後に、たったふたりだけで編集されるという優れた点があります。利点は、「暇な時間」に作業できることです（たとえば、エジプトの宗教について字数を決めたならば、この『事典』では、多くの神々についての説明は簡潔にして、最後に「エジプトの§……をみよ」とだけ記す）。大部分は、同様のリストを『〔宗教学〕概論』と『〔世界〕宗教史』から選び出すことができます（ほかから着想を得たなどと言われないように！……）。時間をかけて、数百枚のカードを整理し、アルファベット順に分類しましょう。「着想」を得られるものから「問題」に取り組みます。あなたはグノーシス、私は「イニシエーション」あるいはシャーマニズムなど。もちろん、大きなテーマのリストは、一緒に作りましょう（こまかいことは、夏に会ったときに話し合いましょう）。

緊急ではないが、きわめて重要なこと。『事典』は直ちにベストセラーとなります。そして『〔世界〕宗教史』のように、八—一〇ヵ国語に翻訳されるでしょう。パヨーは喜んで、即座に契約の準備をするでしょう。私が「途中で」編集作業を続けることができなくなったなら（そんなことは断じてないように！）、あなたがひとりで『事典』を完成させ、ふたりの名前で刊行してください。このような編纂作業は、「宗教的創造物を真剣に取り上げ」、私も一定の役割を果たしてきたここ三〇年ばかりの「確実な潮流」に棹さすという長所があります（あなたはこの仕事にそれほど関心をもてないかもしれませんが、私は心からつぎのように思っています。あなたは、すでに真の宗教学者のひとりであり、危機にあるわれわれの学問にとって本当に必要である数少ない人物のひとりです。あなたは数多くの同僚や学生たちにそのように認められているのです。しかし、私と同じように——私は幸運だったのですが——あなたがアカデミズムや大学に認められ、さらに異なる文化圏の多くの人々のあいだで「広く受容される」ようになるためには、さらに一五年から二〇年が必要でしょう。私たちには、無駄にできる時間はあまりないのです！　有益な仕事において私たちが協働することは、そのプロセスを早めてくれるでしょう……。

一二月二二日

短い手紙とお約束したのに、このようになってしまいました！

以下の項目の「執筆者」を探しています。「神の国」（六〇〇〇字）、「命」（四〇〇〇字）、「愛」（七五〇〇字）、「浄と不浄」（五〇〇〇字）、「瀆聖」（五〇〇〇字）。文字数は増やすことも減らすこともできます。いずれかの項目に興味があれば、あるいは、すばらしい適任者を知っていれば、すぐに知らせてください。

クリスティネルが三週間ほど前にヘルニアの手術をしたことをお知らせしたでしょうか。万事——順調です。一二月二七日にフロリダへ出発し、一月六日にもどってきます。

おふたりとも、よいお年を、愛情を込めた抱擁をもって、

ミルチャとクリスティネル

（1）　HISTORY OF RELIGIONS... とレターヘッドに記された便箋、定形封筒。一九八三年一二月二二日付シカゴの消印、Prof. Ioan P. Culianu, Instituut... 宛。

（2） クリアーヌの論文〔「ミハイ・エミネスクにおける自由の幻想――新たな『チェザーラ』（一八七六年）における世界の中心の光景（Les fantasmes de la liberté chez Mihai Eminescu. Le paysage du centre du monde dans la nouvelle *Cezala*）」前掲『天秤宮』一一四―一四七頁〕についての言及。ルーマニア語版については、ヨアン・ペトル・クリアーヌ、前掲『ルーマニア研究Ⅰ』八二―一二二頁をみよ。

（3） これは、前掲『天秤宮』四七―八〇頁におけるソリン・アレクサンドレスクのすぐれた論文「『ジュニメア』〔訳注2〕政治的言説と文化的言説（«Junimea» : Discours politique et discours culturel）」のことである。

（4） この封筒には、『〔宗教〕百科事典』の編集者から、ミルチャ・エリアーデとヨアン・ペトル・クリアーヌに宛てられた、「セクシャリティ」の五〇〇〇字の項目を一九八四年二月一日までに書き上げるように、との依頼状が同封されていた。

訳注

〔1〕 エリアーデがクリアーヌに「質問する」というのはいかにも奇妙な表現ということだろう。

〔2〕「ジュニメア（Junimea）」とは、一九世紀後半にヤシで創設されたルーマニアの文学サークルで、現代ルーマニア文化の基礎づけに大きく寄与した。古いルーマニア語で「若い」を表すjuniに由来する。

95[1]

一九八四年一月九日

謹啓　敬愛するエリアーデ先生

昨日の手紙に若干付け加えることがございます。

本日、ハンス・ヴィッテと会って、先生の『〔世界〕宗教史』第四巻の構想について説明しました。ハンス・ヴィッテ[2]は、アフリカの宗教に関して寄稿することを大変名誉であると言っていました。彼はそれができますし、することを望んでいると思います。私からみても、彼は、いままで読んだなかでもっとも優れたアフリカ研究者である（*）とだけは言えます――実際、先生も、近日中に刊行される〈ヨルバ〉の人々に関する彼の本をご覧になることでしょう。彼が、契約はあるのか、原稿の締め切りはいつかと私に尋ねてきました。私もまだわからないが、契約はないように思うと言っておきました。さらに、私の役割はなにかときかれましたので、たんなる原稿の調整役のようなものだと答えました――というわけで、当面これは、「調整」の初仕事です……。

心からの敬愛の情を込めて、奥さまとともにご自愛ください。

ヨアン

（＊）もちろん、グリオールとジェルメーヌ・ディーテルランを除いてです。

（1） Rijksuniversiteit... とレターヘッドに記された便箋に手書きされた書簡。

（2） ハンス・ヴィッテ（一九二八―二〇〇六年）、アフリカ研究者、西アフリカの芸術と宗教の専門家、オランダのベルク・エン・ダールのアフリカ芸術博物館館長、フローニンゲン大学教授。『世界宗教史』第四巻の企画に研究論文「家族と宇宙の力の諸関係――西アフリカの宗教における宗教的根本思想（Relaţiile de familie şi puterile cosmice—principii religioase în religiile vest-africane）」を寄稿した（ルーマニア語訳は、ヤシ、ポリロム、二〇〇七年、二〇七―二四一頁）。

96[1]

一九八四年二月二四日

親愛なるヨアン

（いつものように！）一月八日、一九日と二月一五日の手紙、また同封されていた論文と草稿に感謝します。そしてまったくいつものように箇条書きでお答えします。

一、パヨーへはまだ手紙を書いていません。しかし、彼はまちがいなく同意してくれるでしょう。

二、あなたが提案してくれたオランダ人研究者たちを採用することにしました。すでに寄稿の案内を受け取っていると思います。

三、私に対する「批判者たち」に関して、あなたが書いてくれたことに私は全面的に同意します。デュールが彼らを選集に加えることはもっともなことです（シカゴ大学出版局は――デュールの要請で――選集の可能性について調べています。あなたはどの論文を提案したいですか？[2]）。

四、ブリル社の返答は見事なものです！（私はそれを額に入れて、シャルル・デュラン〔エリアーデのパリでの滞在先住所〕のサロンにでも飾るつもりです）[3]。オランダ人は私をあまり好いていないというのは、あなたが正しい（私は、むしろ、『〔宗教〕百科事典』のヨーロッパ人寄稿者のなかに、はじめからファン・バーレン、ワールデンブルクなどの名前を提案していました）[4]。しかし、『小品集』は問題にはなりません。論文の一部は、パリュイが編集する『ブランクーシと神話（*Brancusi et les mythologies*）』（ガリマール）に組み込むことになっています。彼はいくつかのルーマニア語のテクストを訳してくれます。英語で書かれた研究は――知られていませんが――「ガリマールのチーム」によって翻訳されるのです。

五、「メダル」論文でもあなたにご迷惑をかけてしまって申し訳ありません[5]。イェルンカに頼みます（しかし、彼らの「会報」にとっては、詰め込みすぎで長すぎると思いませんか？……）。『オーロラ』[6]の論文も、とてもよかったと思います。

書くことが辛いので、ほとんど仕事をしていません。そのうえ、いまだに、「金製剤」の影響下に、つまり「鬱」の状態にあります。エイドリアナ・B〔バーガー〕[7]が文書や手紙の整理を手伝ってくれています。骨が折れます！

すでにお話ししたと思いますが、ここの蔵書のほとんどは大学に寄贈しようと思っています。興味のある本があったら、そのリストを送ってください――そうすれば、取り分けておきます（とりあえず、あとであなた宛てに送ることにしましょう）。

クリスティネルは、「左のヘルニア」の手術を三月一日に行ないます。一二月に行なった（「右のヘルニア」）の手術は完全に成功しました。ふたりとも、うんざりする状態がはやく終わればいいと思っています。

ブラウン〔大学〕の大会には出席できません。（肉体的にも精神的にも）疲れすぎていて、こなすことができません……。一日あたり二、三時間にまで減らした仕事時間を、『自伝』のために使いたいと思います。

原則として、五月の最後、六月のはじめにもどります。「ダンテ・アリギエリ賞」を受賞しましたが、五月の後半にウィーンとフィレンツェに行けるかどうかわかりません。クリスティネルとともに、あなた方おふたりに懐かしさを込めた抱擁をもって、

ミルチャ

（1）HISTORY OF RELIGIONS… とレターヘッドに記されている便箋、定形封筒。一九八四年二月二六日付シカゴの消印、Prof. Ioan P. Culianu, Instituut… 宛。

（2）ハンス＝ペーター・デュールが編集した『世界の中心――ミルチャ・エリアーデ論（*Die Mitte der Welt. Aufsätze zu Mircea Eliade*）』フランクフルト・アム・マイン、ズーアカンプ、一九八四年、に関する言及である。シカゴ大学出版局は、この選集を英訳する計画を立てていた。

（3）一九八四年一月二四日にE・J・ブリルの編集長W・バックハウシュ博士は、I・P・クリアーヌに以下の〔英語の〕書簡を送っていた。「親愛なるクリアーヌ博士、エリアーデ教授の『小品集（*Opera Minora*）』が出版不可能であるとお伝えしなければならないことを残念に思います。取り急ぎご連絡まで。敬具、編集長Dr. W. Backhuys」。

（4）テオ・P（テオドルス・ペトルス）・ファン・バーレン（一九一二―一九八九年）は、エジプト学者、宗教学者、多彩な芸術家（詩、ヴィジュアル・アート）、民族誌収集家で、フローニンゲン大学宗教学講座のゲラルダス・ファン・デル・レーウの継承者だった（一九五二―一九八二年）。彼は、フローニンゲンの「ゲラルダス・ファン・デル・レーウ」民族誌博物館と宗教図像学研究所を創設した。ジャン・ジャック・ワールデンブルク（一九三〇年生まれ）は、カリフォルニア大学ロス・アンジェルス校でイスラム学を教えたのち、ユトレヒト〔大学〕、その後ローザンヌ大学の宗教現象学の教授となった（一九八七―一九九五年）。現在は、ローザンヌ大学の名誉教授である。将来の「〔宗教〕百科事典」のための直接の寄稿者としてクリアーヌが提案した「オランダ人研究者たち」は、おそらく、バーレンやワールデンブルクにくわえ、フローニンゲン大学の宗教学・宗教現象学の（オランダとドイツにおける主要な研究者たちを糾合した）「作業グループ」とでも呼ぶべき集団の残りのメンバーであった。すなわち、H・J・W・ドライヴェルス、ハンス・G・キッペンベルク、L・P・ファン・デン・ボッシュ、マールテン・J・フェルマセレン、ヘルマン・テ・フェルデなどである（最後の二人はオランダにおけるクリアーヌのコプト語の教師だった）。オランダ学派の宗教〔史〕学者たちは、ヴァルター・デ・グリュイターやE・J・ブリルといった出版社と協働して、「宗教と理性（Religion and Reason）」シリーズを出版し、（イコンやシンボルに関して行なわれる宗教研究のための）『可視の宗教――宗教図像学年報（*Visible Religion. Annual for Religious Iconography*）』誌を創刊した。このエリアーデの書簡からもわかるように、クリアーヌは、オランダ滞在中ほとんどずっと、フローニンゲンのこの「作業グループ」の活動に深く関わっていた。しかし、クリアーヌの考えは、宗教〔史〕学の諸問題に関する多くの点で、オランダ学派の仲間たちとは異なっていた。クリアーヌは、宗教〔史〕学やルーマニアの伝統文化を主題とする研究会を開催し、『可視の宗教』や「宗教と理性」シリーズに〔論文を〕発表していた。一九八〇年の博士論文の英語版『サイカノディア』は、M・J・フェルマセレンが監修するシリーズの一巻として、ライデンの出版社E・J・ブリルから一九八〇年に刊行された。宗教〔史〕学・宗教現象学のオランダ学派との関係は、クリアーヌの活動に関連してまだ研究されていないテーマである。

（5）I・P・クリアーヌ「ミルチャ・エリアーデと普遍的人間の理念」『フランス・メダル・クラブ会報（*Le Club français de la Médaille*）』第八四号、一九八四年、四八―五五頁。

（6）同「ミルチャ・エリアーデとその作品」『オーロラ（*Aurores*）』第三八号、一九八三年、一〇―一二頁。

（7）エリアーデの死後に彼に対する激しい中傷者となるエイドリアナ・バーガーについては、前掲『日記』第二巻、四四五頁（一九八三年一一月一九日）、四四六頁（一九八四年一月一一日）、四五二―四五三頁（一九八四年四月六日）の記述をみよ。文書や蔵書の整理に際して、エイドリアナ・バーガーに手伝わせたことに対するエリアーデの感想は、つぎのようなものである。「私の蔵書を解体させたこと、とくに文書を引っ掻き回したり、手紙を整理させたりしたのは大きな誤りであったことをいまとなっては疑わない。おそらく、ここ二五年間で最大のまちがい」（同書、四五一頁、一九八四年三月三一日）。エリアーデ宛のエイドリアナ・バーガーの書簡は、最近、ミハエラ・グリゴル、リヴィウ・ボルダシュ責任編集『幸福な罪の後日談（ポストレゴメナ）――ミルチャ・エリアーデ、ユダヤ人、反ユダヤ主義（*Postle-*

gomena la felix culpa: *Mircea Eliade, evreii și antisemitismul*)』第一巻、クルージュ大学出版局、二〇一二年、二九五―四〇八頁において、リヴィウ・ボルダシュが公にした。

97①

一九八四年三月二七日

親愛なるヨアン

感謝の念に堪えません！　あなたはすばらしい！　この二週間で、M・E（「重要な人物」……）に関する論文を三編も受け取りました。あなたは神話学を創設する途上にあり、解釈学と歴史叙述を立派な模範にまで高めつつあります。

「問題の序文」を――そのご苦労にも感謝します――受け取りました。しかし最後のパラグラフには同意できません。いくつかの考察は、学問的な議論においては有益ですが、著書のなかにおいては意味をもたないでしょう。私の方で原稿を修正し、パヨーに送ります（あなたにもまちがいなくコピーが届くようにします）。最近パヨーが手紙をよこして、私たちの計画――そして、私が序文を書くということ――を喜んでいました。まさに今日、彼に以下のような返事をします。唯一重要であるのは、この本が一刻もはやく印刷に回されることです（序文は印刷されると二頁を超えないでしょう）。

クリスティネルは快復期にあります。二回にわたるヘルニアの手術が軽い感染症を引き起こしたので、抗生物質を増やさなければなりません。

第四巻の概要を、寄稿者の氏名と住所とともに準備しています。アフリカの宗教に関しては、あなたが推薦したオランダ人にすることに決めました。本文は四〇頁で、〈研究状況〔邦訳における「文献解題」の部分〕〉は八―一二頁です。ともかく「正式な」依頼を送りましょうか？　パヨーが彼に契約書を送ることはまちがいありません。唯一の問題が未解決です。すなわち、最後のふたつの章では、啓蒙主義から「神の死の神学」までにいたる、全地球規模の宗教的創造（*）を示さなければならないということです。この最後の大部分は私が執筆します。残りの部分は、あなたが責任をもってくれませんか？（私が『宗教と権力』を読んだことを忘れないでください）。これらすべてについては、六月にパリで話し合うことができるでしょう。
おふたりに対してたくさんの愛情を込めた抱擁をもって、

クリスティネルとミルチャ

（＊）しかしいくつの…

（1）HISTORY OF RELIGIONS… とレターヘッドに記されている便箋、定形封筒。一九八四年三月二七日付シカゴの消印、Prof. I. P. Culianu, Faculteit der Letteren, Rijksuniversiteit… 宛。

98[1]

一九八四年四月四日

謹啓　敬愛するエリアーデ先生

先生からお手紙をいただいたことをとても嬉しく思います！　さらに、まるで快復なさったかのような筆跡だったことが、それに劣らない喜びとともに印象的でした！　この数年来先生が言っておられた治療方法が、期待どおりの効果をもったことを願ってやみません。

同じように、奥さまの二回にわたる手術が十分な成功をおさめたことはすばらしく思われます——そして、われわれも、先生とともに、術後の苦しみに堪えています。術後の症状が、すでに（とうの昔に）治まっているといいのですが。

ともかく、先生は正しいのです。私も忍耐強く、われわれの不幸な西欧文明によって（最近）踏み固められた轍の上でM・Eという大いなるルーマニア的（しかしそれだけはない）神話を示し直したいと思います。さらに同じように、私にとってこの不透明な時代における最良の手本であり続ける真のM・Eに背くようなことは、決していたしません……。

実際、この時代について言えば、オランダの大学を改革したり、そこから追放されないようにしたりすることで、どれほどの神経とエネルギーを使っているか、先生にお伝えすることはできません。とにかく当地では、私にはもはや将来はありません（解雇されることはないと思いますが）。恩給をまちながら、なにもしないでいることなど到底できません。四三歳になったらそうできるかもしれません！　結局、統計的に言って学部でもっとも「生産的」なのは私なのですが！

このようなことを考えてしまい、申し訳ございません——実際には、決して悲観的なわけではなく、少しばかり苦々しく思っているだけです……。

重要な問題にもどります。

マクミラン社が先生の「セクシャリティ」の項目を共同執筆しないかと尋ねてきたので、その名誉に与りたいと答えました。私は同じように、もちろん可能だったらですが、「愛」の項目も担当したい旨を伝えました。

パヨー社から出す著書の序文のことで、先生にご負担をおかけしてしまうことを心苦しく思います。お送りした版が、先生のご希望に添うものであったならばいいのですが。とにかく、先生が示してくださる数え切れないほどのご厚意にあらためて感謝申し上げます。

壮大な『〔世界〕宗教史』の最終部の「残り」を担当させていただけることに感激しています。当然のことながら、私にその能力があるのか少々心配ですが……。

先生が『〔世界〕宗教史』の「アフリカの宗教」の寄稿者としてハンス・ヴィッテを選んでくださった旨を彼に伝えました。彼はとても喜び、感動しておりました。まもなく彼から、『イファとエス——秩序と無秩序の図像学（*Ifa and Esu. Iconography of Order and Disorder*）』と題されたすばらしい本を受け取られると思います。

先生にお送りした私の論文のひとつをもとにして、きわめて興味深く長い研究会をもちました（テーマは宗教的象徴とM・E）。——先生にこれ以上お話しするのは余計なことですが！——さまざまな観点がありました。結局、私と当地〔フローニンゲン大学〕の宗教学講座との見解の相違はとても大きく、互いに努力したにもかかわらず、真に歩み寄ることはできないということです（三時間を超えた！）。M・E研究会は、いままでのところ、とても活気を帯びていました！

『世界の中心』に関して、私が先生を……「守ろう」……と稚拙で不適切な試みをふたたび行なっているという噂があることをパリから伝えききました。[2]　私は関係者に、ツヴィ・ウェルブロゥスキの論文を読むべきであると伝えました。これが適切かつ正しい方法であることを確信しております。それゆえに、『硬貨・メダル会報（*Bulletin des Monnaies et Médailles*）』〔正しくは『フランス・メダル・クラブ会報』〕がM・Eに関する原稿をほとんど修正なしで受け入れてくれたことは喜びでした。

最近、メスラン氏に手紙を書き、先生がパリに到着なされた際に、〈ルーマニア研究センター（Centre Roumain de Recherches）〉の〈宗教学（Sciences Religieuses）〉部門の設立に際してスピーチをしてもらえないかとお願いしました。今回は、クリスティネル夫人と先生のために高級リムジンを借りて、パリの街を快適に移動していただけるようにいたします。ルレ・サン・ジェルマン〔ホテル〕に、あるいは、先生がよりよいとお考えのところであればどこであれ、会場を予約するようにいたします。

パヨー社の『事典』の計画には力が入ります。それはつまるところ、宗教学のあらゆる主要な点を見渡す機会を与えてくれるでしょう。告白いたしますと、それらの点の多くは、ミルチャ・エリアーデをとおしてのみしか知ることができないのです……。

五月のブラウン〔大学〕の学会には行けそうもありません。当地〔フローニンゲン〕の状況はきわめて不安定で、一日たりとも抜け出せません。

近いうち（四月二八日）に、先生と奥さまのお声をきくことができるのを私たちは楽しみにしております――適当な頃にお電話させていただきます。また、奥さまが完全にご快復なさることを、私たちは願っております。

深い愛情を込めて、先生と奥さまおふたりのご健康を祈っております。言うまでもなく、カルメンからも、

ヨアン

追伸　『〔ルネサンスの〕エロスと魔術〔一八四八年〕』の校正刷り（四〇〇頁以上！）を修正しました。謙虚さを欠くかもしれませんが――この本には、（ミルチャ・エリアーデも〈序文〉で言っていますが）とても興味深い部分があります。

（1）個人的なレターヘッドのある便箋に手書きされた書簡。

（2）ハンス＝ペーター・デュールによるエリアーデに関する著書『世界の中心』（三つの記念論集のうちの最新版）において、クリアーヌは「ミルチャ・エリアーデと目の見えない亀」（二一六―二四三頁）を発表した。ルーマニア語版については、前掲『ルーマニア研究 I』三二八―三六一頁をみよ。さらに、エリアーデと軍団〔鉄衛団〕の「デリケートな問題」については沈黙を守るようにという、パリの亡命者たちの不毛な要請について記している同書一四四頁、注3もみよ。

99①

一九八四年五月九日

謹啓　敬愛するエリアーデ先生

先生とお電話でお話しできたことをまことに嬉しく思いました。また、奥さまのご容態が快復に向かっているというお知らせも、とても喜ばしく思いました。

パウル・ゴマが事務手続き上の細かいことにこだわっており、先生にふたたびご迷惑をおかけします。予定どおり、作家ミルチャ・エリアーデとのインタビューをこの夏に行ないたいと思います。パウル・ゴマは、とにかく契約を結ぶことにこだわっています。しかし、契約を結ぶことは六月二八日より前にしかできません（編集長が出発してしまうからです）。そして、契約手続きは先生のお名前で進められます（インタビューを受けるのは先生なので）。それゆえゴマは、どうしてもアメリカで税金をお支払いになった証明書を郵送していただきたい、あるいは持参していただきたいそうです。そうでなければ、税金を二回、フランスでは五〇パーセントの税金を徴収されることになると彼は申しております。

六月に先生と奥さまにパリで再会できることを心待ちにしております。申し上げたとおり、今回はパリの街を優雅に移動していただけるように、必要な場合には、大きな車を借りるつもりでおります。

六月二八日には、正教会に関するミュンヘンの円卓会議に参加します。多くの人々が、ルーマニアの歴史における正教会の経済的、社会的、政治的に致命的な役割について、程度の差はあれ、私と同様に考えていると思います。権威者がこのような観点を恐れる証として、保安警察《セクリターテ》の悪名高い手先であるダン・ザムフィレスクは、「正教会の擁護」という論文をC・ミカエル＝ティトゥス氏（熱烈な愛国者）のあたらしい雑誌に発表しました。この論文では、正教会の霊的価値については議論されずに、正教会の歴史的成果（〈労働精神（Arbeitsethos）〉、社会倫理、政治倫理）について議論されていることは明らかです。その歴史的成果は、今日のポーランドが証拠ですが、カトリック教会のものとはまったく異なります。西洋世界に十年どころか百年も遅れているあわれなルーマニアは、自分の大きな正教会の隣人〔つまりロシア〕のせいなのです！　これは古くからの、理論上避けられない苦悩です。

深い愛情を込めた抱擁をもって、心からご健康をお祈りしております。先生と奥さまにゆったりと再会できること(2)を待ち焦がれております。

ヨアンとカルメン

（1） Rijksuniversiteit… とレターヘッドに記された便箋に手書きされた書簡。
（2） 「ゆったりと再会できること」は、一九八四年七月はじめにパリで実現した。八月には、クリスティネルとミルチャ・エリアーデは、カルメンとI・P・クリアーヌの家があったフローニンゲンの Korreweg 60 A を訪ね、数日間すごした。それについてはクリアーヌのつぎの書簡の冒頭と、エリアーデの前掲『日記』第二巻、四六五—四七〇頁の記述をみよ。

100(1)

〔一九〕八四年九月一八日、フローニンゲン

敬愛する奥さまと先生

先生ご夫妻をおもてなしできて、ご理解いただけるといいのですが、私たちはとても喜ばしく思いました。しかし、そのおもてなしの隊長としての私の役割を完璧に果たせたとは言いがたい、と考えております。たとえば、奥さまがタバコを望まれたときには、もっと奔走すべきでした。さらに、先生がアムステルダムで『世界の中心』を求められたときには、（思うに）もっと時間をかけて探し出すべきでした。先生をお迎えしたときのこれらの不手際は——まだほかにもありましたが——先生にできるかぎりはやく、ふたたびフローニンゲンにいらしていただくためにも、忘れることはできません。次回こそ、抜かりなく先生をお出迎えできるようにいたします。

先生につぎにお会いできるのは一〇月四日以降、つまりエルバ賞のためにイタリアにご滞在なさったあとになると思いますが、ご出発の前にお手元に届くことを期待してこの手紙をお送りいたしました。

この手紙の目的は、最初に、『脱魂の経験』のためのきわめてすばらしい——先生がご執筆くださり、奥さまがそれをタイプ打ちしてくださった——序文に対して、おふたりに心から感謝することです。そのすばらしいお言葉について、先生には深く感謝申し上げます。そして、いつかそのことを証明したいと望んでいます（ご存知のように、私の成長は遅いのですが……）。

ふたつ目は、原稿の数頁をお送りすることです。気に入っていただけるといいのですが。

三つ目は、『対話』の見直しの指示表についてです。実際、先生のために私が指示を出した方がよくなかったでしょうか？

四つ目に、メスラン氏は、ミルチャ・エリアーデ友好協会[2]の理事長の件を、原則的に、受諾してくださるそうです。残っているのは、当協会の会規と目的を細かく慎重に、先生との密接な連携のもとで定めることです。作業にいくらか遅れが出ていますが、その原因については、以下にご説明いたします。

最後は、私の本『（作家）ミルチャ・エリアーデ』のために、先生とおよそ三日間でもっとお話ししたいことも含めて、だいぶ前から頭にある五―一〇頁をいまだに書けていないことをお詫びしたいのです。このようなあらたな本の構想が、先生をいくぶん飽き飽きさせてしまうことは十分承知しております。しかし私は――私だけではありません――この本が、作家ミルチャ・エリアーデのごく最近の時代、つまり、神話の大いなる解釈者の蔭のもとにある時代に呼び起こされる関心を考えるならば、無益ではないとわかっております。

さきほど申し上げた〔序文の〕遅れは、全体として、私が現在執筆している幻想小説（『トズグレク』[3]）の最初の版をできるかぎりはやく終わらせたいと考えていることによります。同胞がオランダやドイツを訪問してきたために、作業は幾度となく中断されました。残念ながら現在は、大学での焦眉の問題（もっと堪えるのか？　どのくらい堪えるのか？　どのようにしてか？　など）を抱えると同時に、新学期もはじまってしまいました。

とにかく、私のために少しでもお時間を割いてくださることを願いながら、編集済みの原稿を携えてパリへ向かいます。原稿を読んでくださる時間があるように、到着したらすぐにお渡ししたいと思います。この本の考えがあまり先生を喜ばせるものでないことは承知して――もっと言えば悟って――おります。しかしながらこの本〔の原稿〕が、去年お送りした序論とはまったく異なる内容であることは確かです。それはかなりましなかたちへと、『〔フランス・〕メダル〔・クラブ〕会報』の論文において「解消」されたと思います。今回はもっぱら、作家M・E、歴史的文脈における彼の「リアリズム」小説の位置づけ、さらにその幻想文学をめぐる議論のみを扱うようにしております。

再度、心からの感謝を申し上げながら筆をおくことにいたします――カルメンからも、そして言うまでもなく（隊長である私の意見では、先生からのご好意を少なからずいただいた！）アンドレイからも[4]——フローニンゲンで先生が私たちに与えてくださったすばらしい日々に感謝申し上げます。可能なかぎりはやく、そしてもっと長くふたたびご滞在くださることを願っております——そのあいだに、今回のような不手際なくお迎えできるように準備いたします。

心からの敬愛を込めて、
ヨアンとカルメン

追伸　九月一九日
まさにさきほど、フラマリオン社からの手紙を（非常に美しい『〔ルネサンスの〕エロスと魔術〔一四八四年〕』の表紙とともに）受け取りました。その手紙では、本書の紹介は一一月七日頃になるだろうと告げられていました！　そのあいだにも、やらなければならない企画がたくさんあります。パヨー社もフラマ〔リオン〕に続いてくれるならば、私はようやく一一月にパリに行くことになるでしょう。残念ながら、先生はすでにお発ちになったあとですが。本に関する話し合いが実現するのは来年になってしまいます……。

（1）普通の便箋に手書きされた書簡。
（2）「ミルチャ・エリアーデ協会」の計画については、以下の176頁〔書簡105〕の注5をみよ。
（3）『トズグレク（*Tozgrec*）』は、クリアーヌがイタリアとオランダで書き上げ未発表に終わった散文のなかでも、もっとも長い作品であり、手書きで四〇〇頁以上におよぶ。同時にそれは、もっとも謎めいた作品でもあり、自伝的、写実的、秘教的、神話的と多くの側面をもっている。この小説には四つの版があり、決定版はなく、いくつかの独立した物語＝「島」を含んでいる。もっとも完成された叙事詩的小説のうち、一九八一年八月二一日付の最初の版は、『トズグレクの庭（*Grădinile lui Tozgrec*）』と題されている。この小説の執筆を中断したという最後の日付は一九八四年一〇月一二日であり、つまりこのエリアーデ宛書簡のほぼ一ヵ月後である。ルーマニア語版については、テレザ・クリアーヌ＝ペトレスクが編集、翻訳した『トズグレク』ヤシ、ポリロム、二〇一〇年をみよ。『エメラルド・コレクション』（ミラノ、ジャッカ・ブックス、一九八九年。さらに、ルーマニア語訳は、『透明な羊皮紙』ブカレスト、ネミラ、一九九三年、『透明な羊皮紙——最後の物語』同、一九九六年、同、ヤシ、ポリロム、二〇〇二年をみよ）における「トズグレク」と題された物語は、この長編小説とはまったく異なる筋をもつ。
（4）アンドレイは、カルメン・ジョルジェスクの前の結婚による息子である。

101[1]

一九八四年九月二一日、パリ

親愛なるヨアン

九月一八日の手紙にすぐにお応えします。まず、あなたたちととても楽しくすごせたということ、ふたつ目に、論文（まだ読んでいない「土占い（Geomanţie）」[2]のほか。リィチェアヌ＝ノイカ[3]とデュールに関する——すばらしい頁）に感謝しているということをお伝えしたく思います。三つ目に、〔例の〕本に関する「暫定的な解決案」を提案したいと思います。たとえパリにくることができなくても、まず一連の質問を私に送ってください。私はパリなり、（おそらく）シカゴなりで返答を書きたいと思います。過去に交わした議論や印刷済みの文書（インタビューや『日記』、自叙伝など）に言及しながらの簡潔な返答。いずれにしても、自分のメモにしたがって、より長い返答、あるいは考えられる質問の提案を、シカゴでクリスティネルに書き取ってもらうことができるでしょう。

別件。ユーゴスラビアのルーマニア人ペトル・クルドゥが、『野（Polya）』（彼が言うには「もっとも優れた雑誌」）に掲載するインタビューのために訪ねてきました。タイプ打ちで一八〇頁をすべて私に割きたいそうです。さらに彼は、M・E（文学と宗教学など）に関する論文で、どのような言語でもいいので、すでに出版されているものはないかと尋ねてきました。私は、『〔フランス・メダル・クラブ〕会報』に載ったあなたの論文を、「外国人による」いくつかのテクストと一緒に（シカゴから）彼に送ろうと思っています（このことについて、P・クルドゥは喜んでいると言っていました）。

再度、あなたの歓待に感謝申し上げます。これからもできるかぎり頻繁にお会いすることになるでしょう！

クリスティネルとともにあなた方三人に抱擁を贈ります。エルバ島のあとで、お電話します。

心からの敬愛を込めて、

ミルチャ

（1）　HISTORY OF RELIGIONS... とレターヘッダーに記された便箋、白無地の普通の封筒。一九八四年九月二一日付パリの消印、Prof. Ioan P. Culianu, Korreweg 60 A, 9715 AD Groningen, Pays-Bas 宛。M. Eliade, 4 Place Charles Dullin, 75018 Paris が差出人。

（2）　クリアーヌの論文「西欧中世における土占い——いくつかの考

察」M・ゴスマン、J・ファン・オス（編集）『あらたのではなくあらたに――中世文明の混合（*Non nova sed nove. Mélanges de civilisation médievale*）』パーダーボーン・シェーニング、一九八四年、二九〇—三〇六頁。

（3）「ガブリエル・リィチェアヌ宛の公開書簡」『境界（*Limite*）』第四四—四五号、一九八五年、二〇—二一頁のことで、〔リィチェアヌの著書〕『パルティニシュ日記（*Jurnalului de la Păltiniș*）』に関するものである〔訳注1〕。

訳注

〔1〕ルーマニアの哲学者ガブリエル・リィチェアヌ（一九四二年―）は、コンスタンティン・ノイカの弟子で、ノイカは、自分の弟子たちをトランシルヴァニアのリゾート地パルティニシュによく連れて行った。リィチェアヌはノイカの影響を大いに受けていた。

102（1）

一九八四年一一月一六日

親愛なるヨアン

先日、あなたから本を二冊（2）、受け取りました――万歳！　としか言いようがありませんでした（むせて咳き込むまで幾度も……）。ついにやりましたね！　私の方は時々、忍耐力がなくなったように感じていました（イヴ・ボヌフォワに我慢できなかったように）。

まだ編集者がイタリア語の翻訳を準備できていないのであれば、（私の依頼であることを明記して）以下に原稿をそれぞれ送るように頼んでください。

Editoriale Jaca Book
19 Via Aurelio Saffi
200123 Milano――より正確には、編集長のサンテ・バニョーリ――と、シカゴ大学出版局のデイヴィッド・ブレント宛てに送ってください（すでに後者に私はこれらの本をみせています）。

これからさき、あなたは避けることのできない嫉妬と陰謀にまちがいなく巻き込まれるでしょう（たとえばここだけの話ですが、この春に、ベッツはちょうど、われわれの学部にクルト・ルドルフを獲得しようとしていました。偶然にも私は、ベッツに『サイカノディア』を読むように渡しました。ベッツは、私が予期せぬ「競争相手（*）」を提案し、K・R〔クルト・ルドルフ〕に対して陰謀を「企んで」いると思って――あなたの本を「考証が不十分」とみなしたのです……）。

アメリカにもどって以来、たいした仕事をしていません。書留で送られてくる『宗教〔百科〕事典』の数キログラムの原稿を読むのが幸せです。『諸宗教事典』（ジョン・R・ヒネルズ編集＝ペンギン）(3)をみましたか？

トカルスキの本(4)は一八〇頁ですが、約五〇頁は文献目録です。

　クリスティネルとともに、あなたがた三人に抱擁をもって、

ミルチャ

＊真相は、私はあなたの名前をずっと以前から提案していました――これからもそうするつもりです……。

（1）　HISTORY OF RELIGIONS... とレターヘッドに記されている便箋、定形封筒。一九八四年一一月二〇日付シカゴの消印、Prof. I. P. Culianu, Korreweg... 宛。一九八四年九月二一日と一一月一六日のあいだにあるはずのミルチャ・エリアーデの書簡が欠けている。一九八四年一〇月二六日付パリの消印がある封筒のみが保存されている。

（2）　ミルチャ・エリアーデの序文が付され、一九八四年に刊行されたクリアーヌの二冊の著書、『ルネサンスのエロスと魔術　一四八四年』フラマリオンと『脱魂の経験』パヨー、のことである。

（3）　ジョン・R・ヒネルズ『諸宗教事典（*The Dictionary of Religions*）』ペンギン・グループ、一九八四年。

（4）　封筒には、スタニスラゥ・トカルスキの著書『エリアーデと東洋（*Eliade I Orient*）』クラクフ、オッソリネウム、一九八四年のタイトル頁のコピーが同封されていた。

103(1)〔訳注1〕

親展

エリアーデ、メスラン、ヴィッテ、クリアーヌ各位

フローニンゲン、一九八四年一二月一九日

　署名人〔クリアーヌ〕は、この概要の名宛人諸氏に、ヴィッテ氏のご配慮により、また同氏との長い快い会話ののち、同種の組織の規約がようやく見えてきて以来、これを起草するに際して遅れを要したことを、ご寛恕いただきたく、お願い申し上げます。署名人は、ミシェル・メスラン氏に感謝申し上げます。氏は、本協会理事長に就任することを、原則として受諾されました。また、ハンス・ヴィッテ氏にも感謝申し上げます。氏なし

では、本協会が形成されることは決してなかったでしょう——もちろん、本協会はいまだ準備段階にとどまっております。

署名人は、この概要の名宛人諸氏にお願い申し上げます。可能な限り速やかに、本組織の精神あるいは体制において生かそうと望まれる変更をお知らせください。それによって、ヴィッテ氏と私自身が規約の決定稿の作成に着手いたします。

謹言

ヨアン・ペトル・クリアーヌ

〈ミルチャ・エリアーデ〉協会概要

規約を公証人により作成したのち、オランダ、フローニンゲンの商業組合に登記する。

本協会は、オランダ語で「シュティヒティング（Stichting）」と呼ばれる（以後Sとする。これは「財団」を意味する。われわれは、本協会を本財団と呼ぶが、それは、本協会が遺産による財団であるという誤った印象を払拭するためである）。

本協会の名称には〈ミルチャ・エリアーデ〉を冠する。

その目的は以下のとおりである。ミルチャ・エリアーデの出版されたすべての著作、翻訳のコレクションを含んでいる、ミルチャ・エリアーデ自身の寄贈からなるミルチャ・エリアーデの原資を保存すること。M・エリアーデ・アーカイヴの手稿や資料を保存し、エリアーデ本人ならびに相続人の同意のもとで、それらを公表すること。可能なあらゆる手段を用いて、ミルチャ・エリアーデの著作とその生涯に関する探究を奨励し広めること。

本財団は、営利目的をもたない協会である。

その財源は、次のものからなる。会員による会費、寄付、助成金、M・エリアーデの出版された著作による、あるいは著作に関する本財団それ自体による売り上げ、遺産、ならびに、合法的手段によって得られるその他すべての収入。

本財団は、以下の組織をもつ。

—理事会〈ＣＤ（Conseil Directif）〉
—名誉委員会
—会員

理事会
（ＣＤ）は、少なくとも三人、さらに五人の会員によって構成される。理事会は、理事長、副理事長、書記、会計、監査によって構成される。これらの役職の働きは、概して掛けもちできる。本財団は、法的には理事会の二人のメンバーによって代表される（オランダ民法第二巻、第二条、第二九一項）。

理事会は、理事長あるいはそれ以外の少なくとも二人の理事会構成員によって必要に応じて招集される（国際的慣例にふさわしい招集手続き、投票などによって）。

運営

会計年度は、一月一日から一二月三一日とする。会計は、当該会計年度の収支決算を次年度の六月一日までに行なわなければならない。収支決算はまず監査によって検証され、理事会の承認を得なければならない。次年度予算は、当該年度の一一月一日までに作成されなければならない。

理事会

理事会は、理事会構成員による選挙では選ばれない。個々の会員並びに彼らの（規約によって予定されていない）一般会合に、理事会の活動報告をする必要はない。理事への就任は、その構成員の交替同様、現理事会による指名によるものとする。この指名は、理事長あるいはそれ以外の理事の少なくとも二人の発議によって行なわれる。その発議は、秘密投票によって承認され、投票総数の四分の三を獲得しなければならない。最初の理事会は、以下の者によって構成される。

ミシェル・メスラン氏、教授、博士、理事長。
ハンス・ヴィッテ氏、博士、副理事長／監査。
Ｉ・Ｐ・クリアーヌ氏、書記／監査。

名誉委員会

名誉委員会は、理事機能も運営機能ももたず、理事会の活動に干渉しない。名誉委員会は、Ｍ・エリアーデの友人と同僚のなかから選ばれる傑出した人物により構成される。

名誉委員会の永久委員長は、ミルチャ・エリアーデである。

理事会は、理事長あるいは少なくともそれ以外の理事会構成員二人の発議により、名誉委員会の構成員を選出しなければならない。ヴィッテ氏とクリアーヌ氏によって共同でなされた発議（アルファベット順）、

ウーゴ・ビアンキ（ローマ）
イヴ・ボヌフォワ（パリ）
エミール・シオラン（パリ）
カルステン・コルペ（ベルリン）
クリスティネル・エリアーデ（パリ／シカゴ）
ピエール・エマニュエル（パリ）
ウジェーヌ・イオネスコ（パリ）
ジョセフ・キタガワ（シカゴ）
クロード・レヴィ＝ストロース（パリ）

会員

本財団の会員は、会員の義務を尊重しなければならない。会員の義務は以下のとおりである。

1　理事会によって決められた会費を払うこと。
2　本財団の目的と活動にいかなる不利益ももたらさないこと。

会員の権利

1　当会固有の活動や、本財団の設立目的と同一の目的に即した国際的活動について公にされる本財団のすべての情報を得ること。
2　本財団によって組織されるすべての活動（研究会、セミナー、展示会、円卓会議など）に参加費なしで参加できること。

賛助会員資格は、理事会によって決められた会費以外に、本財団に寄付を行なった者に与えられる。賛助会員は、他の会員と同様の義務と権利を有する。

会員資格の失効

以下の場合に会員は資格を失う。

a　監査の警告があったにもかかわらず、当該会計年度の三月一日までに、前年度の会費を払わないときは、自動的に。
b　理事長ないしはそれ以外の理事会構成員のうち少なくとも二人の発議によって、義務違反とされた場合。当該会計年度の五月一日以前に会員資格を失った者は、すでに会費を払っていた場合は払いもどされる。五月一日以降に会員資格を失った者の会費は払いもどされない。

規約改定条項（理事会の四分の三以上の賛成）と財団

解散条項（理事会によって解散される）に従う。

（1）エリアーデは、最晩年に、蔵書や思い出深い記録文書の行く末をとても心配し、大使館をとおして蔵書をブカレストに送っていた。それらは、シカゴのレーゲンスタイン図書館にある「ミルチャ・エリアーデ」基金などが保有する手稿の大部分を占めていた。この時期に構想された計画のひとつに、ミシェル・メスランやI・P・クリアーヌ、アフリカ研究者ハンス・ヴィッテが、「ミルチャ・エリアーデ協会」をフローニンゲンとパリに設立するというものがあった。しかしこの協会の件は――一九八五年にすでに想像できたことだが――クリアーヌがシカゴに移住し、その後に生じた事態などによって、計画倒れに終わった。一九八五年三月二〇日に、健康状態を案じたエリアーデは、日記に以下のように記している。「もし私が突然倒れるようなことがあったら、［私の蔵書］に関して考えていることを知る者はだれもいないであろう。すなわち、資料をレーゲンスタインやシャルル・デュラン［エリアーデのパリでの滞在先住所］、クリアーヌの所に送るということを」。〈協会〉の〈会規〉の（時期尚早な）略述をともなったこの書簡は、すでに言及したリヴィウ・ボルダシュによる研究、前掲「ニヒリズム世界のかわらぬ灯台…」『ルーマニア哲学史研究』第三巻（付録Ⅱの二）で公にされた。

訳注

［1］フランス語の書簡。

104（1）

RIJKSUNIVERSITEIT
Instituut voor Romaanse Talen

9712 TS Groningen
Grote Kruisstraat 2^{1}
Telefoon 1158 72 / 11 58 73

一九八四年一二月二〇日

謹啓エリアーデ先生

著書（2）についてのお言葉にとても感謝いたします。

ミルチャ・エリアーデ協会規約の草案がやっとできました。

長めのお手紙も。

「セクシャリティ」の記事をすぐに先生にお任せします。

大学に閉じこめられないように、終わりにします。

心より敬愛の念を込めてお別れのご挨拶を申し上げ、お二人のご健康をお祈りしつつ、クリスマスのお祝いを申し上げます。

ヨアン

（1）リヴィウ・ボルダシュによって公にされた書簡。前掲「ニヒリズム世界のかわらぬ灯台」『ルーマニア哲学史研究』第三巻（付録IIの三）。

（2）前掲、一九八四年一一月一六日付エリアーデ書簡をみよ。

105(1)

一九八五年二月三日

謹啓　敬愛する先生

お返事が遅くなってしまったことには弁解の余地もございませんが、お約束していたふたつの原稿をお送りいたします。

まず、〔『宗教百科事典』の〕項目について。これは共同項目「セクシャリティ(2)」に関する〈初稿〉です。目をとおしていただいて、先生のお考えに合うように適宜ご修正ください。〈初稿〉として、『宗教百科事典』のムーン氏(3)にすでに送っておきました。締め切りを三ヵ月もすぎたことにムーン氏が苛立っているようだったからです。安心させたかったのです……。

（大学ではルーマニア語の文字が打ち出せず、タイプ打ちするのにこれ以上時間を無駄にしたくなかったので）読みやすく手書きしたふたつ目の原稿は、〔例の〕本の対談に関する概要です。ご都合のいい時にいつでも、私が取り上げなかったことをそこにつけ加えることができます。「安心させる」ために、ゴマにもこれのコピーを送りました。

刊行された本（とくに『〔ルネサンスの〕エロスと魔術〔一四八四年〕』）に関するインタビューのために、パリに二度、行って参りました。二度目のときに、ピドゥ＝パヨー氏に会いました。彼は〔『世界宗教史』〕第四巻のことを、とても心配していました。残念ながら、あらたなニュースはありません。友人のハンス・ヴィッテは、来年の研究に関する「計画」を立てたくて、少し困っています。ご決断くださるための時間はなんとかあるでしょうか？　ご連絡くだされば、ただちに、ご負担を軽くするために、先生がお考えになったことをすべて私の方でやらせていただきます。その後、パヨーが手紙で、『〔世界宗教〕史』第四巻に関する情報をふたたび求めてきました。シカゴで先生の盛大なお祝いがあったので、[4] 先生にはほかのことに割く時間がなかったのだと返事を書きました。

『〔エリアーデ世界宗教〕事典』に関しては安心しました。もうそろそろ、方針を話し合う段階かと思いますが（もし先生がそのようにお考えくだされば、すでに計画を提示する準備がございます）、そのあと、来年の六月に原稿が完成することになるでしょう（それよりもはやい時期には無理だと思います。と申しますのも、一九八六年一月までに、グノーシス的二元論の歴史に関する私の最高傑作を書き上げなければならないからです。そうしなければ、国家博士号を授かることができないのです……）。

「ミルチャ・エリアーデ協会」[5] に関して、あらたな問題と観点がもち上がりました。メスラン氏が、「M・E基金」はもっと都心――つまりパリ――にあった方がいいのではないかと手紙で書いてきました。もっともなことであり、私も彼と同じ意見ですが、条件が三つあります。すなわち、ほかの図書館から離れていること、丁寧に保管されること、貸し出しは不可であること。メスラン氏は、ソルボンヌに場所を得られそうだと言っております。あとは、先生がご決断なさるだけです。文庫が安全な場所であるパリにおかれる場合には、協会はフランスで登録しなければなりません。そのため、会規をフランスの法律に沿って作り直さなければなりません。もちろん私個人としては、しっかりと管理いたしますので、蔵書を貰い受けたいと思います。前に申し上げた理由により、たとえ内部が「不安定な」ときがあるとしても、外部でしっかりとした客観的な保証のある協会の方が、法的観点からみてもより安全であると思います。

これが――多少なりとも早急に――先生に解決していただかなければならない問題のひとつで、心配しております。先生がヨーロッパにふたたびこられて、その時に、ただちにすべての問題がうまく解決されることを望みますが、それをお待ちするだけです。

外部からの「圧力」という点では、パヨーが「忍耐力のない」一番手です。『〔世界〕宗教史』第四巻に関する決定をお伝えなさるのに、おそらく、ご心配もあるかと思います。私はいつでも、ただちに先生のために動けます（このことをずっとお伝えしなかったことを心苦しく思っております。しかし、どうかつぎのことを信じてください。すなわち、原則的に、先生がお望みになったことを優先するために、私の仕事はすべて後回しにできるということです。唯一の例外は、『〔エリアーデ世界宗教〕事典』です。その原稿を執筆して、再検討と訂正のためにお渡ししたいのです。そのためには、完全に自由にできる時間が三ヵ月必要です）。私に関してはご遠慮なさらないでください。先生がお望みになることは、できるかぎり迅速にやらせていただきます。

お電話で、先生がご健康であること、さらにシカゴのお祝いがきわめて盛大であったこと、フロリダで快適な休暇をおすごしになったことをうかがって、大変嬉しく思いました。

カルメンとともに、奥さまのご健康をお祈りしております。また、アンドレイとともに心からのご挨拶を申し上げ、クルプクの中華料理を食べられることを楽しみにしております。先生と奥さまに心からの敬愛の念を込めて、ご健康をお祈りしております。さらに、パリやフローニンゲンでお会いできることを心待ちにしております。パリやフローニンゲンでは、去年よりも快適におすごしいただけることをお約束いたします（少なくても頭のなかでは、その準備がすでにできております。今度こそ、少しの落ち度もないようにしたいからです）。

心からの敬愛を込めて、

カルメンとヨアン

（1） 個人的なレターヘッドのある便箋に手書きされた書簡。

（2） この項目の変遷に関しては、ヨアン・ペトル・クリアーヌ『崇拝（カルト）、魔術、異端』のあとがき、前掲エドゥアルト・イリチンスキ「宗教の一つの知識の探究において――ミルチャ・エリアーデ、ヨアン・ペトル・クリアーヌと宗教百科事典（*În căutarea unei științe universale a religiei: Mircea Eliade, Ioan Petru Culianu și Enciclopedia religiei*）」二三七―二三八頁をみよ。この著書の「補遺」には、共同項目の最初のかたち（一七八―一九八頁）が、エリアーデによって付け加えられたふたつのパラグラフに付された注における必要な補足説明とともに掲載されている。

（3） 「ムーン氏」とは、実際には、エリアーデが返信〔書簡106〕で強調しているところでは、ビバリー・ムーン女史のことである（彼女はニューヨークにおける宗教学の助手で、『〔宗教〕百科事典』の上級編集助手としても働いていた）。しかしエリアーデの返信でも、彼女の名前は、教え子であり当時秘書として働いていたキャスリーン・ベルの名前と混同されている。

（4） 〈アメリカ宗教学会（American Academy of Religion）〉創立七五周年にあたる一九八四年一二月のはじめに、「AAR記念公式晩餐会」の席で、ミルチャ・エリアーデに対して「学会員の前で公式な」祝辞が贈られた。ミルチャ・エリアーデ、前掲『日記』第二巻、四八七頁をみよ。

（5） 「協会」の会規の略述については、前掲の書簡103をみよ。

106[1]

一九八五年二月一四日

親愛なるヨアン

（昨日受け取った）二月三日付けの手紙と「付録」を大変嬉しく思いました。今日はいくつかの「問題」に答えるのみにします。残りのことに関しては、来週、フロリダからまた手紙を出します（明日――寒さを逃れて――出発し、二月二五日に帰ってきます）。辛い冬でした（おそらく金製剤の注射のせいで――すでに二五〇〇ミリグラムを受けましたが、血液専門医は続けると言います）。肉体的な疲労感と鬱状態、精神力の低下（abaissement du niveau mental）やそのほかの倦怠感。病院に二日ほど入院して、徹底的に検査してもらいました（とくに心臓と胸部、胃を）。まったく異常はないようです。しかしそうは思えないので（金製剤！……）、はっきりさせるために、フロリダで有名な専門医に相談してみようと思います……。私に関心のあることはひとつだけです。すなわち、「早期の老化現象」を逃れること（無駄な足掻きであることはわかっているのですが……）、そして書けるようになること（つまり――右手の自由が回復すること）。

以下は箇条書きで。

（1）ピドゥ＝パヨーは安心させておきます。私の教え子であるマナブ・ワイダが書いた日本に関する章をすでに受け取りました。すばらしい出来栄え。本文が四〇頁＋注が五頁＋研究文献一覧が一二頁です。六月一日には中米と南米に関する章も受け取ることでしょう。中世の中国の章などは、夏くらいに。北米についての寄稿者がまだ決まっていません。ほかの寄稿者と同じように、「シカゴ学派」からにするつもりです。

（2）ヴィッテ教授には謝っておきます。体調がよくなりしだい彼に手紙を書きますが、当面つぎのことを伝えておいてください。アフリカの宗教、本文（『〔世界〕宗教史』のように七から十の「節」に配分すると）がおよそ四〇頁＋注（foot-note）が七、八頁＋文献解題（critical bibliography）が一二―一五頁。とにかく、本の「かたち」にすること。主題は、さまざまな文化の創造性（残りの情報は各章の文献表で）。フランス語で出版したいと思っています（あるいは、彼が英語を選ぶなら、しかるべき時にフランス語版を準備してくれるでしょうか？　本書は、最初はパヨーから刊行しなければなりません）。締め切りは、一九八五年九月です。

(3) シカゴ大学出版局が、『脱魂の経験』が必要だというので、私がもっていたものを渡しました。喜ばれることは確かです。

(4)「セクシャリティ[2]」に関する文書はとてもいい。付け加えることがないか、もう一度読み返してみます。その必要がなければ、あなただけの署名にしてください(ビバリー・ベル女史[3]が原稿を送ってきました。「あなたの好きなように変更できます(you may change as you will)……」。――しかし変更することはありませんね?)

(5) 私たちの対談についての概要にはまだ目をとおしていません。

このあたりでやめておきます。

あなた方三人に抱擁をもって、幸あることを願っています。

クリスティネルとミルチャ

(1) HISTORY OF RELIGIONS… とレターヘッドに記された便箋、定形封筒。一九八五年二月二一日付シカゴの消印、Prof. Ioan P. Culianu, Korreweg… 宛。
(2) 前述、176頁〔書簡105〕、注2をみよ。
(3) 前述、同頁、注3をみよ。

107[1]

一九八五年三月一一日

敬愛する先生と奥さま

(読みやすいようにタイプで打ちました)。

先生とお電話でお話しして、ご容態が、心から願っているほどよくはないにしろ、少なくとも「安定して」おられるということがわかり、とても嬉しく思いました。おそらく春になって気候も大きく変われば[2]、先生もあまりいろいろ煩わされることがなくなるでしょう。当地で、先生にこの手紙を書いているまさしくこの場所で、ふたたびお会いできることを楽しみにするばかりです。

お送りした「セクシャリティ」の原稿を評価してくださり、ありがとうございます。先生が必要だとお考えになったことはなんでも、付け加えたり修正なさったりしてください。

ピドゥ＝パヨー氏には、第四巻は予定どおりに進んでいると伝えておきました。またハンス・ヴィッテには、アフリカの宗教について先生がお手紙でお知らせくださったことをすべて伝えておきました。上記のことを確認するために、彼から先生に直接連絡があると思います。ハンス・ヴィッテがいいものを書いて、先生のご期待に沿えることを願っています（オランダの地ではめったにない見解！(Rara avis in terris Hollandiae!)）。

なにか私にお手伝いできるご著書のことなどをお考えの場合には、申しつけてくだされば、なんでもご協力いたします。昨年の夏、先生は、分量や締め切りには触れずに、ルネサンスから現在にいたるまでのヨーロッパの宗教性について少しお話しなされました。計画全体に変更がなければ、時間をつくるためにも、せめて締め切りを明示してくだされば幸いです。

『〔エリアーデ世界宗教〕事典』については、計画ははっきりしていると思いますが、「大」項目について確認するために直接話し合う時間が若干必要です。一九八六年一月から着手し、初稿を作成し、それを五月中に先生にお渡しして、六月には原稿が完成するといった計画です。

フランス（とオランダ）では、『〔ルネサンスにおける〕エロスと魔術〔一四八四年〕』はあまり関心をもたれませんでした（これからでしょうか？）。しかし、版権はシカゴ大学出版局とモンダドリ社が買ってくれました。『脱魂の経験』は、シカゴ大学出版局に断られました。しばらくのあいだは、相変わらずきわめて多様なテーマを主題とした研究会がいくつもあり、残りの仕事を片づけます。四月一日頃から、グノーシスに関する私の「最高傑作（opus magnum）」を仕上げるのによい環境になればと望んでいます（ハーバード〔大学〕は、私がまだ国家博士号をもっていないので、奨学金の申請を断ってきました……。しかし、〔国家博士号を取得した〕後で、再度挑戦してみるようにと助言してくれました……）。

先生にお伝えするような際立ったニュースはありません。

五月中にバルバニャーグラを、フランスで大成功をおさめた連作映画とともにフローニンゲンに招待したいと思っています。

一〇月から一月には、おそらくメスランも招待することになると思います。先生をうんざりさせてしまうかもしれませんが、「エリアーデ基金」に関してご決断なされたでしょうか？（メスランは、安全であり、なおかつほかの図書館から離れたソルボンヌに設置してはと提案しております）。このようなお話が先生のご負担になるようであれば、どのようなかたちが一般公開や利用者の便宜にもっとも適しているのかを検討したうえで、私がすべてお引きうけいたします。こういった手続きをどうか煩わしいとお考えにならないでください。それらは、基金を法律的に確かなものにするために必要なことだったのです。それによって、状況や、たとえ〔協会に〕名を連ねている人であれ、個人に左右されることがなくなります。先生がご決断くださらないうちは、協会の内規の最終的な調整を進めることができません。言うまでもなく、〔内規に関して〕先生ご自身にその必要性や実利をご検討していただかなくては、それを進めることはできません（しつこく申し上げて、申し訳ございません。もちろん、先生がふたたびヨーロッパにこられたときに、これらのことについて話し合う時間は十分ございます）。

カルメンは博士論文の執筆に専心しております。また私たちは、もし子どもが生まれたらつける名前について真剣に話し合っています。娘については、意見の食い違いはありません。クリスティネルと命名します（hを入れます）。もちろん、子どもをつくらないかもしれないことも念頭に置かなければなりませんが……(子どもか本か (aut liberi aut libri))。アンドレイは尊敬を込めて先生のことを思い出しています（それもそのはずです (et pour cause)。このようなことをあえて付け加えるのは、べつに子どもの記憶を信頼していないからではありません）。ここしばらく高等中学校でラテン語とギリシャ語を習っているようですが、相変わらずコンピュータゲームに夢中です（スクリーン上のイニシエーションの形式とでもお考えください）。

街が少し暗くなってきました。シカゴもまだそうだと思います。まだお読みになっていなければ、荒唐無稽でありながら刺激的なマイケル・ベイジェントの『聖なる血＝聖杯』〔訳注1〕をお勧めします。イエスはマグダラのマリアとのあいだに少なくとも一児をもうけ、その〈王の血筋〉がプロヴァンスに暮らし続けており、現在も存続しているとこの本は主張しています。〈秘密結社〉、〈シオンの議定書〉、〈ヴィクトル・ユーゴー〉、この本にはなんでも登場します（〔今年は〕ヴィクトル・ユーゴーの年です。数多くの興味深い本が刊行されて、それらを私は喜んで読んでいます）。

最後に、カルメンとともに心からの敬愛の念を込めた抱擁をもって、先生と奥さまがますますご健康であられることを祈っております。

ヨアン

（1）Rijksuniversiteit… とレターヘッドに記されている便箋にタイプ打ちされた書簡。
（2）クリスティネルとミルチャ・エリアーデ夫妻は、この時期、パリでの永住を考えていた。

訳注
〔1〕*The Holy Blood and The Holy Grail*（一九八三年）、林和彦訳『レンヌ＝ル＝シャトーの謎――イエスの血脈と聖杯伝説』柏書房、一九九七年。

108(1)

フローニンゲン、一九八五年八月二三日

懐かしく尊敬する先生ご夫妻

私の「最高傑作（opus magnum）」の準備と、先生を拙宅にお迎えするというふたつのことのために、活気づいている様子をご報告させていただきます。そしてもちろん、ミルチャ・エリアーデに関する本についても。しかしながら、その最終的な編集作業は、来年のはじめまで延期されることになると思います。と申しますのも、「ミルチャ・エリアーデとあたらしい人類学（Milcea Eliade et la neuvelle anthropologie）」という論文を一〇月一日までに仕上げると約束したからです。私はシカゴ〔大学〕のハイラム・トマス・レクチャーに招かれるという栄誉に与りましたが、その三つの講演のうちのひとつに、この論文の英語版を使うことに決めました。(2) この論文は、とくに洗練されたものにしたいのです。そのため、いつもより推敲に力を入れています。「あたらしい人類学」というのは、私にとっては、フランス人たちが理解するようなものではまったくなく、むしろ、クーンやファイヤアーベントの認識論から生み出されたあたらしい人類学の方向であり、それは先生を大いに再評価することになるでしょう――そして、将来、ますますそうなるでしょう。現代の思想史におけるもっとも高い研究のひとつであるM・Eの位置づけのことです。私に関しては、もちろん、先生の最後の弟子が先生に贈ることのできる小さなオマージュであるということも、言うまでもありません。シカゴ〔大学〕では、宗教史というよりはいわば思想史についてですが、先生の面前でそれを発表したいのです。

当地で先生のことをまち焦がれております。アンドレイは最近、エリアーデ夫人は「僕のヒーロー」だ……と申しておりました（彼にとってルーマニア語の名詞や形容詞は、すべて男性形なのです。最初に教えられたものがすべて男性形だったからです）。お迎えする準備を進めておきます。

心から奥さまにもお別れのご挨拶を申し上げ、ご健康をお祈りしております。

カルメンとアンドレイ、C〔クリアーヌ〕

（1）普通の便箋に手書きされた書簡。

（2）論文「人類学の十字路におけるミルチャ・エリアーデ」は、カール・ハインツ・ラチョウ編集『組織神学と宗教哲学のための新雑誌（*Neue Zeitschrift für systematische Theologie und Religionsphilosophie*）』第二七号、一九八五年、一二三—一三一頁に掲載され、ほとんど変更箇所なしで、H・G・フッベリング、H・キッペンベルク編集『宗教の象徴的表象について（*On Symbolic Representations of Religion*）』ベルリン、ニューヨーク、W・デ・グリュイター、一九八六年、四五—四六頁に再録された。コリナ・ポペスクとダン・ペトレスクによるルーマニア語訳は、『ルーマニア研究 I——ニヒリズムの亡霊 エリアーデの秘密の教義（*Studii românești I. Fantasmele nihilismului. Secretul doctorului Eliade*）』ブカレスト、ネミラ、二〇〇〇年、ヤシ、ポリロム、二〇〇六年、三七一—三八三頁をみよ。一方、クリアーヌが神学部の宗教学客員教授（visiting professor）として一九八六年五月五日と八日に行なったハイラム・トマス・レクチャーの最初の二回は、「危急存亡の魔女と女トリックスター（The Witch and the Trickstress in Dire Straits）」という共通テーマのもと、それぞれ、「I・魔女——だれが魔女狩りを行ない、そしてそれを終わらせたか?」と「II・女トリックスター——宗教的二元論再考」というテーマであった。これらの最初の講義の原稿は、クリアーヌの方法論的選択の進展という点で重要であり、さらに、魔女の文化的流行に関しては、一九八四年の著書とは異なった見解が示されている。以下にルーマニア語訳が収録されている。クリアーヌの著書『ルネサンスのエロスと魔術 一四八四年』第二版、ブカレスト、ネミラ、一九九九年、三六四—三八七頁、同、第三版、ヤシ、ポリロム、二〇〇三年、二〇一一年、三四八—三六九頁の補遺一二。

109[1]

フローニンゲン、一九八五年一〇月二一日

敬愛する先生と奥さま

お約束していたM・Eに関する論文[2]を同封してお送りいたします——これは、シカゴ〔大学〕での最初の講演で発表したいと思っているものの最初の草案で、簡潔に要約したものです。フランス語版では不明瞭な点がいくつかあります——かなり拡大した英語版では、それをすっかり明らかにします。

アンドレイからも、彼が特別に先生のために感謝を込めて描いた絵をお送りいたします（彼の年齢にしては、世界でもっとも稼げる芸術家だと言えます……）。

この絵については説明が必要です。

左側の騎士、いちばん左に楯がみえる騎士はミルチャ・エリアーデです。彼は共産主義に対して精神的戦い（楯にある本が象徴）を挑んでいます（真ん中で崩れ落ちている騎士の上には、SU＝ソヴィエト連邦と書かれています）。右側には東ヨーロッパの化身がおり、騎士ミルチャ・エリアーデが奴隷状態から解放しています（「おお！ 私は自由だ（Oh! I am Free)」と東ヨーロッパは言っています）。エリアーデ夫人は群集を背にして最前列にいて、「私のヒーロー！（My hero!)」と言っています（それが騎士エリアーデに対してなのか、描き手自身に対してなのかはわかりません?）。背後には騎士M・Eの付き人として私がおり、最前列の人物を示して、「みよ、こちらがエリアーデ夫人だ！（Look, it's Mrs. Eliade!)」と大雑把な英語で言っています。おわかりになると思いますが、描き手は、非常にゆっくりとした彼のペースに苛立った隊長（私）の鞭に急き立てられながら、これを熱心に頑張って描きました。

私たち一同は、尊敬をもって先生のことを想っています。また私は、きわめてたくさんの不十分な点がまだまだありますが、敬愛と情熱をもって同封した論文を書きました（確かに、最後の部分で、専門知識をもたない読み手は、私がデュールとM・Eを同質なものとしている、と考えてしまうかもしれないと思いましたが、それは的外れです）。先生が私の論証についてどのようにお考えになるのか楽しみにしております。

奥さまのルルドへの旅は、ご無事で充実したものであったことと思います。先生と奥さまが健康にすごされ、シカゴへの旅が快適であることを心から祈っております。

心からの敬愛を込めて、

ヨアン

（1）Rijksuniversiteit… とレターヘッドに記された便箋にタイプ打ちされた書簡。

（2）この前の書簡、181頁〔書簡108〕をみよ。

110(1)

フローニンゲン、一九八五年一二月五日

謹啓　敬愛する先生と奥さま

通例のご挨拶の前に、先生にお手紙を差し上げるこの機会にお願いがございます。〈インド・ヨーロッパ連盟〉の〈名誉委員〉になっていただけないでしょうか。(2)

当連盟は会長職をおいておらず――強調したいのですが――義務をもたない委員のみをおいております。

しかしながら、申し上げにくいのですが、I・C・ドラガンも委員になるように要請されています（もちろん私によってではありません！）――しかし彼が、連盟の学問的な事柄や雑誌に関して口出しするようなことは絶対にありません。先生がこの名誉職――くり返し申し上げますが責任を伴うものではありません――を受諾してくださるならば、われわれ一同、心より感謝申し上げます。

私は個人的にデュメジル教授にも要請いたしました――お返事をまっております。

先生に無事にふたたびお目にかかれることをまち焦がれております。そして、そのための準備をしっかりと進めております。

心からの敬愛の念を込めて、奥さまと先生にお別れのご挨拶を、カルメンからも――もちろんアンドレイからも――申し上げます。

ヨアン

(1)　Rijksuniversiteit… とレターヘッドに記された便箋に手書きされた書簡。

(2)　この書簡には、ミルチャ・エリアーデ宛の以下の〔フランス語による〕案内状が同封されていた。「親愛なる先生、先生に以下のご案内をふたたび申し上げられることを大変光栄に思います。私もメンバーであるオランダ諸大学委員会は、インド・ヨーロッパ研究を行なう大学横断的な部門を組織しようとしております。それは、同じく立ち上げる途上にある「インド・ヨーロッパ研究国際連盟」と連携するものです。当連盟は『インド・ヨーロッパ紀要（*Acta Indoeuropaea*）』という機関誌をもち、その編集は事務的な都合により、もっぱらオランダ人の研究者が担当することになります（しかし当然のことながら、編集委員会は世界中のすべての研究者に開かれております）。私は、先生が理事になってくださらなければ、インド・ヨーロッパ研究連盟は成り立たないと考えております。それゆえ、どうか先生に連盟の理事――同時に、名誉委員のおひとり――になってくださいますようお願い申し上げます。ほかにどのような著名な研究者が理事に名を連ねるかということは、まだ計画の段階ですので、お話しすることはできません。そもそもお願いできること自体が光栄なのですが、私たちの申し出を先生がお受けくださることを心から願っております。さらに、もし先生の学生やご同僚に『インド・ヨーロッパ紀要』の編集委員をお引き受けくださる方がおられましたら、お知らせいただければ幸いです。先生のお名前を先生のものとなる名誉職として登録して差し支えないという受諾のお言葉がいただければそれで十分です。『インド・ヨーロッパ紀要』編集委員、ヨアン・P・クリアーヌ。」

111(1)

フローニンゲン、一九八六年一月一四日

敬愛する奥さまと先生

一昨日のお電話での会話で、私は少し不安になりました——私は、先生のご健康についての事情を知らないポギルク氏に無用な心配をかけないように、多くのことをお尋ねしたくはありませんでした。それが一時的なもので、春とともにすべての活力がもとにもどることを心から願っております。先生のおそばに行けることをとても嬉しく思っております。〈適性証明書（Certificate of Eligibility）〉が送られてきましたが、有効になるのは四月一日からです。それゆえ、希望していた三月二五日におうかがいすることはできなくなりました(2)。また同様に、アンドレイとカルメンも休暇中におうかがいすることはおそらくできないと思います。と申しますのも、私たちには、年末までに終わらせなければならない仕事が山のようにあるからです（博士論文、『宗教事典』、M・エリアーデについての本。一方カルメンは、一九八七年九月一日までの博士論文）。

アンドレイが、先生には切手を、彼の「ヒーロー」であるエリアーデ夫人には心からのご挨拶をお送りいたします。私たちは先生のことを、敬愛の念を込めて想っております、さらに先生のご健勝を心から祈っております。先生にふたたびお会いできることを心待ちにしております。パリに向かう飛行機にお乗せするために、先生を（お車で）お送りするのを待っている自分の姿を想像しております。そして、六月一五日頃にアムステルダムへ直接飛ぶのです。そのあいだ、先生に頻繁にお会いできるという栄誉がふたたび与えられるのです(3)。

火事の件はショックでした（火事の街としてシカゴを思い浮かべてしまいます(4)）。原因はわかったのでしょうか。詳細をうかがうために、近いうちにお電話させていただきます。

心からの敬愛の念を込めて、ご健康をお祈りしております。

ヨアン

追伸　一月一日付けで、私は文学部の助教授に任命されました。移住する機会がなくフローニンゲンにとどまった場合には、数年後に助教授という肩書が教授に変わるでしょう。

(1)　Rijksuniversiteit... とレターヘッドに記された便箋に手書きされた書簡。

(2)　しかしながら、クリアーヌは三月二五日にフローニンゲンからシカゴへ出発した。

(3)　これに続いたのは、一九八六年四月二二日のミルチャ・エリアーデの「旅立ち」、〈大般涅槃（Mahāparinirvāna）〉である。その後、ヨアン・ペトル・クリアーヌはシカゴですばらしい五年間をすごすことができたのだが、一九九一年五月二一日に彼は暗殺された。

(4)　奇妙なことに、クリアーヌのシカゴでの滞在は火事によって大きく影響された。一九七五年にクリアーヌは、ジャンパオロ・ロマナートにシカゴでの彼の平穏な研究は、「何者かが［……］レーゲンスタイン図書館でおこした一連の謎めいた火災によって」中断された、と書き送っている（一九七五年四月五日付のロマナート宛書簡、前掲ジャンパオロ・ロマナート「友人ヨアン・ペトル・クリアーヌの想い出」『ヨアン・ペトル・クリアーヌ――人と作品』、一一九頁をみよ）。

訳者あとがき

佐々木 啓

本書は、Mircea Eliade, Ioan Petru Culianu, *Dialoguri întrerupte: corespondență Mircea Eliade—Ioan Petru Culianu*, ediția a II-a revăzută și adăugită, prefață de Matei Călinescu, ediție îngrijită și note de Tereza Culianu-Petrescu și Dan Petrescu, Iași: Polirom, 2013 の全訳である。原著の第一版は二〇〇四年に出版されたが、この翻訳は、ブカレストのニュー・ヨーロッパ・カレッジ学術研究員で宗教学者のリヴィウ・ボルダシュ（Liviu Bordaș）によりシカゴの〈ミルチャ・エリアーデ基金〉において新たに発見された三通の書簡（23、103、104）を加えて出版された増補改訂版にもとづいている。この増補改訂版ではまた、おそらく発送の日付にもとづいて正したと思われるが、初版の書簡51と52の順序が入れ替えられており、細かい誤記・誤植の訂正のほか、若干数の編者注の付加や削除がなされ、さらに、初版発行以降の新たな書誌情報や補足的記述も書き加えられている。

本書は、往復書簡集であり、そこでやりとりされている手紙の名宛人は、それぞれ、世界的に著名な宗教学者ミルチャ・エリアーデ（一九〇七―一九八六年）と、自他ともに認める彼の高弟、シカゴ大学元教授ヨアン・ペトル・クリアーヌ（一九五〇―一九九一年）である。

なお、原著の「序文」を書いているのは、合衆国インディアナ大学で比較文学を教えていた故マテイ・カリネスク教授（一九三四―二〇〇九年）である。彼は、クリアーヌよりも早い時期（一九七三年）に渡米しそのまま合衆国に亡命したことにより、とりわけエリアーデとは親しかったようである。また、原著の詳細な編者注は、クリアーヌの実姉であるテレザ・クリアーヌ氏とその夫で文筆家のダン・ペトレスク氏によるものである。

師としてのミルチャ・エリアーデ

ミルチャ・エリアーデに関しては、フランス語や英語などで書かれた彼の多くの学問的著作のほとんど（たとえば、『エリアーデ著作集』、『世界宗教史』）や、母国語のルーマニア語で書かれた文学作品（たとえば、『エリアーデ幻想小説全集』）もまとまって邦訳されている。加えて、彼の学問についての研究書なども、翻訳や日本の研究者によるものが多数あり、一般の読者にも名前が知られた存在であろう。

エリアーデのルーマニアにおける人生の前半に関しては、マック・リンスコット・リケッツの浩瀚な伝記『ミルチャ・エリアーデ――ルーマニアのルーツ一九〇八―一九四五年』全二巻（Mac Linscott Ricketts, *Mircea Eliade: The Romanian Roots, 1907-1945*, 2 vols., New York: Columbia University Press, 1988）が決定的である。また、彼の学問や文学についての解説の類いは、右に記した邦訳などに収められているものが膨大にあると言っていいが、ここでは、ごくかいつまんでエリアーデの伝記上の事実をたどっておこう。

一九〇七年生まれのミルチャ・エリアーデは、二つの世界大戦間の時期（一九一九―一九三九年）に、まず母国ルーマニアにおいて、学問の基礎を修め文学的な活動を始めた。彼が最初に小説を書いたのは、高校生の時であるが、それ以前から、雑誌に寄稿するなどしており、大学時代にも彼の師である哲学者ナエ・ヨネスク（Nae Ionescu, 1890-1940）の主宰する新聞『言葉（*Cuvîntul*）』の編集を助けつつ文芸記事を書くなど、さかんな文筆活動を行なっていた。大学卒業後、一九二八年終わりから一九三一年いっぱいにかけてのインド留学を経て、帰国後はブカレスト大学で師の助手としてインド学を講ずるなどしながら、インドでの体験をもとにした小説『マイトレイ』（一九三三年）の成功によって、祖国ルーマニアにおいて一躍小説家として名を知られるようになった。その後、フランス語で出版された一連の「ヨーガ」に関する専門研究（『ヨーガ、インド密教の起源』一九三六年、『ヨーガの技法』一九四八年、『ヨーガ、不死と自由』一九五四年）によって、西欧世界における学問的に高い評価も獲得した。その間、第二次世界大戦中までは、ルーマニア政府代表部のアタッシェや文化参事官として、ロンドンやリスボンに派遣されていたが、戦後一九四五年以降は、ルーマニアの共産主義化によって、パリでの亡命生活を余儀なくされた。フランスの著名な文献学者・神話学者ジョルジュ・デュメジル（Georges Dumézil, 1898-1986）らの助けにより、パリの高等研究院（École pratique des hautes études）やヨーロッパのあちこちの大学で講義・講演を行なうかたわら、主著のひとつ『宗教学概論』（一九四九年、一九六八年に改訂増補版）などを執筆した。その後、一九五七年に、合衆国シカゴ大学の「ハスケル講義」に招かれたが、同大学の宗教学の教授ヨアヒム・ワッハ（Joachim Wach, 1898-1955）の急逝にともない、一九五七年からは同大学神学部宗教学講座の正教授（一九六四年からは「スィーウェル・アヴェリ顕著功績教授（Sewell Avery Distinguished Service Professor）」、一九八五年からはエリアーデ自らの名を冠した講座の名誉教授）となり、一九八六年に逝去するまでそこで旺盛な研究・執筆活動を続けた（本書年譜も参照）。

エリアーデの学問や文学についての詳細な検討は、数多ある研究書や解説などにゆずるとして、ここでは、キーワードを拾うようなかたちで、それらに若干言及しておこう。

　エリアーデは、宗教現象を絶対的・超越的な「聖なるもの」の「顕現《ヒエロファニー》」とみなしつつ、古今東西の諸宗教の「神話」や「儀礼」、つまりさまざまな宗教的「象徴」を対象とする比較形態学を試みる（『宗教学概論』第一章「概説――聖の構造と形態」などを参照）。その際、歴史上の個々の宗教現象なるものは（あるいは、時に「擬装」された「俗」なる現象すらも）、「聖なるもの」の「顕現」の原初的な「祖型」が、歴史の流れを超えて「反復」して生じるのだとする（『永遠回帰の神話――祖型と反復』一九四九年、一九五四年に増補改訂英語版）。さらに、そういった「祖型」の具体的現われである「象徴」を「生き直す」ことによって、時空を超えた創造時の「全体性」から疎外されてしまった今日の人間が、再び本来の「宗教的人間《ホモー・レリギオースス》」として、失われた実存的「全体性」を回復するというのである（「新しいヒューマニズム」）。先に記した『ヨーガ』や、今ひとつの彼の重要な著作である『シャーマニズム』（一九五一年）のような専門研究においても、あるいは幻想小説など数多ある文学作品においても、エリアーデのこういった「解釈学」的基本構想は変わらない。

　ところで、わが国の代表的なエリアーデ研究者である奥山倫明が、「現代の宗教学において、エリアーデの学問は、宗教の研究方法としては、維持し難くなっている」（「解説 エリアーデを再読する」クロード＝アンリ・ロケ、住谷春也訳『エリアーデ 自身を語る 迷宮の試煉』作品社、二〇〇九年、二八七頁）と書いているように、エリアーデの学問・方法は、今日非常に厳しく批判されており、もはや論ずるに値しないといった極論すらある。きわめつきは、フランス人宗教（史）学者ダニエル・デュビュイッソンの『欺瞞と似非科学――ミルチャ・エリアーデの業績』(Daniel Dubuisson, *Impostures et pseudo-science: L'œuvre de Mircea Eliade*, Paris: Presses universitaires du Septentrion, 2005) である。しかし、そうであるがゆえにまた、エリアーデの宗教研究をめぐる論争は活発化しているとも言える。例えば、エリアーデ生誕一〇〇年（とワッハ没後五〇年）を記念して二〇〇六年に開催された学術大会をもとに編まれた『解釈学、政治、宗教学――ヨアヒム・ワッハとミルチャ・エリアーデの異議を申し立てられる遺産』(Christian K. Wedemeyer, Wendy Doniger (eds.), *Hermeneutics, Politics, and the History of Religions: The Contested Legacies of Joachim Wach & Mircea Eliade*, New York: Oxford University Press, 2010) には、いわば親エリアーデ／反エリアーデ両派の論文が、集大成的に収録されている。この点については、クリアーヌとの関係において後述するが、ここでは、とりわけ本書簡集との関連において重要と思われるエリアーデの評価についてだけ触れておきたい。

エリアーデをめぐっては、特に晩年になってから、第二次世界大戦までにいたる青年時代の政治姿勢に対する批判が喧しくなった。事実だけ簡潔に記すならば、エリアーデが、ルーマニアの極右の国家主義者でカリスマ的政治家コルネリュー・ゼーリャ・コドリャーヌ（Corneliu Zelea Codreanu, 1899-1938）によって指導された団体「大天使ミハイル軍団（Legiunea Arhanghelului Mihail）」（その軍団の戦闘組織が「鉄衛団（Garda de Fier）」と呼ばれていたが、のちに総称的にこの団体そのものも「鉄衛団」と呼ばれるようになった）のメンバー「レジオナール（Legionar）」だったことは間違いないという（この点についてはカリネスクによる「序文」、本書xxi頁も参照）。

ただし、事情はそれほど単純ではない。本往復書簡では、たとえば、Mişcarea Legionarăというルーマニア語を〈鉄衛団《レジオナール》運動〉のように記した。しかし、この団体は、当初は「大天使ミハイル軍団」（一九二七―一九三〇年）、その後「鉄衛団」（一九三〇―一九三三年）、「全てを祖国のために（Totul pentru Ţară）」（一九三五―一九三八年）、「軍団運動（Mişcarea legionară）」などと、名称を変え、さらに、時期によって組織や運動のあり方も異なり、一概に論じることが難しい。本往復書簡で用いられている「レジオナール（legionar）」というルーマニア語は、この複雑な運動全体を一括りにして、そのメンバーを示す名詞、あるいは、その運動に関わる形容詞として用いられている。そこで、本往復書簡では、名詞としては〈鉄衛団員《レジオナール》〉、形容詞としては「鉄衛団の《レジオナール》」などとルビを付した（ルビなしの「鉄衛団」の原文はGarda de Fierである）。

当初この団体の活動は、政治的改革をめざすだけでなく、キリスト教（東方正教）によってルーマニア精神を復興させようという、多分に宗教的ナショナリズムに基づいていた。この団体は、当時のルーマニア内外の複雑な政治情勢に翻弄されつつ、やがて超国家主義ファシスト組織、過激なテロリスト集団と化し、彼らの反ユダヤ主義は、ついに一九四一年のブカレストにおけるポグロムを引き起こした。ただし、このようにテロリスト集団と化した――指導者コドリャーヌが政府によって謀殺された後、ホリア・シマ（Horia Sima 書簡43、編者注1参照）が指導者となった――時期の「鉄衛団」の活動に、エリアーデが直接かかわっていたわけではない。エリアーデは、本往復書簡25でも話題になっているように、一九四二年に一時帰国した以外は、一九四〇年からは専らルーマニア国外にいた。このようなルーマニアの第二次世界大戦前後の複雑な政治的経緯（ルーマニアは開戦時には王政で枢軸国側であったが、大戦終結時には連合国側であり、ソ連の影響のもとで共産主義化されつつあった）、ならびにホロコーストをめぐる問題（対戦中ルーマニアで殺されたユダヤ人の数は、二八万人とも三八万人とも言われる）とからんで、七〇年代から欧米において、とりわけイタリアを中心として、エリアーデが反ユダヤ主義者であるとか、親ナチであったという強い批判がなされたのである（書簡65、66などを参照）。

ちなみに、右に記したような、第二次世界大戦にいたるまでの、「鉄衛団」を巻き込んだ複雑な政治情勢の詳細について日本語で読める唯一の文献として、藤嶋亮『国王カロル対大天使ミカエル軍団――ルーマニアの政治宗教と政治暴力』（彩流社、二〇一二年）をあげておく。また、研究書ではないが、エリアーデの小説『妖精たちの夜 II』に附された訳者住谷春也による解説文「ミルチャ・エリアーデと妖精たちの間」（三七一―四一五頁）にも、この小説と関連して、「鉄衛団」（「鉄衛兵」と訳されている）の歴史が簡潔にまとめられており、有益である。ただし、そういった、伝記的事実を手がかりにして文学作品を読み解こうとする姿勢は、まさしく本往復書簡で明らかなように、エリアーデの嫌った解釈方法であることに注意したい。

ところで、本書簡集には、いくつかエリアーデとクリアーヌのコミュニケーションの山場とでもいうべき部分がある。そのひとつが、一九七〇年代後半の「エリアーデ批判」という文脈を背景として師弟間で交わされる、ある種の緊張感をともなった書簡の数々である（書簡41と編者注2、あるいは同42と編者注3や5、さらに同43、44、55など）。若い弟子（エリアーデとの年齢差は四〇以上）であるクリアーヌが、むしろ師エリアーデを擁護するために真実を明らかにしようと逸っているのに対して、エリアーデの方は、過去の自らの政治的な行動については一切語らないという態度を貫いているようにみえる。本書簡集の「序文」でカリネスクも記しているように、この書簡のやりとりから、新たな事実が出てくるわけではないが、上述のようなエリアーデの若かりし頃の政治的態度に関して、そしてまたそういった政治的態度が彼の学問形成や小説執筆に与えた影響に関して、間接的ではあるが、有益な示唆を与えてくれる点で、この書簡集はエリアーデ研究にとっても必須の資料と言えよう（例えば、書簡6の編者注3などを参照）。

ヨアン・ペトル・クリアーヌとは何者か？

著名なエリアーデとは対照的に、ヨアン・ペトル・クリアーヌは、とりわけわが国においては、一般読者はもちろんのこと、彼と同じように宗教学を専門とする研究者の間においてさえ、よく知られた存在とは言い難いだろう。そこで、この解説では、クリアーヌの生涯と学問研究について、少し詳しく述べておきたい。

ヨアン・ペトル・クリアーヌは、一九五〇年に、かつてのモルダヴィア公国（一四世紀中頃―一九世紀後半）の首都、現ルーマニアの都市ヤシに生まれた。クリアーヌの父は、パリで学んだが、大学などでのポストを得ることのなかった数学者であり、母は化学者であった。父母の家系はいずれも弁護士や医者、特に理系の学者を輩出しており、父方の曽祖父ネクライ (Neculai)・クリアーヌは、ヤシ大学の学長（一八八〇—一八九八年）でもあり、先祖代々学者の家系であると言える。そもそも、父方のクリアーヌ家は、オスマントルコの弾圧を避け一七二一年にギリシャから移住してきた裕福な家族（東ヨーロッパの正教国家の貴族 boyard）であったが、クリアーヌ家は、第二次世界大戦後、ソ連の侵攻とルーマニアの共産主義化によって、豊かだった財産の全てを失うことになる。

クリアーヌはブカレスト大学に進学するが、一族の伝統とは異なり、彼が専攻したのはルーマニア文学・言語であった。彼は、勤勉という以上に勉学に励み、持ち前の才能を開花させていく。クリアーヌの伝記『エロス、魔術、クリアーヌ教授殺人事件』(*Eros, Magic, and the Murder of Professor Culianu*, Evanston: Northwestern University Press, 1996) を書いたテッド・アントン (Ted Anton) によれば、彼はブカレスト大学において過去「五〇年間でもっとも優れた学生」だったという。クリアーヌは、ごく若い頃から、ミルチャ・エリアーデの学問と文学に魅了され、すでに祖国にはおらず西側で成功していたエリアーデを、単に学問上だけではなく、人生そのものの師と見なすようになっていった。クリアーヌは、友人であるルーマニアの人類学者アンドレイ・オイシュテアヌ (Andrei Oişteanu) のインタヴューに応えて、「私は、いわば、私の全存在が、エリアーデに結びついている」(『宗教、政治、神話ミルチャ・エリアーデとヨアン・ペトル・クリアーヌに関するテクスト』*Religie, politică şi mit: texte despre Mircea Eliade şi Ioan Petru Culianu*, Iaşi: Polirom, 2007, p. 104) と述べていた（本書簡集に付されたカリネスクの「序文」も参照）。そして、大学の二年次に、イタリアとルネサンスの宗教研究へと移ることをクリアーヌは例外的に許されたという。これは、エリアーデの学生時代の研究テーマと同じであるが、当時のルーマニアでは、宗教（史）研究は禁じられていた。エリアーデの卒業論文は、ルネサンスのイタリア哲学に関するものであり、その四四年後に同じブカレスト大学に提出されたクリアーヌの卒業論文のタイトルは「マルシリオ・フィチーノとルネサンス期のプラトニズム」である。

おそらく将来国際的に活躍しそうな学生をリクルートしに来たのであろうが、ルーマニアの保安警察《セクリターテ》の協力者となる要請を断ったせいで、クリアーヌは、ブカレスト大学において卒業後に約束されていたアカデミックな地位ではなく、田舎の小学校教師の職に甘んじざるをえない状況に追い込まれた。しかし、一九七二年の夏に、幸運にもビザを取得し、イタリアのペルージャ大学のサマースクールに参加するため、同年七月四日にルーマニアを離れることができた。この時、すでにクリアーヌは祖国ルーマニアには戻らない決心をしていたと思われる。

本書簡集における書簡のやりとりは、この時点から始まっていることが分かるであろう（ただし、先の伝記作者アントンによれば、クリアーヌはそれ以前、つまりまだ検閲の厳しいルーマニアにいるときから、エリアーデに自らの書いた論文などを送っていたようである）。書簡1、エリアーデからクリアーヌ宛の最初の書簡の日付は、クリアーヌがイタリアに到着したちょうど一ヶ月後、一九七二年八月四日である。

ここから始まり、最終的に誰も予測し得なかった――ただし、不気味なことに、もしかすると本人は予測していたのかもしれない（書簡58をみよ）――衝撃的な事件によって終わりを迎えるクリアーヌの人生の有為転変については、詳細な編者注を参照しながら、読者自らがこの書簡集を読み進めるにつれて知ることができるだろう。ただし、それはかずかずの謎や疑問が纏わりついた深い迷宮の様相を呈してもいる。

この往復書簡が終わりとなる時点であるが（書簡111の編者注3を参照）、ミルチャ・エリアーデは、クリアーヌも立ち会う中で、一九八六年四月二二日に七九歳で死去する。クリアーヌは、その死を釈尊の入滅になぞらえて「大般涅槃《マハーパリニルヴァーナ》」と呼んだ。クリアーヌは、その一九八六年以来、客員講師として、毎年シカゴ大学を訪れていたが、ついに、一九八八年には、エリアーデの跡を襲って、シカゴ大学准教授に就任した。しかし、彼は、そのわずか三年後の一九九一年五月二一日に、シカゴ大学神学部の校舎スウィフト・ホール（Swift Hall）内のバスルームの個室で、小型拳銃によって何者かに射殺されたのである。享年四一歳という若さである。この殺人事件はいまだ未解決である。

ここで伝記的な事柄からいったん目を転じ、非業の死により、残念ながら大成されたとは言い難いが、二〇年余りでしかない学究生活においては十分すぎるほど達成されたクリアーヌの学問的業績について、少し触れておこう。

先に記した卒業論文の主題にも見られるように、クリアーヌは、自らの学問的道行きをエリアーデに倣うことから始めた。ブカレスト大学の学生時代すでに、当時ルーマニアでただ一人のインド人の教授からサンスクリット語を学び、ヨーガを実践していただけでなく、ここに収められた書簡（書簡15とその編者注2）からもみてとれるように、一時はエリアーデと同様にインド行きも計画していた。クリアーヌの宗教研究の領域は、師と仰ぐ――ただし、実際の指導教員であったといったような師ではないことに注意――エリアーデと同じく、「宗教学（history of religions）」の名に相応しく、自らが馴染み深い東欧のキリスト教のみならず、ユダヤ教やイスラム、古代オリエントやギリシャ・ローマの宗教、さらにインドや中国、あるいは南米やアフリカの諸宗教などまでも視野に入れた広範なものである。

しかしながら、彼の学問的な代表作と呼べる研究は、すでに邦訳のある『ルネサンスのエロスと魔術 一四八四年』、『脱魂の経験――ヘレニズムから中世までの脱魂、上昇、幻視物語』（日本で刊行されたこの二著の邦題が原著のタイトルと微妙に異なっている点に注意）、邦訳のまだない『グノーシスの樹――初期キリスト教から現代ニヒリズムにいたるグノーシス的神話体系』（*The Tree of Gnosis: Gnostic Mythology from Early Christianity to Modern Nihilism*, New York: HaperCollins, 1990）などである。これらの表題から、「ルネサンス」、「魔術（あるいは呪術）」、「脱魂（エクスタシー）」、「グノーシス（主義）」などが、彼の主要な研究テーマであったことがわかる。これらの他、さらに多岐にわたる彼の研究の関心を一言でくくるのは難しいが、「魔術」や「グノーシス」といったキーワードに代表されるように、西欧キリスト教の正統派に対して、と限定して考えるならば、「異教」、「異端」あるいは「異端的なもの」がクリアーヌの学問的探究の中心をなしていると言っていいように思われる。まず、この意味において、クリアーヌは「異端の宗教学者」と言える。

しかし、クリアーヌを「異端の宗教学者」と呼ぶときには、いまひとつの意味合いがある。彼のもうひとつの「異端」性は、その学問的結論、あるいはそこに至る研究方法にある。

例えば、イタリア語で出版された彼の最初の研究書は、ほかならぬエリーデに関する『ミルチャ・エリアーデ』（一九七八年）であるが、その研究が、師たるエリアーデを必ずしも喜ばせるものではない、斬新かつ過激な分析であることは、この往復書簡（とりわけ書簡25の編者注2と3、あるいは同28などを参照）でも垣間みることができる。さらに右のようなエリアーデ研究のみならず、彼の学問研究方法の独自性や、既存の、いわば正統として確立された通説なるものに対する苛烈な批判などのゆえに、クリアーヌを「異端の宗教学者」と呼びうるのである。この場合、クリアーヌ自身が、宗教研究という学問領域において「異端」的な存在だということである。

この後者の意味における「異端の宗教学者」クリアーヌの姿を、もう少し明確にしてみたい。

本訳書では、英語の history of religions に相当するルーマニア語などを、ほぼ一貫して「宗教学」と訳してきた。この原語を字面にこだわって訳すならば、「もろもろの宗教のひとつの歴史（学）」となるだろう。いかにもこなれない訳だが、諸宗教をひとつの歴史で表わすこの一語こそ「エリアーデ＝クリアーヌ宗教学」の本質を表わしていると言える。すなわち、古今東西の「宗教」という一般名詞（あるいは概念）でくくれる諸現象を、包括的に記述する「歴史（学）」なるものの構想である。

だが、そのような形での宗教研究の不可能性が、学界でも議論されるようになってすでに久しい（これが、先に記したエリアーデ宗教学に対する批判の論点の一つでもある）。斯界の学説史の議論を詳述することはできないが、今日のそれこそ「宗教」的に錯綜した世界を見渡すにつけても、「宗教」なるものの一般性を仮定して（あるいは目指して）議論するような研究方法は不可能である、といった見方は優勢だろう。あるのは、個々の宗教の歴史、現象であり、「宗教」なる語そのものを廃棄すべきといった極論すらある（例えば、磯前順一『宗教概念あるいは宗教学の死』東京大学出版会、二〇一二年などを参照）。われわれは個別的宗教現象を客観的・記述的に扱うしかない、というわけである。

いきおい、今日の宗教研究は、実証性を誇る社会学的、人類学的なものが主流となり、あるいは、最先端の宗教研究は、脳科学や認知科学、進化生物学などの知見を援用し自然科学的装いを凝らしたものになってきている。エリアーデの死後はことに、右に記したようなエリアーデ＝クリアーヌ的な「宗教学」のあり方自体が厳しく批判されているのである（例えば、ラッセル・T・マッカチオン（Russell T. McCutcheon）の『宗教を捏造する――ほかならぬ宗教そのものについての言説と郷愁の政治学』（*Manufacturing Religion: The Discourse on Sui Generis Religion and the Politics of Nostalgia*, Oxford, New York, etc.: Oxford University Press, 1997, pp. 113-114などを参照）。

しかし、エリアーデを何らかの仕方で継承しつつ、クリアーヌ独自の宗教研究、すなわち彼の「異端の宗教学」がさらに展開されていれば、今日の宗教研究は少なからず違った様相を呈していたと思わずにはおれないのである。エリアーデ後の「宗教学」あるいは宗教研究の様相は、右に記した通りであるが、もしクリアーヌが非業の死を遂げることなく、名実ともにエリアーデの跡目を継いでシカゴ大学の教授として活躍していたならば、全米のみならず、世界の、それどころか日本の今日の宗教研究の様相も現状とはいささか趣を異にしていたのではないか、と思わずにはおれないのである。

クリアーヌの「異端の宗教学」、つまり、斬新というよりも不敵な方法論は、一面で確かにエリアーデを継ぐものなのであるが、同時に、エリアーデその人の予測を超えてはるか先まで進んでいく。面従腹背、野心のあるクリアーヌは、一見すると、師であるエリアーデにとことん忠実であるかにみえるが、その実、もはや師たるエリアーデ自身の思惑を明らかに超え出ている。そのことは、「序文」の中で、特に書簡108に関連して、カリネスクが「トマス・クーン（「共約不可能である」科学的パラダイムの理論家）と（著作『方法のかなたへ』でクーンをより過激にし、認識論的「アナーキズム」の基礎を築こうと試みている）ポール・ファイヤアーベントとならぶ位置づけが、どれほどエリアーデを喜ばすことになるかはわからない」、と指摘しているとおりである（書簡60なども参照）。

宗教研究が、自然科学優勢の今日の世界において、いわばそれに阿《おもね》って、なんとかそれに遅れをとるまいと必死になっているとすれば、クリアーヌの「異端の宗教学」には、そういった「自然科学」すら彼自身の「宗教学」の方法によって説明し尽くそうという壮大な企図が見られる。したがって、それはもはや「宗教学」などと呼べる代物ですらない、とも言える。例えば、そのようなクリアーヌの「異端の宗教学」の展開は、フランス語で書かれた『西洋の二元論的グノーシス』(*Les gnoses dualistes d'Occident: Histoire et mythes*, Paris: Plon ,1990)と、改定版と言いながら、実際には、特に方法論的な観点からまったく別物に書き換えられたと言ってもいいその英語版、『グノーシスの樹』の両者において顕著である。クリアーヌは以下のように書いている。

「原則として、宗教と文学によってもたらされる神話、哲学と文学によってもたらされる神話、ついで科学によってもたらされる神話のあいだには、本質的な違いはなにもない。真理の保証はそれらのうちのどれにもないのである」（『西洋の二元論的グノーシス』三一七頁〔傍点は原文イタリック〕）。「宗教と科学とのあいだには矛盾はない（どちらも同じ程度にマインド・ゲームなのである）」（『グノーシスの樹』二六八頁）。

今や、ルーマニア語で書かれたものはもちろん、がんらいイタリア語、フランス語、英語などで書かれたクリアーヌの文書は、辞典・事典の項目、雑誌に投稿された（時に謎めいた——そして、おそらく彼の寿命を縮める原因ともなった——政治的）記事、学術論文、代表的な著作、さらには小説のような創作にいたるまで、ぞくぞくとルーマニア語に翻訳しなおされ、ヤシのポリロム社から、二〇〇二年以来、全集として刊行されており、第二版、第三版と版を重ねたものを含めると、その数は三〇冊以上を数える。また、クリアーヌの祖国ルーマニアにおいては、彼について多くの研究論文が書かれ、研究書も出版されている。さらに、クリアーヌの最初の博士論文の指導教員であったウーゴ・ビアンキ (Ugo Bianchi) やギレス・クィスペル (Gilles Quispel) といった碩学のみならず、エリアーデ自身が自らのもう一人の高弟と認めており、結局エリアーデ＝クリアーヌの欠を補うべくシカゴ大学教授となったブルース・リンカン (Bruce Lincoln) などを含め、世界各地のクリアーヌの知己を糾合して行なわれた記念シンポジウムの記録、アラ・アレクサンドル・シシュマニアン、ダナ・シシュマニアン編『（魂の）上昇と魂のイニシエーション的実在――諸宗教の伝統を横断する神秘神学と終末論、第一巻 宗教学国際シンポジウム「サイカノディア」、パリ、INALCO (Institut national des langues et civilisations orientales)、一九九三年九月七―一三日の記録』(Ara Alexandre Shishmanian, Dana Shishmanian [eds.], *Ascension et hypostases initiatiques de l'âme. Mystique et eschatologie à travers les traditions religieuses. Tome I. Actes du Colloque international d'histoire des religions "Psychanodia", Paris, INALCO, 7-13, septembre 1993*, Les Amis de I. P. Couliano, 2006) といった、クリアーヌ自身や彼の研究領域と重なる分野に関する分厚い研究論文集なども編まれている（「魂の上昇 *Psychanodia*」というのは、クリアーヌがパリ大学ソルボンヌに提出した博士論文を書き換えて出版した研究書のタイトルである）。ただし、日本においては、このようなクリアーヌその人に関する研究や、彼の志を継ぐような研究がさかんなわけではない。

「クリアーヌ宗教学」などというのは、所詮ルーマニアというローカルな、広く考えてもせいぜい欧米の、われわれとはあまり関係のない研究、現象でしかないのではないか、という疑問が聞こえてきそうである。しかし、そういった考えは間違っている。クリアーヌの――実は、エリアーデもそうなのであるが――きわめてローカルな面と、ついにシカゴ大学にまで到達する（ある種の）普遍性をもつ（はずの）学問こそ、世界中が危険な内向きの傾向を示している現在、われわれが学ぶべき何事かを提起しているように思われる。

「エリアーデという人物は、生きる姿勢のなかに、民族主義と普遍主義を、いかにして総合していくかという課題を抱えていた」（丸谷才一・山崎正和『二十世紀を読む』中公文庫、一九九九年、「辺境生まれの大知識人」一九〇頁）。クリアーヌもまた、四〇歳以上の年齢差を越えて、このエリアーデと同じ「生きる姿勢」を持ち合わせていたことは疑いない。しかし、その彼が、自らの学問的成熟期をむかえたであろう二一世紀を待たずに、志半ばで未だ正体不明の（おそらく二〇世紀的な）力によって命を絶たれたことは、暗示的ですらある。その意味において、「クリアーヌ宗教学」というものは、たとえそれが「異端」であったとしても、否むしろ「異端」であるからこそ、わが国においてもまだまだ紹介されるべきなのであり、さまざまな角度から考察・検証されるべき学問的営為なのである。本訳書は、そういったクリアーヌの思想形成を側面から知るための重要な資料であることは間違いない。

わが国においては、あるいはわが国民性の常として、学問であれ何であれ、とりわけ外（来）のものについては、早々に過去を忘れ、新たなものに乗り換えるという態度がここにも露になっているのではないか。かつては、斯学の雄として大いに持ち上げられたエリアーデである（はじめに紹介した彼の著作の翻訳の多さがそれを証明していよう）が、ふたたび西洋での彼に対する批判に便乗して、今度は手のひらを返したようなエリアーデ批判である。そういったエリアーデ批判と一緒くたにしてクリアーヌの業績も捨て去ろうというのでは、いささか早計にすぎるだろう。

この往復書簡の翻訳は、新約聖書のヨハネ福音書研究という自分の専門分野から偶然にも（?）クリアーヌに接近した佐々木と、エリアーデに関する博士論文を仕上げる過程でクリアーヌに出会った奥山との、ほぼ完全な共同作業である。われわれは、ルーマニア語を学び、ついにブカレストやヤシにまで赴いた。ルーマニア語の専門家でもないわれわれが本書を翻訳するなどというのは、いささか冒険である。しかし、そのような冒険をあえて試みたのは、ここに記したように、ひとえに本訳書を、究極的には「クリアーヌ宗教学」を、日本の読者にさらに紹介すべき必要性を感じているからである。この冒険を、とりわけルーマニア語の翻訳という点で手助けしてくれた以下のルーマニア人の方々に感謝申し上げたい。ブカレスト大学ゴールドシュタイン＝ゴーレン・ヘブル研究センター（Centrul de Studii Ebraice "Goldstein Goren"）並びにブカレスト大学のフェリチア・ヴァルドマン（Felicia Waldman）准教授、彼女こそ、われわれ訳者とルーマニア、ブカレスト大学との最初の接点である。次に、北海道大学のルーマニア人留学生であったアレクス・ガルミャーヌ（Alex Galmeanu）君、クリスティアン・ダヴィデスク（Cristian Davidescu）君、アレクサンドラ・ヴォルニク（Alexandra Vornicu）さん、直接お会いしたこともないのに奇妙なご縁で知り合いとなり、クリアーヌならさしずめ現代の「魔術」と呼ぶであろうテクノロジーを駆使して、丁寧に質問に答えてくださったモルドバ出身のアナスタシア・シェンドリャ（Anastasia Şendrea）、ヴェロニカ・シェンドリャ（Veronica Şendrea）姉妹。彼女ら彼らがいなければ、本書の翻訳を完成することは不可能だった。

原著に含まれる「序文」の翻訳を快く許可してくださった故マテイ・カリネスク教授のご夫人アドリアナ・カリネスク氏には、早速に特段の感謝とともに拙訳をお送りしたい。また、エリアーデ書簡の翻訳と出版の許可を迅速にくださった、シカゴ大学ミルチャ・エリアーデ文献財産（Mircea Eliade Literary Estrate）の共同遺言執行人（Co-Executor）であるディヴィッド・T・ブレント（David T. Brent）氏にも感謝申し上げたい。さらに、本書のカヴァーに素晴らしい写真を提供してくださった、クリアーヌの実姉テレザ・クリアーヌ＝ペトレスク氏、並びに、彼女との間を取り持ってくださった、アンドレイ・オイシュテアヌ先生にも特段の感謝を申し上げたい。私が、初めてブカレストのオフィスを訪れたとき、オイシュテアヌ先生はクリアーヌとの友情について、熱く語ってくださった。

また、東京大学の江川純一氏には、本書のイタリア語関係の部分に関して、いろいろご教示いただいたこと、そして、私の勤める北海道大学大学院文学研究科の弥和順教授には、『易教』関連の知識を授けてくださったことに関してお礼申し上げたい。

最後に、本書の出版をお引き受けくださった慶應義塾大学出版会、とりわけ編集担当の片原良子さんに感謝申し上げたい。本書が、少しでも読みやすくなっているとすれば、それは彼女のかずかずの適切な助言によるものである。

そして、もうおひとりお名前をあげておきたい。著名な編集者の二宮隆洋氏である。私は、かつて一度だけ氏にお会いして、本書の翻訳出版についてご相談申し上げたことがある。その時には、具体的な企画にいたらず、この件について引き続き心しておいてくださるとのことだったが、そのすぐ後に氏の訃報に接した。このたび、慶應義塾大学出版会をとおして願いが叶ったことを、氏のお心が働いていたと信じつつ、天国の氏にご報告申し上げたい。

エリアーデ＝クリアーヌ往復書簡
1972-1986

2015年 8 月 31 日　初版第 1 刷発行

著　者――――――ミルチャ・エリアーデ、ヨアン・ペトル・クリアーヌ
編　者――――――ダン・ペトレスク、テレザ・クリアーヌ＝ペトレスク
訳　者――――――佐々木 啓、奥山史亮
発行者――――――坂上　弘
発行所――――――慶應義塾大学出版会株式会社
〒 108-8346　東京都港区三田 2-19-30
TEL〔編集部〕03-3451-0931
〔営業部〕03-3451-3584〈ご注文〉
〔 〃 〕03-3451-6926
FAX〔営業部〕03-3451-3122
振替 00190-8-155497
http://www.keio-up.co.jp/
装　丁――――――中垣信夫＋林　映里［中垣デザイン事務所］
印刷所――――――亜細亜印刷株式会社
カバー印刷――――株式会社太平印刷社

Printed in Japan　ISBN 978-4-7664-2247-4

著　者
ミルチャ・エリアーデ（Mircea Eliade, 1907–1986）
1907年、ルーマニア、ブカレストに生まれる。1928年より3年間、インドに滞在し、ヨーガやタントラを学ぶ。帰国後は、ブカレスト大学で形而上学史などを教える一方で、小説『マイトレイ』を発表し、小説家としても高い評価を得る。第二次世界大戦中は、ロンドン、次いでリスボンでルーマニア公使館の文化担当官として勤務した。第二次世界大戦終結後はフランスに亡命。『宗教学概論』や『永遠回帰の神話』を発表することで、宗教学者として活躍した。1957年よりシカゴ大学に招聘され、翌年、宗教学教授に就任。1986年にシカゴで没。

ヨアン・ペトル・クリアーヌ（Ioan Petru Culianu, 1950–1991）
1950年、ルーマニアのヤシに生まれる。ブカレスト大学卒業後、1972年にチャウシェスク独裁政権下の祖国を去って、イタリアに亡命し、ミラノのカトリック聖心大学でグノーシス主義についての研究により最初の博士号を取得。1976年からオランダのフローニンゲン大学で教えたのち、1988年からはエリアーデの跡を襲ってシカゴ大学神学部の教授となるが、1991年5月21日、シカゴ大学の校舎内で何者かによって暗殺された。代表的な著作として、『ルネサンスのエロスと魔術 1484年』や『脱魂の経験』、『グノーシスの樹』など。

編　者
ダン・ペトレスク（Dan Petrescu, 1949–）
ルーマニアの文筆家、翻訳者、編集者、出版者。ブカレスト生まれ。ヤシ大学卒業。ヤシ大学在学中から、クリアーヌの実姉テレザ・クリアーヌなどとともに学生誌の編集に携わる。1989年の政権転換に際しては、ハンガーストライキを行ない、自宅軟禁状態となる。革命後は、ルーマニアのNGO「社会対話のためのグループGDS（Grupul pentru Dialog Social）」の主要メンバーとなり、出版社のネミラ社において積極的に編集・出版活動を行なっている。

テレザ・クリアーヌ＝ペトレスク（Tereza Culianu-Petrescu）
ヨアン・ペトル・クリアーヌの二人姉弟の実姉。ヤシ大学卒業。ヨアン・クリアーヌの死後、彼の学術論文や文学作品などの編集・出版活動を積極的に行なっている。

訳　者
佐々木啓（ささき　けい）
1959年、東京都生まれ。1985年、北海道大学大学院文学研究科博士後期課程哲学専攻（宗教学専修）退学。現在、北海道大学大学院文学研究科教授（宗教学インド哲学講座）。著書に、『新渡戸稲造に学ぶ』（編著、北海道大学出版会、2015年）、『聖と俗の交錯』（分担執筆、北海道大学図書刊行会、1993年）など。訳書に、ポール・リクール『聖書解釈学』（共訳、ヨルダン社、1995年）、マーティン・ジェイ『力の場』（共訳、法政大学出版局、1996年）など。

奥山史亮（おくやま　ふみあき）
1980年、山形県生まれ。2011年、北海道大学大学院文学研究科博士後期課程修了。博士（文学）。

日本学術振興会特別研究員（DC2）、北海道大学大学院文学研究科専門研究員を経て、現在、日本学術振興会特別研究員（PD）。著書に、『エリアーデの思想と亡命――クリアーヌとの関係において』（北海道大学出版会、2012年）、訳書に、ミルチャ・エリアーデ『アルカイック宗教論集――ルーマニア・オーストラリア・南アメリカ』（奥山倫明監修、国書刊行会、2013年）など。

人名索引

ア 行

アウグスティヌス　Augustine　17
アガンベン, ジョルジョ　Giorgio Agamben　100
アダメシュテャーヌ, ディヌ　Dinu Adameşteanu　69-70
アビナヴァグプタ　Abhinavagupta　52
アリストテレス　Aristotelēs　45
アルゲジ, トゥドル　Tudor Arghezi　18
アル＝ジョルジェ, セルジウ　Sergiu Al-George　3, 14, 143
アルタイザー, トマス　Thomas Altizer　23-24
アルナルデズ, ロジェ．　Roger Arnaldez　132
アルフィエリ, ルイージ　Luigi Alfieri　121, 123
アレクサンドレスク, ソリン　Sorin Alexandrescu　11, 50, 90-91, 93, 103, 126, 128-130, 152, 155
アレクサンドレスク, リリアナ　Liliana Alexandrescu　50, 129
アレン, ダグラス　Douglas Allen　36-37, 62, 101
アンゲレスク, シェルバン　Şerban Anghelescu　14, 26
アンゲレスク, マリア＝マグダレナ　Maria-Magdalena Anghelescu　17, 26
アンシェン, ルース・ナンダ　Ruth Nanda Anshen　126
アントネスク, ヨン　Ion Antonescu　38, 40-41, 65, 72-73
アントネスク, ミハイ（「イカ」）Mihai Antonescu（"Ică"）　38, 40-41
アントヒ, ソリン　Sorin Antohi　14, 21, 46, 71
アントン, テッド　Ted Anton　14
アンドレエスク, ヨアナ　Ioana Andreescu　117
イヴェルセン, エリク　Erik Iversen　104
イェージ, フーリオ　Furio Jesi　69, 73, 108-110, 113-114, 128
イエス　Isus　114, 180
イェーツ, フランシス　Frances Yates　87
イェルンカ, ヴィルジル Virgil Ierunca　12-13, 16, 18, 43, 52, 74, 86, 90-92, 117, 133, 157
イオネスコ, ウジェーヌ（ヨネスク, エウジェン）　Eugène Ionesco (Eugen Ionescu)　53, 75, 80, 92, 130, 172
イャヌ, ヨネル　Ionel Jianu　40
イリチンスキ, エドゥアルト　Eduard Iricinschi　26, 36, 102, 135, 141, 151, 176
インピー, マイケル　Michael H. Impey　18
ヴィエルヌ, S　S. Vierne　73
ヴィッテ, ハンス　Hans Witte　152, 155-156, 161, 169-174, 177, 179
ヴィデングレン, ジオ　Geo Widengren　22, 100
ヴィルヘルム, リヒャルト　Richard Wilhelm　15
ウィント, エドガー　Edgar Wind　103-104
ヴェーバー, マックス　Max Weber　111
ウェルブロゥスキ, ツヴィ　Zwi Werblowski　49, 161
ウナムーノ, ミゲル・デ　Miguel de Unamuno　17
ウンゼルト, ジークフリート　Siegfried Unseld　146-147
エヴォラ, ユリウス　Julius Evola　54-56, 58, 108
エマニュエル, ピエール　Pierre Emmanuel　172
エミネスク, ミハイ　Mihai Eminescu　60, 70, 81, 113-114, 155
オットー, ルドルフ　Rudolf Otto　101
オフラハティ, ウェンディ　Wendy O' Flaherty　122

カ 行

カイヨワ, ロジェ　Roger Caillois　104
カザバン, テオドール　Theodor Cazaban　92
カッシアン, ニナ　Nina Cassian　18
カッシーラー, エルンスト　Ernst Cassirer　88
ガフェンク, グリゴレ　Grigore Gafencu　69-70
ガラツキ, シモーナ　Simona Galaţchi　13
カリネスク, マテイ　Matei Călinescu　117
カロル二世　Carol II　41, 65, 68, 72

ギザ　Giza　152
キタガワ, M. ジョセフ　Joseph M. Kitagawa　27, 63, 75, 96, 172
キップリング, ラドヤード　Rudyard Kipling　17
キッペンベルク, ハンス G　Hans G. Kippenberg　89, 127-128, 158, 182
ギボン, エドワード　Edward Gibbon　118
キム, ヤン　Jan Kim　80
キューブリック, スタンリー　Stanley Kubrick　74
キュモン, フランツ　Franz Cumont　62-63, 98-99
ギユー, ルイ　Louis Guilloux　140, 142
ギーヨモン, アントワーヌ　Antoine Guillaumont　62, 65, 77, 79, 84-85, 93, 123, 131
キリツェスク, フロリン　Florin Chiriţescu　46
キルケゴール, セーレン　Søren Kierkegaard　56
クィスペル, ギレス　Gilles Quispel　102, 127
クシャ, イレアナ　Ileana Cuşa　79
クシャ, ヨアン　Ioan Cuşa　5, 16, 52, 79, 118
クマンタ, マドレーヌ　Madeleine Qumanta　104
クライ, R. W.　R. W. Kraay　45
クライニク, ニキフォル　Nichifor Crainic　17
グラネ, マルセル　Marcel Granet　45
クリアーヌ＝ペトレスク, テレザ　Tereza Culianu-Petrescu　14, 166
グリオール, マルセル　Marcel Griaule　156
グリゴル, ミハエラ　Mihaela Gligor　158
グリゴレスク, コンスタンティン　Constantin Grigorescu (Grigoresco)　94-95, 118
クリステラー, パウル・オスカー　Paul Oskar Kristeller　100, 102
クルドゥ, ペトル　Petru Cîrdu　167
クレズレスク（エマニュエラの夫）Cretzulescu　104
クレズレスコ, エマニュエラ　Emmanuela Cretzulesco　104
グロッタネッリ, クリスティアノ　Cristiano Grotannelli　143
クーン, トーマス　Thomas Kuhn　181
ケーニヒ, フランツ　Franz König　22-23, 153
ゲーテ, ヨハン・ヴォルフガング・フォン　Johann Wolfgang von Goethe　44
ゲノン, ルネ　René Guénon　3
コズィ, D. M.　D. M. Cosi　36
コステ, タンズィ　Tantzi Coste　8
コステ, ブルトゥス　Brutus Coste　8
コステッリ, E.　E. Costelli　12
ゴスマン, マルティン　Martin Gosman　168
コテスク, シビル　Sibylle Cottescu　24-25, 32-35, 37, 43, 47-49, 53, 55, 59, 61, 68
コドリャーヌ, コルネリュー・ゼーリャ　Corneliu Zelea Codreanu　65-68, 71, 73
ゴマ, パウル　Paul Goma　12-13, 42-43, 148-149, 163, 174
コルバン, アンリ　Henry Corbin　4, 14, 16, 60
コルペ, カルステン　Carsten Colpe　21, 89, 100, 172
コロンナ, フランチェスコ　Francesco Colonna　104
ゴンブリッチ, エルンスト　Ernst Gombrich　4

サ　行

サドヴェアヌ, ミハイル　Mihail Sadoveanu　17
ザムフィル, M.　M. Zamfir　50
ザムフィレスク, ダン　Dan Zamfirescu　163
サラザール, アントニオ　António de Oliveira Salazar　11, 38, 40, 70-71, 73-75
サリヴァン, ローレンス　Lawrence Sullivan　126
サリバ, ジョン・A.　John A. Saliba　36
シオラン, エミール　Emil Cioran　42, 46, 73, 75, 147, 149, 172
シマ, ホリア　Horia Sima　68, 72-73, 92
シメル, アンヌマリ　Annemarie Schimmel　150
シャーロック, T. P.　T. P. Scherlock　88
シュミット, ヴィルヘルム　Wilhelm Schmidt　32
ジュレスク, コンスタンティン　Constantin Giurescu　38
ジョイス, ジェイムズ　James Joyce　17

ジョルジェスク, アンドレイ　Andrei Georgescu　166, 176, 180-185
ジョルジェスク, カルメン（ゾエ）（結婚後はクリアーヌ）　Georgescu Carmen (Zoe)　121-122, 128-129,132, 134-139, 141, 143, 147, 162, 164-166, 176, 180, 182, 184-185
ショーレム, ゲルショム　Gershom Scholem　14, 16, 39-40, 60
ジラルド, ノーマン　Norman Girardot　77, 124
ジラール, ラファエル　Raphael Girard　32
ジル, ラドゥ　Radu Gyr　39
ズィマ, ペーター　Peter V. Zima　59
スカーニョ, ロベルト　Roberto Scagno　65, 67, 69, 91, 110
スカルピ, パオロ　Paolo Scarpi　83, 115
スコット, ネィサン　Nathan Scott　31, 76
スタマトゥ, ホリア　Horia Stamatu (H. S.)　66, 90-93, 133
スタンク, ザハリア　Zaharia Stancu　70, 72
ストリング, ジョン　John String　63
スミス, ジョナサン　Jonathan Smith　45, 48, 126-127, 139
スラヴィチ, ヨアン　Ioan Slavici　7
セバスティアン, ミハイル　Mihail Sebastian　38, 110

タ　行

タウベス, ヤコブ　Jacob Taubes　148
ダーウィン, チャールズ　Charles Darwin　44
ダ・ヴィンチ, レオナルド　Leonardo Da Vinci　87
タクス, ジュル　Jul Tax　32
ダスグプタ, スレーンドラナート　Surendranath Dasgupta　4
ダドリー三世, ギルフォード　Guilford Dudley III　62
タナセ, ヴィルジル　Virgil Tănase　83, 88, 101-102, 105, 107, 123, 133, 136, 142, 147-148
ダンテ・アリギエーリ　Dante Alighieri　17
チャウシェスク, ニコラエ　Nicolae Ceaușescu　13, 42
ツァラ, トリスタン　Tristan Tzara　18
ツヴィ, シャブタイ　Şabbatai Ţvi　110
ツェペネアグ, ドゥミトル　Dumitru Ţepeneag　12
ツルカヌ, フロリン　Florin Ţurcanu　40, 77
ディーテルラン, ジェルメーヌ　Germaine Dieterlen　156
デーイング, デニス　Dennis Doeing　44
デニー, フレデリック　Frederick Denny　76
テ・フェルデ, ヘルマン　Herman Te Velde　158
デュメジル, ジョルジュ　Georges Dumézil　38, 45, 184
デュラン, ジルベール　Gilbert Durand　10, 73
デュール, ハンス＝ペーター　Hans Peter Duerr　156, 158, 162, 167, 183
トゥク, コンスタンティン（タク）　Constantin Tâcu (Tîcu, Tacou)　19, 41, 73, 82-83, 85, 93
トゥッチ, ジュゼッペ　Giuseppe Tucci　28, 31
ドゥツゥ, アレクサンドル　Alexandru Duţu　152
トゥルデャーヌ, エミール　Emil Turdeanu　69-70
トカルスキ, スタニスラゥ　Stanislaw Tokarski　169
ドニーニ, アンブロージョ　Ambrogio Donini　23, 66-67, 73-74
ドライヴェルス, H. J. W.　H. J. W. Drijvers　88-89, 158
ドラガン, ヨシフ コンスタティン　Iosif Constantin Drăgan　184
トラークル, ゲオルク　Georg Trakl　60
ドルス, エウヘニオ　Eugenio d' Ors　17

ナ　行

ナンドリシュ, グリゴレ　Grigore Nandriş　69-70
ニコラエ公　Nicolae　70, 72
ニーチェ, フリードリヒ　Friedrich Nietzshe　17, 100
ニョーリ, ラニエロ　Raniero Gnoli　4, 141

ネゴイツェスク, I.　I. Negoiţescu　52
ネッリ, ルネ　René Nelli　115
ノイカ, コンスタンティン　Constantin Noica　3, 167-168
ノイマン, ハンス　Hans Neumann　36
ノヴァーリス（フリードリヒ・L・フォン＝ハルデンベルク）　Novalis (Friedrich Leopold von Hardenberg)　35, 60
ノーメン, ヴィレム　Willem Noomen　30, 144, 149, 152

ハ　行
ハイデガー, マルティン　Martin Heidegger　131
パウケル, アナ　Ana Pauker　67-69, 71
バウサーニ, アレッサンドロ　Alessandro Bausani　4
パウネスク, アドリアン　Adrian Păunescu　39
バーガー, エイドリアナ　Adriana Berger　157-158
ハクスリー, オルダス　Aldous Huxley　17
バコヴィア, ジョルジェ　George Bacovia　60
ハシュデウ, ボグダン　Bogdan Petriceicu Hasdeu　44, 46
パタピエヴィチ, ホリア＝ロマン　Horia-Roman Patapievici　84
バックハゥシュ, W.　W. Backhuys　158
ハッラージュ, フサイン・イブン・マンスール・　Hysayn ibn Mansur Hallaj　4-5
バディリツァ, クリスティアン　Cristian Bădiliţă　92
パナイテスク, ペトレ・P　Petre P. Panaitescu　72-73
パニッカー, レイモン　Raimon Panikkar　31
バニョーリ, サンテ　Sante Bagnoli　168
パピーニ, ジョヴァンニ　Giovanni Papini　17
パヨー, ジャン＝リュック・ピドゥ＝　Jean-Luc Pidoux-Payot　25-26, 30, 43, 62-63, 84-85, 102, 106, 116, 132 138, 140, 142-143, 145, 150-154, 156, 159, 161-162, 166, 169, 174-175, 177, 179
パラケルスス　Paracelsus　88
バラン, ジョルジェ　George Bălan　57
パリュイ, アラン　Alain Paruit　37, 117, 133, 136, 138, 140, 145-146, 152, 157
バル, ヨン　Ion Bălu　74
バルドヴィチャーヌ　Baldoviceanu　69
バルバニャーグラ, パウル　Paul Barbăneagră　133, 135, 179
ハンドカ, ミルチャ　Mircea Handoca　17, 39, 67, 121, 129
ビアンキ, ウーゴ Ugo Bianchi　13-14, 18, 26, 30 34, 54-55, 62, 95, 97, 115, 122, 150, 172
ピーコ・デッラ・ミランドラ, ジョヴァンニ　Giovanni Pico della Mirandola　104
ヒネルズ, ジョン・R.　John R. Hinnels　169
ビベスコ, マルタ　Martha Bibesco　104-105
ピュエシュ, アンリ Ch.　Henri Ch. Puech　38
ピュタゴラス　Pythagoras　63
ファイヤアーベント, ポール　Paul Feyerabend　181
ファン・オス, ヤープ　Jaap Van Os　168
ファン・デル・レーウ, ゲラルダス　Gerardus Van der Leeuw　16, 61, 158
ファン・デン・ボッシュ　L. P. Van den Bosch　158
ファン・デン・ブルーク　Van den Broek R.　102
ファン・バーレン, テオ・P　Theo P. Van Baaren　157-158
フィチーノ, マルシリオ　Marsilio Ficino　87, 99
フィリオザ, Jean　Jean Filliozat　4
フィリッピーニ, エンリコ　Enrico Filippini　108
フィロラオス　Philolaos　63
フィロラーモ, ジョヴァンニ　Giovanni Filoramo　83
フェルマセレン, マールテン・J　Maarten J. Vermaseren　81, 85, 89, 102, 116, 122, 124, 127-128, 131-132, 134-135, 139, 158
ブオナイウティ, エルネスト　Ernesto Buonaiuti　67
プーシキン, アレクサンドル　Alekandr Puşkin　17
ブスイオチャーヌ, アレクサンドル　Alexandru

Busuioceanu 69, 71
ブズラ, アウグスティン Augustin Buzura 18
ブッサーリ, マリオ Mario Bussagli 4
フッベリング, フベルトゥス G. Hubertus G. Hubbeling 182
ブーバー, マルティン Martin Buber 16
ブホチウ, オクタヴィアン Octavian Buhociu 128-129
ブラガ, ルチアン Lucian Blaga 50, 68
ブラティアヌ, ディヌ Dinu Brătianu 38
プラトン Platon 62-63
フラマリオン（出版者） Flammarion 12, 84, 88, 102, 106, 142, 147, 166, 169
フラマン, ジャック Jacques Flamant 79, 115, 123, 128, 132
フランク, ヤコブ Iacob Frank 110
ブランクーシ, コンスタンティン Constantin Brâncusi 157
ブリオン, マルセル Marcel Brion 104
ブルケルト, ヴァルター Walter Burkert (W. B.) 62-63, 88
プルースト, マルセル Marcel Proust 45
プルタルコス Plutarco 108
ブルーノ, ジョルダーノ Giordano Bruno 87, 99
フレイザー, ロナルド Ronald Fraser 17
ブレーカー, C. J. C. J. Bleeker 22, 24
プレダ, マリン Marin Preda 18
フレーベ=カプタイン, オルガ Olga Fröbe-Kapteyn 15-16
ブレリチ, アンジェロ Angelo Brelich 28-29, 107-108
ブレンク, フレデリック・E. Frederick E. Brenk 115
ブレント, デイヴィッド David Brent 168
プロップ, ウラジーミル Vladimir I. Propp 44
ベイジェント, マイケル Michael Baigent 180
ベインズ, ケーリー・F Cary F. Baynes 15
ヘーゲル, フリードリヒ G. W. Friedrich Hegel 45
ヘッセ, ヘルマン Hermann Hesse 96
ペッタッツォーニ, ラッファエーレ Raffaele Pettazzoni 16, 19, 45
ベッツ, ハンス・ディーター Hans Dieter Betz 139-140, 168
ペトラシンク, ダン（アンジェロ・モレッタ） Dan Petraşincu (Angelo Moretta) 2-3
ペトルマン, シモーヌ Simone Pétrement 62
ペトレスク, ダン Dan Petrescu 17, 36, 46, 71, 102, 182
ベニューク, ミハイ Mihai Beniuc 70, 72
ベル, キャスリーン Catherine Bell 176
ペルネ, ヘンリー Henry Pernet 143
ヘルダーリン, フリードリヒ Friedrich Hölderlin 60
ベルナー, ヴォルフ・ディートリッヒ Wolf Dietrich Berner 19
ペルレア, ヨネル Ionel Perlea 68, 82
ペルレア, リゼット Lisette Perlea 33, 65, 68, 82, 84 87, 95, 124
ヘレスク, ニクラエ・I Niculae. I. Herescu 69, 71
ポギルク, チチェローネ Cicerone Poghirc 6-7, 9, 77, 128, 185
ボグダン=クリアーヌ, エレナ Elena Bogdan-Culianu（クリアーヌの「母」） 78-79, 81
ボグダン, マリオワーラ Mărioara Bogdan 78
ボスナク, ロベルト Robert E. Bosnak 15
ボヌフォワ, イヴ Yves Bonnefoy 88, 93-94, 99-100, 103 106-107, 116, 118, 121, 123, 126, 138, 140, 147, 168, 172
ポプラン, クロード Claude Popelin 104
ポペスク, コリナ Corina Popescu 17, 36, 115, 118, 182
ポペスク, ミルチャ Mircea Popescu 2-3, 9
ホリア, ヴィンティラ Vintilă Horia 13, 17
ボルダシュ, リヴィウ Liviu Bordaş 13, 36, 158-159, 173-174
ボルトン, J. D. P. J. D. P. Bolton 62

ボルベリ, シュテファン Ştefan Borbély 10
ホルミヤード, エリク・ジョン Eric John Holmyard 88
ボレ, コルネリウス Cornelius Bolle 143

マ 行

マクロビウス Mcrobius 79
マシニョン, ルイ Louis Massignon 4-5
マニウ, ユリウ Iuliu Maniu 38, 40-41
ママリガ, レオニド Leonid Mămăligă 25, 27, 35, 37, 47, 55, 90-91, 133, 136, 138
マリア（マグダラの） Maria Magdalena 180
マリノ, アドリアン Adrian Marino (A. M.) 10, 50, 103, 113, 121, 129, 133, 140
マルゲスク, ミルチャ Mircea Marghescu 8, 19-20, 26, 28, 83,
マルモリ, ジャンカルロ Giancarlo Marmori 128
マンチーニ, イタロ Italo Mancini 23, 47-48
ミェリャーヌ, コスティン Costin Miereanu 117
ミカエル＝ティトゥス, コンスタンティン Constantin Michael-Titus 163
ミク, ドミトルゥ Dumitru Micu 39
ミュラー, フリードリヒ・マックス Friedrich Max Müller 61
ミンク, マリン Marin Mincu 30
ムーン, ビバリー Beverly Moon 176
メツェルティン, ミヒャエル Michael Metzeltin 152
メスラン, ミシェル Michel Meslin 47-48, 50, 58, 85, 99, 107, 116, 121, 123-124, 130-132, 137-138, 150, 161, 165, 169, 171, 173, 175, 179
モーロ, アルド Aldo Moro 75

ヤ 行

ユーゴー, ヴィクトル Victor Hugo 180
ユング, カール・グスタフ Carl Gustav Jung 14-16, 28
ヨナス, ハンス Hans Jonas 16, 21, 26
ヨネスク, ナエ Nae Ionescu 10, 17, 38, 40, 65, 73, 141, 150
ヨネスク, マリー＝フランス Marie-France Ionescu 52, 94, 118
ヨネスク, ロディカ Rodica Ionescu 130
ヨハネ（十字架の聖ヨハネ） Ioan al Crucii 90
ヨルガ, ニコラエ Nicolae Iorga 50, 103

ラ 行

ライゼガング, ハンス Hans Leisegang 10
ラヴァスティーヌ, フィリップ Philippe Lavastine 70, 71
ラウレンツィウ, ダン Dan Laurenţiu 16, 17, 60
ラコヴャーヌ, ギョルゲ Gheorghe Racoveanu 72-73
ラチョウ, カール・ハインツ Carl Heinz Ratchow 182
ラデスク, ニコラエ Nicolae Rădescu 8, 70, 72
リィチェアヌ, ガブリエル Gabriel Liiceanu 167-168
利休（Rikyu） 65
リクール, ポール Paul Ricoeur 63, 99
リケッツ, マック・リンスコット Mac Linscott Ricketts 39, 144
リース, ジュリアン Julien Ries 102
リツェマ, ルドルフ Rudolf Ritsema 15
リュネ, ソフィー Sophie Lunais 115
リンカン, ブルース Bruce Lincoln 45, 123-124, 127, 143
リンネ, カール Carl von Linné (Carolus Linnaeus) 44
ルガリーニ, レオ Leo Lugarini 101
ル・クレジオ, ジャン＝マリー・ギュスターヴ Jean-Marie Gustave Le Clézio 106
ルジェ, ルイ Louis Rougier 62
ルドルフ, クルト Kurt Rudolph 168
ルリア, イツハク Isaac Luria 109-110
レイノルズ, フランク Frank Reynolds 61
レイ, ベン Ben Ray 45
レヴィ, ハンス Hans Lewy 111

レヴィ＝ストロース, クロード　Claude Lévy-Strauss　172
レニェル＝ラヴァスティーヌ, アレクサンドラ　Alexandra Laignel-Lavastine　75
ロヴィネスク, モニカ　Monica Lovinescu　52, 74, 92, 133
ロケ, クロード＝アンリ　Claude-Henri Rocquet　85, 93
ロシュ, アリオン　Arion Roşu　2-4
ロセッティ, アレクサンドル　Alexandru Rosetti　38-40
ロゾヴァン, エウジェン　Eugen Lozovan　69-70
ローデ, エルヴィン　Erwin Rohde　100
ロマナート, ジャンパオロ（パオロ）　Gianpaolo Romanato (Paolo)　14, 21, 30-31, 78, 83, 132, 186
ロマーノ, アウグスト　Augusto Romano　83
ローラー, ミハイル　Mihail Roller　69, 71
ロング, チャールズ（チャック）　Charles H. Long (Chuck)　27-31, 70, 75,
ロンバルド, M. G.　M. G. Lombardo　31, 132

ワ　行

ワイダ, マナブ　Manabu Waida　177
ワールデンブルク, ジャン・ジャック　Jean Jacques Waardenburg　157-158

エリアーデ＝クリアーヌ著作一覧

序文、書簡、および編者注でタイトルの挙げられているエリアーデとクリアーヌの著書、論文を発表年代順に記した。

邦訳のないものはタイトルを訳出し、原書の情報を記した。

邦訳のあるものは、原書の情報のほかに、邦訳タイトル、出版社、刊行年を記した。

未刊の著作は、書簡の内容からおおよその発表年を割り出した。

ミルチャ・エリアーデ

『マイトレイ』住谷春也訳、作品社、1999年。*Maitreyi*, Bucureşti, Editură Cultura Naţională, 1933.

『仕事場　インド日記』。*Şantier—jurnal indian*, Bucureşti, Editură Cugetarea, 1935.

『フーリガン』住谷春也訳（『エリアーデ幻想小説全集 第１巻 1936-1955年』直野敦、住谷春也訳、作品社、2003年）。*Fuliganii*, Bucureşti, Editură Naţională Ciornei, 1935.

『ヨーガ　インド密教の起源』。*Yoga essai sur les origines de la mytique indienne*, Paris, Librairie orientaliste Paul Geuthner, 1936.

「盲目の水先案内人」。„Piloţii Orbi" în *Vremea*, nr. 505, 1937.

「インド哲学における自由の概念」。« La concezione della libertà nella filosofia Indiana » in *Asiatica*, 4/1938, pp. 345-354.

『天上の婚礼』。*Nunta în cer*, Bucureşti, Editură Cugetarea, 1938.

『イフィジェニア』。*Ifigenia*, 1939.

『サラザールとポルトガルの革命』。*Salazar şi revoluţia în Portugalia*, Bucureşti, Editură Gorjan, 1942.

『棟梁マノーレ伝説の注解』奥山史亮訳（『アルカイック宗教論集』奥山倫明監修、国書刊行会、2013年）。*Comentarii la legenda Meşterului Manole*, Bucureşti, Editură Publicom, 1943.

『幸福な死者《エウタナシウス》の島』。*Insula lui Euthanasius*, Bucureşti, Fundaţia Regală pentru Literatuă şi Artă, 1943.

『大物』住谷春也訳（『エリアーデ幻想小説全集』第１巻）。*Un om mare*, 1948.

『ヨーガの技法』。*Tequniques du Yoga*, Paris, Gallimard, 1948.

『永遠回帰の神話——祖型と反復』堀一郎訳、未来社、1963年。*Le mythe de l'eternel retour: Archétypes et repetition*, Paris, Gallimard, 1949. *The Myth of the Eternal Return: Cosmos and History*, Translated from the French by Willard R. Trask, New York, Harper and Brothers Publishers, 1954.

『太陽と天空神　宗教学概論１』『豊饒と再生　宗教学概論２』『聖なる空間と時間　宗教学概論３』久米博訳、せりか書房、1974年。*Traite d'histoire des religions*, Paris, Payot, 1949.

『シャーマニズム　古代的エクスタシー技術』堀一郎訳、冬樹社、1974年。*Le Chamanisme et les techniques archaïques de l'extase*, Paris, Payot, 1951.

『ヨーガ①』『ヨーガ②』立川武蔵訳、せりか書房、1975年。*Le Yoga, Immoralité et Liberté*, Paris, Payot, 1954.

『妖精たちの夜 Ⅰ』『妖精たちの夜 Ⅱ』住谷春也訳、作品社、1996年。*Noaptea de Sânziene*, 1954.

『大尉の娘』住谷春也訳（『エリアーデ幻想小説全集 第１巻』）。*Fata Capitanului*, 1955.

『神話と夢想と秘儀』岡三郎訳、国文社、1972年。*Mythes, réves et mystères*, Paris, Gallimard, 1957.

『悪魔と両性具有』宮治照訳、せりか書房、1973年。*Méphistophélès et l'androgyne*, Paris, Gallimard, 1962.
『橋』住谷春也訳。(『エリアーデ幻想小説全集 第2巻 1959-1971年』直野敦、住谷春也訳、作品社、2004年)。*Padul*, 1966.
『回想 第1巻――屋根裏部屋』。*Amintiri I. Mansarda*, Madrid, Colecţia „Destin", 1966.
『資料集』。*From Primitives to Zen: A Thematic Sourcebook of the History of Religions*, New York, Harper and Row Publishers, 1967.
『イワン』住谷春也訳(『エリアーデ幻想小説全集 第2巻』)。*Ivan*, 1968.
『ディオニスの宮にて』住谷春也訳(『エリアーデ幻想小説全集 第2巻』)。*În curte la Dionis*, 1968.
『ムントゥリャサ通りで』直野敦訳、法政大学出版局、1977年。*Pe strada Mîntuleasa*, 1968.
「南アメリカの高神」奥山史亮訳(『アルカイック宗教論集』)。"South American High Gods I" in *History of Religions*, University of Chicago Press, 8/1969, pp. 338-354.
『ザルモクシスからジンギスカンへ ルーマニア民間信仰史の比較宗教学的研究①』斉藤正二訳、せりか書房、1976年。『ザルモクシスからジンギスカンへ ルーマニア民間信仰史の比較宗教学的研究②』斉藤正二・林隆訳、せりか書房、1977年。*De Zalmoxis à Gengis Khan: Études comparatives sur le religions et le forklore de la Dacie et de l'Europe Orientale*, Paris, Payot, 1970.
「霊、光、種」(『オカルティズム・魔術・文化流行』楠正弘、池上良正訳、みすず書房、1978年)。"Spirit, light and seed," in *History of Religions*, 11/1971, pp. 1-30.
「南アメリカの高神」奥山史亮訳(『アルカイック宗教論集』)。"South American High Gods II" in *History of Religions*, 10/1971, pp. 234-266.
『起源のノスタルジー』。*La Nostalgie des origines, Méthodologie et histoire des religion*, Paris, Gallimard, 1971.
『オーストラリアの宗教』飯嶋秀治、小藤朋保、藤井修平訳(『アルカイック宗教論集』)。*Australian Religions: An Introduction*, Ithaca and London, Cornell University Press, 1973.
『日記断片』。(『エリアーデ日記(上)――旅と思索と人』石井忠厚訳、未来社、1984年、『エリアーデ日記(下)――旅と思索と人』石井忠厚訳、未来社、1986年。)*Fragments d'un Journal I, 1945-1969*, Paris, Gallimard, 1973.
『将軍の服』住谷春也訳。(『エリアーデ幻想小説全集 第2巻』)。*Uniforme de general*, 1973.
『ブーヘンワルトの聖者』住谷春也訳。(『エリアーデ幻想小説全集 第3巻 1974-1982年』住谷春也訳)。*Incognito la Buchenwald*, 1974.
『ケープ』住谷春也訳。(『エリアーデ幻想小説全集 第3巻』)。*Pelerina*, 1975.
『世界宗教史 I――石器時代からエレウシスの密儀まで』荒木美智雄、中村恭子、松村一男訳、筑摩書房、1991年。*Histoire des croyances et des idées religieuses I, De l'âge de la pierre aux mystères d'Eleusis*, Paris, Payot, 1976.
『三美神』住谷春也訳(『エリアーデ幻想小説全集 第3巻』)。*Les Trois Grâces*, 1976.
『若さなき若さ』住谷春也訳(『エリアーデ幻想小説全集 第3巻』)。*Tinereţe fără de tinereţe*, 1976.
『鍛冶師と錬術師』大室幹雄訳、せりか書房、1973年。*Forgerons et Alchimistes*, Paris, Flammarion, 1956.
『世界宗教史 II――ゴータマ・ブッダからキリスト教の興隆まで』島田裕巳、柴田史子訳、筑摩書房、1991年。*Histoire des croyances et des idées religieusesII, De Gautama Bouddha au triomphe du christianisme*, Paris, Payot, 1978.
『エリアーデ 自身を語る 迷宮の試煉』(クロード＝アンリ・ロケ聞き手)住谷春也訳、作品社、

2009年。*L'Épreuve du labyrinthe. Entretiens avec Claude-Henri Rocquet*, Paris, Belfond, 1978.

「宗教学と〈大衆文化〉」。"History of Religions and "Popular Culture"," in *History of Religions*, 20/1980, pp. 1-26.

『エリアーデ回想（上）1907-1937年の回想――秋分の誓い』石井忠厚訳、未来社、1989年。*Mémoire, I (1907-1937)*, Paris, Gallimard, 1980.

『19本の薔薇』住谷春也訳、作品社、1993年。*Nouăsprezece trandafiri*, 1980.

『ダヤン』野村美紀子訳、筑摩書房、1986年。*Dayan*, 1980.

『世界宗教史 Ⅲ――ムハンマドから宗教改革の時代まで』鶴岡賀雄訳、筑摩書房、1991年。*Histoire des croyances et des idées religieuses III, De Mahomet à l'âge des Réformes*, Paris, Payot, 1983.

『マクミラン 宗教百科事典』。*The Encyclopedia of Religion*, New York, Macmillan, 1987.

『エリアーデ回想（下）1937-1960年の回想――冬至の収穫』石井忠厚訳、未来社、1990年。*Mémoire, II (1937-1960)*, Paris, Gallimard, 1988.

『日記』第一巻（1941-1969年）。*Jurnal*, Vol. I, Bucureşti, Humanitas, 1992.

『日記』第二巻（1970-1985年）。*Jurnal*, Vol. II, Bucureşti, Humanitas, 1993.

エリアーデ原案、クリアーヌ/ヘルダー社編『世界宗教史 Ⅳ――諸世界の邂逅から現代まで』奥山倫明、木塚隆志、深澤英隆訳、筑摩書房、1998年。*Geschichte der religiösen Ideen III*/2, Verlag Herder Freiburg im Breisgau, 1991.

『エリアーデ世界宗教事典』奥山倫明訳、せりか書房、1997年。*Dictionnaire des Religions*, Paris, Plon, 1990.

『絶望に抗して』。*Împotriva deznâdejdii*, Bucureşti, Humanitas, 1992.

『ペッタッツォーニ＝エリアーデ往復書簡』。*L'histoire des religions a-t-elle un sens? Correspondance 1926-1959*, Natale Spineto (ed.), Paris, LES ÉDITIONS DU CERF, 1994.

『ヨーロッパ、アジア、アメリカ…往復書簡』。*Europa, Asia, America... Corespondenţă, Volumul 1, A-H*, Mircea Handoca (ed.), Bucureşti, Humanitas, 1999. *Europa, Asia, America... Corespondenţă, Volumul 2, I-P*, Mircea Handoca (ed.), Humanitas, 2004. *Europa, Asia, America... Corespondenţă, Volumul 3, R-Z*, Mircea Handoca (ed.), Humanitas, 2004.

『ポルトガル日記とその他の文書』。*Jurnalul portughez şi alte scrieri*, volumul 1, volumul 2, Sorin Alexandrescu (ed.), Bucureşti, Humanitas, 2006.『ポルトガル日記』奥山倫明、木下登、宮下克子訳、作品社、2014年（Mircea Eliade, *Diario Portugués (1941-1945)*, Traducción del romano de Joaquín Garrigós, Barcelona, Editorial Kairós, 2001からの翻訳）。

ヨアン・クリアーヌ

「ダン・ラウレンツィウ」。« Dan Laurenţiu » in *Fiera Letteraria*, Roma, 49/9, 12/1973.（下記『ルーマニア研究Ⅱ』183-186頁。）

『セレーネーの川』。*Rîul Selenei*, 1973.（未刊行の小説。）

『われわれと非合理』。*Noi şi iraţionalul.*（執筆年代は定かではないが、亡命直後にローマやミラノで書いたと思われる未刊行の小説。）

『八つの部屋』。*8 camere.*（執筆年代は定かでないが、亡命直後にローマやミラノで書いたと思わ

れる未刊行の小説。）

「仏教心理学と深層心理学」。„Psihologia buddhistă şi psihologia adîncurilor". （ビアンキに提出した未刊行の論文。）

「イニシエーションの神話パターンとグノーシス主義における魂の旅」。"Myth Pattern of Initiation and the Journey of the Soul in Gnosticism", 1974. （未刊行の研究論文。）

「聖なる友愛会カドシュの兄弟」。F***C***S***K (Frater Confraternitatis Sacrae Kadosh). （イタリア滞在時に書いたいくつかの散文をまとめたもの。）

「亡命」。„Exil" în *Limite*, Paris, 19/1975, p. 13. （下記『魂に抗する罪』9-11頁。）

『グノーシス主義と現代思想——ハンス・ヨナス』。*Gnosticismo e pensiero contemporaneo: Hans Jonas*, 1975. （ビアンキに提出した博士号申請論文。）

「非キリスト教世界における権力装置と解放手段としての宗教」。« La religione come strumento del potere e mezzo di liberazione in ambito non-cristiano » in *Verifiche. Rivista di scienze umane*, Trento, 4/1975, pp. 236-255. （下記『森の道 I』166-189頁。）

「天の女性とその影——グノーシス的神話素の研究への寄与」。« La femme celeste et son ombre. Contribution à l'étude d'un mythologéme gnostique » in *Numen. International Review for the History of Religions*, Leiden, XXIII, nr. 3, 1976, pp. 191-209. （下記『森の道 I』121-143頁。）

「天の終末論」。„L'Eschatologie celeste", 1977.

「第46回エラノス会議、アスコナ、1977年8月17-25日」。« La 46 Eranos-Tagung, Ascona, 17-25 agosto 1977 » in *Aevum. Rassegna di scienze storiche, linguistiche e filologiche*, pubblicazione quadrimestrale, Università Cattolica Sacro Cuore, Milano, 52/1978, pp. 343-346. （下記『森の道 II』347-352頁。）

「哲学的人類学」。« L'anthropologie philosophique » dans *Les Cahiers de l'Herne*, Paris, 33/1978, pp. 203-212. （下記『ルーマニア研究 I』213-229頁。）

「補遺二——ブルジョワと反ブルジョワのあいだのミルチャ・エリアーデ」。„Apendice 2. Mircea Eliade între "Burghez" şi "Antiburghez"," 1978. *Mircea Eliade*, Iaşi, Polirom, 2004, pp. 317-335.

『ミルチャ・エリアーデ』。*Mircea Eliade*, Assisi, Cittadella Editrice, 1978. *Mircea Eliade*, Iaşi, Polirom, 2004, pp. 9-163.

「世界の悪魔化とグノーシス的二元論」。« Démonisation du cosmos et dualism gnostique » dans *Revue de l'Historire des Relgions*, Paris, nr. 98, 1979, 1, pp. 3-40. （下記『森の道 I』48-91頁。）

「ミルチャ・エリアーデの変容」。„Metamorfoza lui Mircea Eliade" în *Limite*, 28/9. 1979, pp. 35-36. （下記『ルーマニア研究 I』296-301頁。）

「〈真珠の歌〉における物語と神話」。„Erzählung und Mythos im Lied von der Perle" in *Kairos. Zeitschrift für Religionswissenschaft und Theologie*, Salzburg, XXI, 1979, S.60-71. （下記『森の道 I』144-165頁。）

「〈狭い橋〉、象徴の歴史と意味」。« Pons subtilis, Storia e significato di un simbolo » in *Aevum*, 53/1979, II, pp. 301-312. （下記『森の道 I』190-212頁。）

「ミハイ・エミネスクにおける非宇宙的ロマン主義」。« Romantisme acosmique chez Mihai Eminescu » in *Neophilologus*, 1/1979, pp. 74-83. （下記『ルーマニア研究 I』35-48頁。）

「月と地の間……プルタルコスにおける、籠り、強硬症、脱魂」。« Inter lunam terrasque.... Incubazione, catalessi ed estasi in Plutarco » in *Perennitas. Studi in onore di Angelo Brelich*, Roma, Edizioni dell'Ateneo, 1979, pp. 149-172. （下記『森の道 I』92-120頁。）

「ホリア・スタマトゥの作品に関するいくつかの考察」。“Some Considerations on the Works of Horia Stamatu” in *International Journal of Roumanian Studies*, Amsterdam, vol.2, 1980, nr. 3/4, pp. 123-134.（下記『ルーマニア研究 II』98-119頁。）

「ルーマニア民間伝承における二元論的神話」。“A Dualistic Myth in Roumanian Folklore” in *Dialogue. Revue d'études roumaines*, Université Paul Valéry - Montpellier, 4-5, 1980, pp. 45-50.（下記『ルーマニア研究 II』92-97頁。）

「アドリアン・マリノの『ミルチャ・エリアーデの解釈学』」。„Hermeneutica lui Mircea Eliade de Adrian Marino”, in *Aevum*, 54/1980, pp. 541-543.

「ミハイ・エミネスクにおけるニヒリズムの幻想」。« Les fantasme du nihilism chez Mihai Eminescu » in *Romantistische Zeitshrift für Literaturgeschichte/Cahiers d'Histoire des Littératures Romanes*, 4/1980, pp. 422-433.（下記『ルーマニア研究 I』49-66頁。）

『ヘレニズムからイスラムまでの脱魂の経験と魂の上昇の象徴』。*Expériences de l'extase et symbols de l'ascension de l'Hellénisme à l'Islam*, 1980.（ソルボンヌに提出した博士論文。）

『宗教と権力』。『森の道――グノーシスその他の研究論文選集』。Iter in silvis I, Saggi scelti sulla gnosi e altri studi, Messina, EDAS, 1981.（本書のルーマニア語訳が下記の同著作である。）

「ルネサンスの気息魔術と神霊魔術」。« Magia spirituale e magia demonica nel Rinascimento » in *Rivista di Storia e Letteratura Religiosa*, Florența, Leo S. Olschki Editore, no.3, 17/1981, pp. 360-408.（下記『森の道 II』112-177頁）。

「イタリアにおける宗教学――芸術の国」。“History of Religions in Italy: The State of the Art” in *History of Religions*, 20/1981, pp. 253-262.（下記『森の道 II』370-383頁。）

「天球の秩序と無秩序――マクロビウス『「スキピオの夢」注解』1・12、13-14について」。« Ordine e disordine delle sfere. A proposito di Macrob. *In S. Scip.* I 12, 13-14 » in *Aevum*, 55/1981, pp. 96-110.（下記『森の道 II』67-92頁。）

「イタリアにおける宗教学――後記」。“History of Religions in Italy: A Postscript” in *History of Religions*, 22/1982, pp. 191-195.（下記『森の道 II』384-389頁。）

「エコロジーとインド＝イランの再構築」。“Ecology and Indo-Iranian Reconstruction” in *History of Religions*, 22/1982, pp. 196-198.

「密義宗教内外における「魂の上昇」」。« L' « Ascension de l'âme » dans les mystères et hors des mystères » in *La Soteriologia dei culti orientali nell'Impero Romano, Atti del Colloquio Internazionale su La soteriologia dei culti orientali nell'Impero Romano, Roma 24-28 Settembre 1979*, U. Bianchi, M. J. Vermaseren (Ed.) Leiden, E.J.Brill, 1982, pp. 276-302.（下記『森の道 II』178-211頁。）

「諸民族の天使とグノーシス的二元論の起源」。« Les anges des peuples et la question des origines du dualisme gnostique » dans *Gnosticisme et Monde hellénistique. Actes du Colloque de Louvain-la-Neuve (11-14 mars 1980)* publiés sous la direction de Julien Ries avec la collaboration de Yvonne Janssens et de Jean-Marie Sevrin, Université Catholique de Louvain, Institut orientaliste, 1982, pp. 131-145.（下記『森の道 II』93-111頁。）

『知られざるミルチャ・エリアーデ』。*Mircea Eliade l'inconnu*, 1982 în *Mircea Eliade*, Nemira, 1995 (ed. a Ⅲ -a, revăzută şi adăugită, Iaşi, Polirom, 2004, pp. 167-288).

「ミハイ・エミネスクにおける自由の幻想――新たな『チェザーラ』（1876年）における世界の中心

の光景」。« Les Fantasmes de la liberté chez Mihai Eminescu, Le paysage du centre du monde dans la nouvelle Cezara (1876) » dans *Libra Études roumaines offertes à Willem Noomen à l'occasion de son soixantième anniversaire*, avec une preface de H. J. W. Drijvers, Doyen de la Faculté des Lettres de l'Université de Groningen, Groningen, Presses de l'Université, 1983, pp. 114-147.（下記『ルーマニア研究　I』83-122頁。）

「ミルチャ・エリアーデとその作品　神話の『真の歴史』」。« Mircea Eliade et son œuvre: 《L'Histoire vraie》 du mythe » dans *Aurores*, 38 /12, 1983, pp. 10-12.（下記 "『ルーマニア研究　I』324-330頁。）

『サイカノディア〔魂の上への道行〕I――魂の上昇やそれに相当するものに関する証拠の概観』*Psychanodia I, A Survey of the Evidence concerning the Ascension of the Soul and Its Relevance*, Leiden, Brill, 1983.

『ルネサンスのエロスと魔術 1484』（『ルネサンスのエロスと魔術』桂芳樹訳、工作社、1991年）。*Éros et Magie a la Renaissance 1484*, Paris, Flammarion, 1984.

『脱魂の経験――ヘレニズムから中世までの脱魂、上昇、幻視物語』（『霊魂離脱《エクスタシス》とグノーシス』桂芳樹訳、岩波書店、2009年）。*Expériencs de l'extase. Extase, ascension et récit visionnaire, de l'Hellénisme au Moyen-Âge*, Paris, Payot, 1984.

「男性対女性――ソフィア神話とフェミニズムの起源」。"Feminine versus Masculine: The Sophia Myth and the Origins of Feminism" in *Struggles of Gods*, Hans G. Kippenberg (Ed.), Berlin, New York, La Haye, Mouton, 1984, pp. 65-98.

「ミルチャ・エリアーデと普遍的人間の理念」。« Mircea Eliade et l'idéal de l'homme universel » dans *Bulletin du Club Français de la Médaille*, Paris, 84/1984, pp. 48-55.（下記『ルーマニア研究　II』127-142頁。）

「西欧中世における土占い――いくつかの考察」。« La géomantie dans l'Occident médiéval. Quelques considerations » dans *Non nova sed nove. Mélanges de civilization médievale*, M. Gosman, J. Van Os (eds.), Bouma, Groningen, 1984, pp. 37-46.（下記『森の道　II』293-306頁。）

「グノーシス主義の復讐」。"The Gnostic Revenge, Gnosticism and Romantic Literature" in *Gnosis und Politik*, Hrgs. von Jacob Taubes, Schöningh, Paderborn, 1984, S. 290-306.（下記『ルーマニア研究　I』163-209頁。）

「ミルチャ・エリアーデと目の見えない亀」。„Mircea Eliade und die blinde Schildkröte" in *Die Mitte der Welt: Aufsätze zu Mircea Eliade*, Hans Peter Duerr (ed.), Frankfurt am Main, Suhrkamp,1984, S. 216-243.（下記『ルーマニア研究　I』331-364頁。）

「人類学の十字路におけるミルチャ・エリアーデ」。"Mircea Eliade at the Crossroad of Anthropology" in *Neue Zeitschrift für systematische Theologie und Religionsphilosophie*, 27 Band 1985, Heft 2, Hrgs.von Carl Heinz Ratchow, S. 123-131.（下記『ルーマニア研究　I』371-383頁。）

「ガブリエル・リィチェアヌ宛ての公開書簡」。„Scrisoare deschisă către Gabriel Liiceanu după lectura Jurnalului de la Păltinis" în *Limite*, nr.44-45, 1985, pp. 20-21.（下記『魂に抗する罪』227-233頁。）

『グノーシス主義と現代思想――ハンス・ヨナス』。*Gnosticismo e pensiero modern: Hans Jonas*, Roma, L'Erma di Bretschneider, 1985.

「ヨアネ・スラヴィチの『幸運な粉ひき小屋』（1881）における〈情け容赦ない根絶〉」。« L'« anéantissement sans nulle compassion » dans la nouvelle *Moara cu noroc* de Ioan Slavici (1881). Un exercice

de mythanalise » in *Kurier*, Bochum, 13/1987, pp. 38-49.（下記『ルーマニア研究　Ⅰ』139-153頁。）

『エメラルド・コレクション』。*La Collezione di Smeraldi*, Translated by Cristina Cozzi, Annalaya Di Lernia, Marco Grampa, Maria Teresa Pini, Milano, Editoriale Jaca Book, 1989.

「Ⅰ. 魔女　だれが魔女狩りを行ない、そしてそれを終わらせたか」。"Ⅰ. The Witch: Who Did the Hunting and Who Put an End to it?" in drept Anexa Ⅻ la ediţiile a Ⅱ-a şi a Ⅲ-a ale *Eros şi magie în Renaştere. 1484*, Bucureşti, Nemira, 1999, pp. 364-387; id., Iaşi Polirom, 2003, 2011, pp. 348-369.

「Ⅱ. 女トリックスター　再来した宗教的二元論再考」。"II. The Trickstress: Religious Dualism Revisted" in drept Anexa Ⅻ la ediţiile a Ⅱ-a şi a Ⅲ-a ale *Eros şi magie în Renaştere. 1484*, Bucureşti, Nemira, 1999, pp. 364-387; id., Iaşi Polirom, 2003, 2011, pp. 348-369.

『ルーマニア研究Ⅰ――ニヒリズムの亡霊　エリアーデの秘密の教義』。*Studii roâneşti I. Fantasmele nihilismului. Secretul doctorului Eliade*, traduceri de Corina Popescu şi Dan Petrescu, Bucureşti, Nemira, 2000; Iaşi Polirom, 2006.

『透明な羊皮紙――最後の物語』。*Pergamentul diafan. Ultimele Povestiri.*, Iaşi, Polirom, 2002.

『まじめに冗談――ルネサンス思想における学問と芸術』。*Iocari serio. Ştiinţa şi artă în gîndirea Renaşterii.*, Iaşi, Polirom, 2003.

『崇拝《カルト》、魔術、異端』。*Cult, magie, erezii*, Iaşi, Polirom, 2003.

『ヨアン・ペトル・クリアーヌ　人と作品』（ソリン・アントヒ編）。*Ioan Petru Culianu, Omul şi opera*, Sorin Antohi (coord.) Iaşi, Polirom, 2003.

『ヘスペルス』。*Hesperus*, Iaşi, Polirom, 2004.

『魂に抗する罪　政治的文書』。*Păcatul împotriva spiritului, Scrieri politice*, Iaşi, Polirom, 2005.

『ルーマニア研究　Ⅱ――太陽と月　称賛の毒』。*Studii roâneşti II,Soarele şi Luna. Otrăvurile admiraţiei*, Iaşi, 2009.

『トズグレク』。*Tozgrec*, Iaşi, Polirom, 2010.

『森の道　Ⅰ――グノーシスその他の研究論文選集』。*Iter in silvis I, Eseuri despre gnoză şi alte studii*, traduceri de Dan Petrescu, Corina Popescu, Hans Neumann, Iaşi, Polirom, 2012.

『森の道　Ⅱ――グノーシスと魔術』。*Iter in silvis II, Gnoză şi magie*, traduceri de Dan Petrescu, Iaşi, Polirom, 2013.

エリアーデ＝クリアーヌ略年譜

ミルチャ・エリアーデとヨアン・ペトル・クリアーヌの略年譜を，ルーマニアの主な出来事と合わせて記した．

1907年	3月14日，ミルチャ・エリアーデ，ブカレストで生まれる．
1916年	第一次世界大戦にルーマニア参戦．ブカレストはドイツ軍に占領される．
1925年	エリアーデ，ブカレスト大学文学・哲学部入学．
1927年	エリアーデ，卒業論文執筆のため，最初のイタリア旅行．
1928年	12月-31年12月，エリアーデ，インドに滞在．
1933年	エリアーデ，『マイトレイ』を刊行．
1935年	レジオナールが政党として議席を獲得．
1938年	コルネリュー・ゼーリャ・コドリャーヌの処刑．
1940年	4月，エリアーデ，ロンドンのルーマニア公使館に文化担当官として赴任．
1941年	2月，エリアーデ，リスボンのルーマニア公使館に文化担当官として転任．イギリスとルーマニアの国交断絶．
	6月，ルーマニア，第二次世界大戦に参戦．ドイツとともにソ連領への侵攻を開始．
1944年	ルーマニア，降伏．連合国側で参戦．
1945年	エリアーデ，パリに到着．
	ソ連の占領下においてルーマニア人民共和国の暫定成立．
1947年	国王ミハイ一世の退位．ルーマニア人民共和国が正式に宣言される．
1948年	ルーマニア人亡命者のあいだで「ミハイ・エミネスク協会」創設．
1949年	エリアーデ，『宗教学概論』『永遠回帰の神話』刊行．
	「ルーマニア研究センター」創設．エリアーデが所長を務める．
1950年	1月5日，ヨアン・ペトル・クリアーヌ，ルーマニア北部の都市，ヤシで生まれる．
	1月，エリアーデ，クリスティネル・コテスクと結婚．
1957年	エリアーデ，シカゴ大学教授に就任．
1958年	コンスタンティン・ノイカ，セルジウ・アル＝ジョルジェらルーマニアの知識人が国内でエリアーデやシオランの言論を広めた罪により，逮捕される．
1962年	モニカ・ロヴィネスクらがラジオ放送「自由ヨーロッパ」でルーマニア人亡命者向けの放送を開始し，エリアーデも反体制運動に協力．
1965年	共産党書記長のゲオルゲ・ゲオルギュ＝デジが死去し，ニコラエ・チャウシェスクが後任．
1967年	クリアーヌ，ブカレスト大学文学部に入学．
	ルーマニア国内でエリアーデの作品の刊行が23年ぶりに許可される．1971年の「七月テーゼ」が公布されるまでの期間，「小さな自由化」の政策が実施される．
1971年	7月，チャウシェスク，「七月テーゼ」を発表し，国内の言論の統制を強める．
1972年	1-3月，イスラエルの機関誌『系譜』に，レジオナールの協力者としてエリアーデを告発する匿名の文書「ミルチャ・エリアーデの文書」が掲載される．
	7月4日，クリアーヌ，ペルージャへの短期留学を機にイタリアへ亡命．
	11月-1973年4月，クリアーヌ，トリエステとラティーナの難民収容所に収容される．
1973年	3月クリアーヌ，ペルージャの外国人大学から奨学金を得る．

4月，クリアーヌ，ローマの「労働法の統一のためのヨーロッパ機構」の共同研究員として採用される．

10月，クリアーヌ，ミラノの聖心カトリック大学宗教学部で奨学金受給資格をもつ研究生として認められる．ウーゴ・ビアンキの指導のもとで，宗教学，神学，哲学，文献学の体系的研究に着手．

1974年　9月，エリアーデとクリアーヌ，パリではじめて直接会う．

1975年　2月-5月，クリアーヌ，奨学金を受け，シカゴ大学神学部で過ごす．

11月，クリアーヌ，『グノーシス主義と現代思想――ハンス・ヨナス』という題目で学位申請論文の審査をミラノの聖心カトリック大学において受け，宗教学分野における文学博士号を取得．

1976年　クリアーヌ，オランダのフローニンゲン大学にルーマニア文学の講師として赴任．

エリアーデ，『世界宗教史』第一巻を刊行．

1978年　クリアーヌ，『ミルチャ・エリアーデ』を刊行．

エリアーデ，『世界宗教史』第二巻を刊行．

1980年　6月，クリアーヌ，『ヘレニズムからイスラムまでの脱魂の経験と魂の上昇の象徴』という題目の博士号申請論文をソルボンヌのミシェル・メスランに提出し，受理される．

1981年　クリアーヌ，『宗教と権力』をG・ロマナート，M・G・ロンバルドとの共著で刊行．

1983年　エリアーデ，『世界宗教史』第3巻を刊行．

1984年　クリアーヌ，『ルネサンスのエロスと魔術　一四八四年』と『脱魂の経験――ヘレニズムから中世までの脱魂，上昇，幻視物語』を刊行．

1986年　3月，クリアーヌ，エリアーデの支援により，シカゴ大学宗教学の客員教授として渡米．

4月22日，エリアーデ，バーナード・ミッチェル大学病院で死去．

5月，クリアーヌ，ハイラム・トマス・レクチャー招待講師として講演を行なう．

1987年　エリアーデ編集主幹『マクミラン 宗教百科事典』刊行．

1988年　クリアーヌ，シカゴ大学のキリスト教史ならびに宗教学の教授となる．

1989年　12月-90年1月，チャウシェスクが解任され，処刑される．ルーマニア社会主義共和国の解体．

1990年　クリアーヌ，キリスト教史部門の主任となる．

エリアーデとクリアーヌの共著『宗教学事典』刊行．

『世界宗教史』第四巻がクリアーヌの編集によって刊行．

1991年　5月21日，クリアーヌ，シカゴ大学構内にて殺害される．

クリアーヌ，『この世の外へ』が刊行．

ソヴィエト連邦の解体．

1992年　クリアーヌ，『グノーシスの樹』が刊行．